突破數學學習困難：理論與實務

台灣學障學會　　策劃

詹士宜、楊淑蘭　主編

趙文崇、李俊仁、呂偉白、楊淑蘭、詹士宜、陳佩秀、卓曉園、
洪儷瑜、連文宏、林月仙、崔夢萍、洪瑞成、陳明聰、梁淑坤、
曾世杰、陳淑麗、秦麗花、林和秀、蔡荏靖　　著

作者簡介

（按章節順序排列）

趙文崇（第一章）

學歷：美國西北大學語言病理學博士

現職：埔里基督教醫院小兒神經科主任醫師

李俊仁（第二章）

學歷：國立中正大學心理學研究所博士

現職：國立臺灣師範大學教育心理與輔導學系副教授

呂偉白（第三章）

學歷：美國維吉尼亞大學特殊教育哲學博士

現職：國立彰化師範大學特殊教育學系助理教授

楊淑蘭（第四章）

學歷：美國伊利諾大學香檳校區語言病理學博士

國立臺灣師範大學諮商心理學博士

現職：國立屏東大學特殊教育學系教授

詹士宜（第五、九章）

    學歷：美國威斯康辛大學麥迪遜校區哲學博士

    現職：國立臺南大學特殊教育學系兼任副教授

陳佩秀（第五章）

    學歷：國立臺南大學特殊教育學系研究所博士班

    現職：臺南市崇明國小教師

卓曉園（第五章）

    學歷：國立臺南大學特殊教育學系研究所博士班

    現職：高雄市立高雄女子高級中學教師

洪儷瑜（第六章）

    學歷：美國維吉尼亞大學特殊教育哲學博士

    現職：國立臺灣師範大學特殊教育學系教授

連文宏（第六章）

    學歷：國立臺灣師範大學特殊教育博士

    現職：臺北市立大理高中資源班教師

林月仙（第七章）

    學歷：國立高雄師範大學特殊教育博士

    經歷：國立臺灣師範大學特殊教育中心研究員（已退休）

崔夢萍（第八章）

　　學歷：美國德州大學奧斯汀分校電腦科學教育博士

　　現職：國立臺北教育大學課程與教學傳播科技研究所教授

洪瑞成（第十章）

　　學歷：國立臺灣師範大學特殊教育學系博士候選人

　　現職：南投縣光華國小資優班教師

陳明聰（第十章）

　　學歷：國立臺灣師範大學特殊教育博士

　　現職：國立嘉義大學特殊教育學系教授

梁淑坤（第十一章）

　　學歷：美國匹茲堡大學數學教育博士

　　現職：國立中山大學教育研究所暨師資培育中心教授

曾世杰（第十二章）

　　學歷：美國俄亥俄州立大學教育哲學博士

　　現職：國立臺東大學特殊教育學系教授

陳淑麗（第十二章）

　　學歷：國立臺灣師範大學特殊教育博士

　　現職：國立臺東大學教育學系教授

秦麗花（第十三章）

　　學歷：國立高雄師範大學特殊教育博士

　　經歷：高雄市內惟國小特教教師（已退休）

林和秀（第十四章）

　　學歷：國立臺南大學特殊教育博士

　　現職：臺南市東區勝利國小特教教師

蔡荏靖（第十五章）

　　學歷：國立臺灣師範大學數學系學士

　　現職：臺中市立大安國中教師

理事長的話

　　大多數學習障礙學生常在學齡時期被發現，因而被稱為學業學習障礙。其中，核心障礙主要出現在聽、說、讀、寫、算五個方面，涵蓋了三種語言的向度。聽和說是以聽覺為管道，透過音聲符號來學習；讀和寫則是以視覺為管道，透過文字符號來學習，如果上述四項學習出現困難，便會產生認知學習的障礙。而最後一項—算的障礙，則牽涉到日常生活中許多計量功能的需求，一般人會逐漸發展出運作的系統性法則，在近年來認知神經學研究中，也證明了大腦確實會將這些計算的行為以處理語言的方式運作，而在生活中產生思想溝通與知識交流的效能，以符合語言的定義，此稱之為計量語言。計量語言的核心能力，早期出現在量的概念與數字符號連結的建立，隨著生活的複雜化，對計量的需求愈來愈複雜，直到使用計算進行推理工作，此就是我們所稱的數學。

　　數學能力在日常生活的學習與運用上，牽涉到前述兩種語言學習模組的參與—聽和說、讀和寫，因此只要有聽和說或讀和寫方面的障礙者，雖然計算沒有問題，但在數學的學習上也會產生困難，也因此數學障礙的發生原因相當多元，在學習障礙學生中最為複雜，極不容易釐清。

基於上述原因，台灣學障學會邀請學界中對數學障礙理論與教學有興趣和經驗的學者，以及已經走出數學學習障礙困擾的學障之友，從各自專精的角度，在理論探討、評量診斷和實際教學上，提出不同管窺之得，希望對計算障礙和數學學習困難的案主之鑑定和介入有所助益。本書之完成有賴主編詹士宜和楊淑蘭二位教授，以及心理出版社林敬堯總編輯帶領的編輯團隊之齊心努力，方得以順利付梓，與讀者見面，敬期各方先進予以批評指正。

理事長 趙文崇 謹上

2017 年 3 月 3 日於埔里

主編序

　　數學是日常生活中必要的能力，學生如果缺乏良好的數學能力，常導致他們在校學習與個人生涯發展的困擾，所以各國經常把數學當作學校教育中的重要學科之一。我國學生的數學表現一向優異，名列世界許多國家之前；但相對的，仍有許多學生對於數學之學習感到困難與挫折。這些學生常不知道為什麼其他學生的數學表現很好，而自己的數學總是學不好，教師也不知道為什麼他們一直學不會。若教師或家長只是單純的認為學生數學困難的主要原因是來自於學生的練習不足，那就太小看數學教學與數學學習的問題了。因為數學困難的問題涉及到個人、家庭、學校與社會文化的各個層面，如果只用單一觀點去認知數學困難，就不會去了解產生數學困難的可能原因，當然也就不易做出適當的介入協助。

　　台灣學障學會的目標致力於發現並改善學習障礙者的各種困難，同時希望提升教師、家長與學者的專業素養與合作。學會希望建構一套整合性的觀點與介入策略，提供我國學習障礙群體有更好的學習與生活品質。由於許多有關學習障礙的研究與論述，經常著眼於閱讀相關議題，但對於數學障礙或數學困難就較少著墨。因此，本學會歷經二年多的研

議，特別編纂《突破數學學習困難：理論與實務》一書，邀集各領域的專家學者與現場教師共同執筆，希望能對數學學習障礙或數學困難的學生、教師與家長，提供多元而豐富的面貌以了解數學障礙與數學困難的相關議題。

　　本書可供大學與研究所學生、一般教師或補救教學教師、大學教授，以及家長參考使用，期能增進讀者對數學學習障礙和數學困難的專業知識。內容包含幾個重要部分：第一部分為理論篇，論述數學困難的相關理論，並從不同觀點來說明數學困難與數學障礙的問題。首先，理事長趙文崇醫師從認知神經心理學的角度談數學障礙或是算術障礙的不同成因，而其產生的數學問題也不一樣；從這篇文章中可以發現，許多數學困難的學童會因為個人內在問題而影響其數學學習或表現，當教師能了解導致學生數學困難的原因時，就比較有機會找尋適合的協助方法。其次，李俊仁老師從認知觀點探討數學計算障礙的問題，並對計算障礙的核心認知議題進行澄清與精闢解析。而呂偉白老師則是探討數學障礙與閱讀障礙的共病現象，以說明數學障礙的問題，不只是單純的計算問題而已，教師也需要關注數學障礙學生的閱讀能力，當數學障礙遇上閱讀障礙時，會讓數學障礙學生的數學學習問題變得更加複雜。接著，楊淑蘭老師發表了數學與語言的關係，許多數學問題很難不用語文方式來表達，她從語言學的觀點分析，說明數學障礙學生在數學學習時所可能面臨的問題與挑戰，並提出相關的介入建議。最後，詹士宜老師、陳佩秀老師與卓曉園老師從社會文化的觀點說明數學困難，社會文化的許多因素也會影響到學童的數學學習，當學生有數學困難時，外在的環境因素常成為一個重要媒觸，進而促進或減抑學生的數學學習表現。讀者閱讀上述文章時便可了解數學障礙或數學困難產生原因的複雜性，因此學習數學對孩子而言是多麼艱鉅與困難的事情，對於有數學困難或數學障礙的孩子，就更能同理他們所面臨的困難，並提供適當的協助。

本書的第二部分為評量與教學論述篇，說明數學困難的診斷、評量與教學，主要針對數學學習困難學生之早期評量、鑑定與診斷，以及將前述結果與課程教學結合。在鑑定方面，由洪儷瑜老師與連文宏老師介紹數學學習障礙的鑑定方式，除了說明對於數學學習障礙的不同取向之鑑定與篩選方式對鑑定的影響，並對數學學習障礙之鑑定提出重要建議。接著，林月仙老師著墨在早期數學概念的評量，對學前幼兒的數學概念之評量與診斷有詳細的說明；而崔夢萍老師則是以行動數學課程本位測量來評估國小學生的數學能力，除了介紹課程本位測量的有關概念與應用外，她更創新研發行動數學課程本位測量整合系統 iCBM 方便師生使用，以達到省時、省力及立即有效回饋的成效。在教學方面，詹士宜老師以替換式數學說明如何以系統化的方式來分析與設計數學教學，替換式數學是一個新穎的數學教學設計概念，提供讀者對於數學教學有個統整性的面向來思考數學教學的問題。另外，由於科技的進步，利用科技輔具增進學習成效為新時代的重要趨勢，洪瑞成老師與陳明聰老師從資訊科技與網路資源，介紹許多可以在電腦、平板或手機上應用的資訊與程式，提供數學困難學生教學的另一方向。而數學學習應該是很有趣的，有趣的數學才能吸引學生學習，梁淑坤老師從生活情境的角度，說明如何進行親子間的數學學習或者是「玩數學」；她介紹了四種有趣的數學活動，說明家長或教師在平常的生活中，可以進行的一些簡單易行之數學活動，來增加學生對數學的興趣與探索的動機。唯有家長或教師願意參與數學困難學生的學習世界，與他們共舞，才能玩出數學樂趣，也才能提升學生的數學學習表現。

第三部分為實務篇，主要說明數學困難的教學實務。首先，由曾世杰老師與陳淑麗老師分析一位國小五年級的數學學習障礙個案，該個案語文能力尚佳，但只能點數、不會計算；兩位老師藉由資源班的系統化介入，說明如何提升該個案的數學表現。其次，秦麗花老師將生活技能

融入數學領域教學中，說明教師可以如何跳開教科書的束縛，以符合學生學習本質的數學教學方式進行教學。而林和秀老師則是分享其如何幫助數學障礙學生學習分數的歷程，在依教師手冊進行補救教學無效後，她改用替換式數學教學的設計、分析與診斷學生的問題後，設計了符合學生學習的教材與教學，因此提升學生的數學學習表現外，同時提升了教師的數學教學專業能力。最後，蔡苙靖老師介紹其如何改善國中數學障礙的許多種策略，並針對一個一個的問題擬訂解決的策略。

　　當我們對數學學習困難學生多一分的了解，就能對他們減少一分的誤解，也就能更進一步的思考如何提供適切的方法來協助他們學習數學。大多數學生的數學學習困難都是能改善的，只要我們能找到適合他們的學習方法，但仍有極少數的數學障礙學生，是很難克服其所面臨數學學習上的挑戰，所以我們仍必須發想出新的策略，搜尋其他可能替代方法協助解決問題。數學困難與數學障礙學童的教育需要更多的專家學者與現場教師之參與投入，讓這群學生的困難能被理解，並且得到適當的教學。沒有一位孩子想成為數學困難或數學障礙的學生，但不利的個人與社會文化因素讓這些學生在數學學習過程中受到嚴苛的挑戰，倘若我們能伸出援手多做一些事情，就可以讓他們在學校與社會生活中，減少挫折並克服困難。

　　本書的出版要感謝所有作者的合作與貢獻，他們在百忙之中，付出心力，為數學困難與數學障礙學生做出努力，希望能對在數學學習道路上遭遇困難的學生有所幫助。另外，也對教導數學障礙學童的教師與家長之付出致上最高的敬意。同時也非常感謝台灣學障學會理事長趙文崇醫師與秘書長王瓊珠教授的鼎力促成，使得本書可以順利付梓。最後，更要向心理出版社洪有義董事長與林敬堯總編輯協助出版事宜表達最大的謝意，並對郭佳玲和李晶二位小姐非常專業的核校能力給予深深的讚許。後續讀者若對此書有任何的意見，歡迎加入台灣學障學會（http://c.

nknu.edu.tw/TALD/）或在學會的臉書專頁「學障學會討論團」留言，本書的許多作者都是該臉書專頁的熱心成員，相信可以激起更多的討論與成長！

主編 詹士宜、楊淑蘭 謹誌

2017 年 3 月

目次

理論篇

第 一 章

兒童數量概念的發展與異常：從神經生理基礎談起

趙文崇

第一節　簡介

　　數學計算是個很重要的生活技巧，不論國家的文明與否，人與人互動之生活過程就需要有量的思想溝通、量的知識交流與相關經驗的傳遞。因此，人類產生特別的系統性符號來協助其社會的發展。在教育的歷程中，數學教育成為非常重要的領域。

　　覺得自己數學好的小朋友沒有幾個，若是問起來好像沒有一個敢說自己的數學很好。每個學習障礙學生大都有數學方面的困難，部分嚴重學習障礙學生的數學能力低弱，到了國高中的年齡，自己一個人還不敢上商家去買東西，只因不會找錢，稍微複雜一點的計算，就需要紙筆，甚或以手指頭加減協助。學習障礙學生的核心學習障礙技巧主要是聽、說、讀、寫和算的能力，其中第五種障礙就是算術障礙（dyscalculia）。算術障礙和數學障礙是有差別的，其介入的重點和策略也不同。本章將設法從大腦發展與學習的角度釐清一些臨床或教學的困難，以供家長及老師參考。

第二節　數字的由來

今天我們生活在充滿數字的社會裡，這些數字符號被使用在很多的面向。數字是什麼？我們對數目字的本質認識多少？這些數字如何在大腦裡被認識及運用？我們的孩子如何學會這工具？均值得我們探究。

在平常生活中，數字的運用很多元，有用來標記的，有用來排序的，也有用來心靈安慰的（如個人的幸運號碼），但數字在人類社會中最大的功能在於計量。根據調查，在全世界數千種方言和語言中，確實很少沒有描繪「量」的符號，即使是澳大利亞非常偏遠的原住民語言，描述量的語言雖然有限，但都存在，例如：Mangarayi 有數到 3 的符號；Yidini 有數到 4 的符號；Hixkaryana 有表示 5 的語言，4 的語言符號是「超過一次的兄弟」、5 是「我們一半的手」、10 是以「我們完全的手」來表示；而新幾內亞的 Haraui 有達到 4 的數字系統，且運用到「加」的概念，他們的 3 是用「2＋1」、4 是用「2＋2」的方式呈現。其他原住民社會利用身體的構造作為點數的依據也是常見的方式。以雙手十指計量點數，幾乎已成為全世界的慣例。巴布亞細幾內亞更以身體的各個構造來作計量指標，除了雙手、雙腳之外，包含雙耳、雙眼、鼻孔加鼻子、乳頭、肚臍等，令人驚訝的是他們可以算到 33。如此看來，數字語言是因應人類生活需求以及量概念的溝通所產生出來的符號。

距今三萬年前，在新石器時代石洞壁畫的文字中就已經有牽涉到描述「量」的數字。公元前 6000 年的蘇美文化和 3500 年前的巴比倫文化及古埃及文中，就出現很豐富的計量相關工具。但人類生活真的一定要有數字才能活下去嗎？那恐怕也不一定。似乎在亞馬遜河流域內，仍有一個小部落的原住民（Pirãha）沒有看到有描寫「量」的數字語言（Semenza, 2008）。

我們若認為，數字的發明單純只是人類文明進步的表徵就太單純了，數字影響我們現實生活的多個面向，已經超乎我們的想像。數字會說話，十八世紀拿破崙已經注意到這點，他說：「國家的體質基本上和數字密不可分。」如今我們靠著數字所代表的量、意義及邏輯探索我們的宇宙太空環境，未來更要利用數學運算帶領我們脫離可能瀕臨毀滅的地球。

第三節　數量能力的發展

　　大腦在基因的控制下，神經細胞組合及其網絡架構一開始就準備學習環境中重要的人事物之能力與概念。很多概念性的本質，起始是約略的、是抽象的、是類比的，例如：聲音高低、色澤濃淡、量的多寡、事件的重要性等。因應生活中刺激的量增多、精細度比較的需求，複雜度相對的產生，人為了評估、比較、選擇，逐漸發展了系統性符號及操作工具來因應。數學能力和眾多認知能力一樣是從發展而來的。因應計量和邏輯推理的需求，數字的操弄技巧隨之發展，數量的邏輯知識逐漸形成，而為認知能力的一環，數學知識遂逐日拓展（Butterworth & Varma, 2014）。

　　學者很早就對嬰幼兒在量的辨識能力上感興趣。在利用去慣性化（dehabituation）的行為觀察後，發現在嬰兒時期，孩子就已經展現對不同量的物品之敏感性。5 個月大的嬰兒被發現有能力分辨視野內不同數量的物品（Starkey & Cooper, 1980）；3 個月大的新生兒之視知覺也被證實不只是有能力辨識不同外形的物品，對物品的數量也有辨識的能力。此對量的辨識能力自生下來的那時刻、尚未學習數字的能力時，就已存在（Antell & Keating, 1983; Xu & Spelke, 2000）。

　　Gelman 與 Gallistel（1978）提出五項可能是人類經由遺傳而有的點數能力：

1. 一對一的原則：在孩子產生數字的概念時似乎就存在了。孩子可以用手指指著物品一對一的數，4 歲左右可以數到 3～5。
2. 順序性：知道數量具有順序性，且算過之後知道不能再算。
3. 基本數量合一概念：亦即算到的數是和量有相關。
4. 歸類概念：任何物品可以歸在一起而被計算，不必一定相同，例如：可將桌子上橘子、蘋果、奇異果歸為水果類一起計算。
5. 系統性：亦即只要物件或項目歸入一組，數算時就不必有順序性。

　　其中，一對一、歸類性及數量結合性成為嬰幼兒發展點數的知識和能力，並從而能建立數字操弄的系統法則（Gelman & Meck, 1983）。

　　這些嬰幼兒期的表現印證了人類自出生時即已配置察覺並辨識物品之

「量」多寡的能力，並藉此基礎逐漸發展，到幼兒期隨著「系統性符號」
——語言能力的逐漸建立，也產生系統性的「數字」符號來與「量」的概
念相對應。近年來透過功能性磁振造影（fMRI）的研究，則進一步呈現
「數量認知」概念能力的成熟歷程（將在以下討論）。圖 1-1 說明點數能力
建立於數字符號和量概念的連結，使數字意義化；計算能力起始於對量的
操弄，可經由練習及訓練加強，因此數學能力的建立是隨著年齡逐步擴張
各種量的概念而來的。

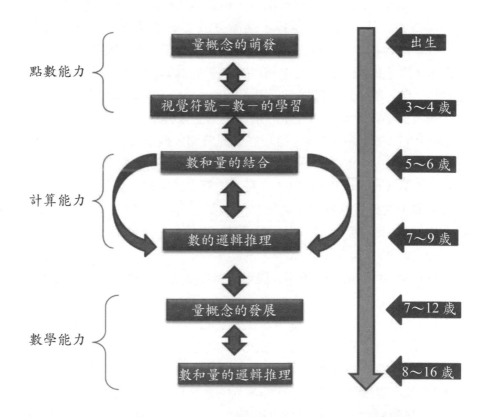

圖 1-1　點數能力、計算能力與數學能力的發展關係圖

第四節 數學神經學的研究

　　認知神經心理學過去對數學能力缺失的了解是透過腦傷病患的失語症研究，這些研究確實提供語言神經學很多有關大腦對數量掌控能力的理解。學習障礙學生的數學障礙當然也可以參考成人失語症的臨床症狀來進一步了解其神經學的功能變化，但是學習障礙學生大部分並沒有腦傷，也無失語、失憶或退化失智的現象。有些甚至語言心智能力正常，但卻有很明顯之數量處理的障礙。因此，由失語症病患的病理現象不容易讓我們理解學習障礙學生的數學困難癥結，我們在探討學習障礙學童時，應從發展性的角度來檢視，亦應從了解正常兒童的計算及數學的概念發展，再到學習障礙學生的相關計量之語言與符號表徵障礙，此對於隨後的特殊教育介入比較有幫助。

　　近年來，利用神經生理對不同「量」之間差距多寡的反映，以大腦影像（fMRI）研究為主，能偵測大腦皮質層活化位置的變化。若兩組物件或其數字的量差距愈小，分辨起來愈吃力；若量的差距愈大，分辨起來愈輕易。當以物件多寡來偵測時，我們稱之為非符號性的量刺激（nonsymbolic stimulation）；若以數字來偵測，則稱為符號性的量刺激（symbolic stimulation）。科學家做了很多幼兒計量能力發展的探討，發現 4 歲大的孩子，大腦中辨識量的部位已經存在於右側皮質層的頂葉內側溝（intra-parietal sulcus, IPS）處，也證實了當孩子逐漸長大之後，隨著語言能力的建立，辨識數的能力逐漸出現時，在成人的左側半球 IPS 也建立了連結區（Cantlon, Brannon, Carter, & Pelphery, 2006）。

　　這些對於數和量的辨別反映能力，在學習的歷程中，呈現了一個發展的現象，即是在非符號性相關的量概念之察覺偵測，不論是在學童或者成人，都已經存在於右側大腦的 IPS 中；但有關量的符號和數字的差距反映研究，其活化的腦區域會隨著年齡和學習的程度而改變。在成人，是在左側大腦角迴（angular gyrus）區，但是 10 歲左右的孩子，卻是在前額葉（prefrontal area）和部分的海馬迴，該兩處連結的功能是在處理數學的法則及數量的操弄（Ansari & Dhital, 2005, 2006）。這些研究顯示，個體整個數學計

算能力的建立是起始於原發性量概念的感知，而落於雙側的 IPS；經由前額葉主導的學習歷程，學會了計量系統的符號（1、2、3……），建立了數量結合的能力。因應日常計量生活的需求則學會了數的操弄法則（如加減乘除等）到數量運算的自動化能力，這區間的大腦皮質層運作，係依賴前額葉和左側顳葉的繁複互動，而這應和計算練習有相當大的關係。當數量結合及計算值自動化形成，其運作位置將落在左側的角迴處，而成為個人的計量語言（metrology language）能力之一。這種數學能力的發展歷程對於了解學習障礙及隨後的數學教育介入是重要的（Halloway & Ansari, 2009）。

第五節　數學運作的模式

有關數學能力如何運作，Dehaene 與 Cohen（1995）首先提出三重編碼模型（triple-code model）的理論來加以解釋。三重編碼為聽覺口語數字編碼（auditory verbal number code）、視覺數字編碼（visual Arabic number code），以及類比量化編碼（analogue-magnitude code）。以下以圖 1-2 來表示三個區域的運作，其顯示在做數量計算或邏輯推理用到量的比較時，這三方面的功能運轉都是互相連通支援的。

第一種「聽覺口語數字編碼」是負責口語形式的數量刺激，支持對聽、說訊息的輸入和輸出，以口語的形式提供簡單加法和乘法的運作（如口述：「三乘七等於多少？」），某個程度支持計算數量結果（numerical fact）的立即反映；第二種「視覺數字編碼」是視覺的阿拉伯數字形式之表徵，支持阿拉伯數字的視覺輸入和輸出（如上：「$3 \times 7 = ?$」）；第三種是「類比量化編碼」，係指感知處理相關量概念的處理，以近似值類比判斷的表徵來做處理，例如：大約 6 個，大約 3～4 百人等，特別用來支持非符號性的量刺激之數量評估，如敵我兩群人數的多寡，以提供個體快速的反應。近年來已逐漸了解三重編碼模型所對應的腦區：聽覺口語編碼對應大腦左側的語言區，視覺的數字形式對應相應雙側的視覺區，而近似的數量表徵系統與雙側的下頂葉皮質（inferior parietal cortex）有關（Dehaene & Cohen, 1997; Dehaene, Piazza, Pinel, & Cohen, 2003）。

這三種形式的編碼可以互相轉換，但各自都能夠將表面形式（surface

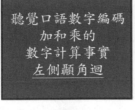

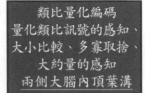

聽覺口語數字編碼
加和乘的
數字計算事實
左側顳角迴

類比量化編碼
量化類比訊號的感知、
大小比較、多寡取捨、
大約量的感知
兩側大腦內頂葉溝

視覺數字編碼
奇數偶數的判斷
多位數字的處理
兩側大腦的梭形迴

圖 1-2　Dehaene 等人的三重編碼模型

資料來源：Dehaene 等人（2003）

form）轉換為數量概念，因此運算不依賴表面形式。運算過程是通過常用語言符號系統來表徵和儲存，例如：耳朵聽到的聲音是「三十七乘以四」，腦中呈現的是阿拉伯視覺符號「37×4」；詞語在精確計算中起關鍵作用，而類比量化的表徵則是在簡單計算或是估算中起關鍵作用。三重編碼模型認為，數字訊息可以直接從一種形式的編碼轉換成另一種形式，而不需要經過數量的語義表示這個中間階段（Dehaen & Cohen, 1995）。也就是說，當個案聽到「三十七」的聲音時，腦海中直接出現的是視覺符號的「37」，而不必再經由右側大腦的量—數處理。不同的功能模塊分別會與某些特定的數學認知功能相聯繫，例如：中文的聽覺口語數字編碼**主要負責點數、數學事實知識的存貯與提取（如記憶乘法表的數量事實等認知功能）**；中文的視覺數字編碼負責數位操作、奇偶判斷等認知功能；而中文的類比量化編碼則與比較、估算等功能相聯繫。

第六節　學習障礙學生數學失敗的現象

在上個世紀 70 年代，當計算尚未被認為和聽說讀寫有相關時，就有人注意到學習障礙學生裡面，有一群難以學習數學的學生。起先有人認為，他們單純的數學困難是因為計算流程操弄的習慣建立有障礙所導致（Cohn, 1971）；也有人認為是數學的量概念之建立有障礙所造成（Kosc, 1974）。到了 80 年代開始，有人認為數學基本上是語言的一環，而開始以語言障礙的角度來看數學障礙（Nesher, 1982）；當然也有人從數字的書寫困難去探究（Russell & Ginsburg, 1984），也有人注意到數序的認識有困難（Baroody, 1985）或數學技巧的應用有侷限，到後來才開始檢討學校的數學該如何教（Nielsen, 1990; Stevenson, 1987）。可見學習障礙學生的數學學習失敗原因非常多元，部分原因是直接牽涉到神經網絡結構異常，導致數與量概念結合異常，所表現出來的計量失能。但是，學習過程因障礙導致的失敗，混雜著失敗所導致的情緒低落、學習動機闕如，而致缺少練習的不熟練，有時也讓後續的介入補救教學變得難以掌握重點。對於數學教育的困難，這些點恐怕都需要釐清，並盡量去克服或減免才能去除數學障礙學生的學習困境。

第七節　數學障礙的臨床症狀

大部分有算術障礙的孩子，在幼年時期就會被注意到有一些特殊行為特徵，例如：從小就對量多寡的概念薄弱。學者觀察到他們比較不會計較多寡，喜歡的東西不會選多的、有就好，不喜歡的東西也不會選擇少的，只會一昧的哭鬧拒絕，不會說明理由。大人才逐漸發現孩子無法建立數和量的連結。從幼兒園開始就被注意到無法逐一點數，教師教不會他們用手指著物品一對一的數；沒有順序的觀念，常算過之後再算一次；沒有基本數量合一的概念，不知道算到的數是和量有相關。在用手指著桌上草莓，口中唸著：「1、2、3、4、5……」後，成人問他有幾顆草莓？他會抬起頭

來再算一次給你看：「1、2、3、4、5……」，而不會說出 5 個，或 5 雙、5 打、5 隻……等表示量的單位。

　　這些孩子在學習阿拉伯數字上有困難，學很久才會區別 6 和 9。努力加強教學訓練之後，漸漸地發現大部分學習障礙學生的數字學習困難都是短暫的，與正常孩子約有一、二年的差異。有些進入小學後，教師還以為他們的數字功能變好了，但之後才被發現他們對數字符號的意義化有障礙。對於數字在日常生活中的功能運用沒有辦法快速理解，例如：「5 號同學家住在中正路 5 號，家中連阿公和阿嬤總共有 5 個人」，裡面的數字 5 表達的都是不一樣的意義，三者不能相加。到了中高年級，無法理解及自動化計量單位的互通，例如：公尺及公分、斤和兩、公斤和斤等單位，無法理解可不可以轉換。無法明白計算操作的方法和運算符號的意義，對於負數的觀念及計算操作有困難，例如：「$-2x = 8$，$x = ?$」、「$5 \div 100 = ?$」、「$(-4) - 3 = ?$」，這些症狀都是數字或符號和量的對應所產生之問題。

　　隨著代表量的文字逐漸增加，另一型態的學習障礙逐漸出現，例如：角度的量、面積的量、負數概念等。這些在一、二年級時，基本數量概念和算數沒有問題的讀寫障礙學生，逐漸在文字符號的理解、應用問題閱讀的理解上產生困難，什麼是奇數、偶數搞不清楚，無法了解位值和如何進位，因此產生隨後的數學障礙。

　　另外，有些學習障礙學生在量和數的結合概念沒有困難，因此開始順利在國小習得一般的計算，但卻在很多的數學專有名詞上產生很大的理解困擾。什麼是絕對值？什麼是質數？對數觀念為何？常常在應用問題的推理上無法了解題意而產生錯誤。這些困難若是學校老師想考個較深的理解問題，學習障礙學生就沒有辦法負荷了。上述這些學生在基本四則運算上並沒有問題，但到了中高年級以後，一些應用問題以及數和量的邏輯演算，他們就完全無法理解題意。

　　此外，還有少部分學習障礙學生，雖然有大小多寡的概念，但終其在校學習的日子，不論用什麼方法都沒有辦法讓他們學會辨識出 3 和 5 的差別，23 是兩個數字還是一個數字，即便已經到了高年級，還是無法順逆點數，而一直用口訣認字：「大頭 9」、「耳朵 3」等，當然也沒有辦法心算，如此嚴重的數字學習障礙比較少見，但偶而還是會被發現。

第八節　數學障礙的種類

　　根據上述臨床症狀的表現和近年來神經影像上的發現，在發展時期比較常被發現的數學障礙大致上可以分為以下四大類別：數字符號辨識不能（numerical symbolic agnosia）、計算障礙（dyscalculia）、數學理解障礙（mathematic learning disability），以及其他：數學運算障礙（Ardila & Ros-selli, 2002）。

一、數字符號辨識不能

　　這些個案雖然不常見，但是存在於學習障礙學生之中。他們對於數字符號完全學不會，「1、2、3……」和「＋、－、×、÷」，以至於「#、$、%、&」都無法分辨，因此進一步相關數和量的關聯也就更困難。這類孩子通常合併嚴重的讀寫障礙，認不得字的部件，對字、詞、甚至注音符號也無法分辨。雖然老師很認真的教，孩子好像文字盲一樣學不起來。這些孩子對數量少的品項多寡比較還可以承擔（例如：「五雙筷子和一打鉛筆」），但是大量品項的比較就有困難（例如：「黑子一堆和白子一堆，哪一樣多？」）。

二、計算障礙

　　學習障礙的聽說讀寫「算」障礙基本上就是指計算障礙，是單指個案沒有量的大小、前後、間距之概念。因此，對於在量的操作上，關於加、減、乘、除方面的機械化小數值之計算還可以訓練，但對大的數值計算就常常掛一漏萬。對於計算答案的數值錯誤，雖然正確答案差異很大，但也看不出來。

　　這類學童常對時鐘上的時間，特別是有時分秒針的報時有困難。他們常不知道什麼時候一格代表 5，什麼時候代表 1？長針是指秒針，還是指分針？為什麼時針靠近 7 了，還是要說是 6 點鐘？67 和 76 哪一個大？哪一個

先？常常猶疑半天。這類單純因量的概念有計算障礙之學童，因功能異常是位於右側的內頂葉功能缺失所導致，這類學生常合併視覺空間概念的不良與左右不分。在早期，這些運動笨拙的表現，常因而被診斷為感覺統合不良。更有些學童因為對於人臉部的表情變化知覺較弱，較不會察言觀色而吃了不少苦頭，更有少部分學童被誤以為是自閉症光譜異常而接受一些不必要的行為治療，而這類兒童並不少見。

三、數學理解障礙

另外，在計算障礙的孩子中有一群是導因於讀寫障礙。這類學生在文字符號的學習有很大的困難，基本的讀寫就有障礙，學習文字符號所代表的意義也很辛苦。當然在學習數字符號及其後面代表的意義在開始的階段也會有困難，但隨著反覆練習、講解和掌握某些技巧，可以讓這些學生進行一般的計算，但對複雜的四則運算法則，例如：「先乘除後加減」或是「括號內的先計算」，他們就弄不清楚了。對於應用問題，常因牽涉到文字連續性的理解更顯得困難，大部分的數學障礙學童就會因此放棄。這應該是導因於左側語言區文字系統的運作解碼之困難。大部分讀寫障礙學生的數學障礙都是此類型。

四、其他：數學運算障礙

還有一群孩子，他們的數學障礙既不是量的不懂，也不是看不懂文字的意義，而是無法適當地處理解題程序。每一個字都看得懂，但是不懂整體的意思，一個問題常常需要從頭看到尾重複看好幾次才知道題意。而且若必要列式，如先處理 A 要求，再處理 B 要求，然後經過進一步的處理才能得到最後結果的 C，亦即 C ＝ A ＋ B，他們對於這種需列式演算的數學問題有很大的困難。這類孩子常常合併有輕微的寫字困難，在寫字的時候就展現其訊號處理的障礙，雖然知道目標字，但寫出該目標字時，通常是筆畫順序不對，減筆劃、增筆劃，部件取代，甚至寫不出字來。他們的問題在皮質層內記憶系統間訊息連結取用處理有困難，常被認定是注意力不集中所導致。

第九節　數學障礙的介入

　　數學能力是逐步發展出來的，不是全有或全無的概念。由圖 1-1 的描述顯示，學校的數學障礙學生，其障礙應該包含有多種形態。雖然基本的病理狀況都是系統性符號的學習與運用障礙，是終生的特質，但是近幾年來利用功能性磁振造影研究顯示，提供早期介入似乎可以改善數學學習的困難（Butterworth, Varma, & Laurillard, 2011）。

　　研究顯示，一對一的介入指導不只改善了孩子的數學計量能力，也廣泛的影響大腦的神經活性。早期神經的高度可塑性改善了皮質層對數和量的反應，包括頂葉、前額葉與顳—枕葉腹側的活性，同時學習障礙學生也呈現出數學表現的進步（Kucian et al. 2011）。科學家以一對一遊戲學習的方式利用電腦介入訓練顯示，中重度數學障礙兒童的大腦神經影像反應在介入前，很容易經由 fMRI 影像模式和正常孩子有所區別，但在訓練介入之後就不容易加以區別了。Iuculano 等人的研究也獲得同樣的結果，認為是大腦網絡的基礎學習可塑性功能造成在計量時，數和量結合的有效機制，使孩子開始能夠處理基本數量計算的操弄。他們推測這種改善行為並不是由於訓練輔導產生的策略補償機制而來，而是真正的在神經網絡連結上產生變化所致（Iuculano et al., 2000）。

　　有部分的學習障礙學生在發展早期固然只是在量的認知上有限制，導致隨後的數／量結合產生障礙。當這些學生在一開始學習算術時就遭遇失敗的話，會導致隨後數學學習的挫折、失敗與放棄；有的學習障礙學生是在後段的數量符號操弄及邏輯推理上產生問題。如果早期介入是有效的，如何在早期療育的階段介入，也就是學齡前偵測出學生的數學問題並適切的介入，使孩子能建立數量的概念及進一步的運用數學就變得很重要。

　　數與量的關係在生活中是自然開始的，在成長的過程中，某一些數量結合的學習和認知，能讓孩子學習計量的操弄。建構數量認知的歷程具愉快的、歡樂的、正向情緒的學習環境營造就變成很重要。在良好環境中，在安排適當遊戲裡，不同階段、不同性質的數學障礙應該各有不同的介入方式。

第十節　結語

　　臨床及第一線教學歷程的經驗顯示，對於什麼是數學障礙並沒有一致的共識，常因為取樣比較的時間差異而產生混淆。因為它常混在一般的讀寫障礙學生之中，或隱藏在學習動機不佳的高年級學習障礙學生中，是否有單純的數學障礙在教學實務上直到現在仍有爭論。

　　生物對於量的比較和量的選擇是演化歷程上趨吉避凶的基本能力之一，原始量的概念在嬰兒時期即可觀察得到。但隨之而來的數和量操弄之技巧和知識是經過發展和學習的歷程所產生的。當數被用來代表量的符號時，數量操弄的過程被相約成俗地運用成為計算法則。計算是兒童早期學習系統性計量符號的基礎技巧。算術障礙是計量語言學習障礙最基本的困難，它的困難出現在量（概念）和數（符號）結合的建立產生異常。單純有計算障礙的學習障礙學生，要跨過計算障礙困難的鴻溝而發展出數學能力會有阻力，但並非不可能，目前已有很多成功的案例。另有部分學習障礙學生沒有數／量連接建立的困難，沒有計算障礙，但卻有文字語言符號學習的障礙。由於讀寫障礙的文字符號學習之障礙症狀，起初也會產生有計算障礙的表象，這些學習障礙學生一般的計算能力是正常的，起初的困難很快就會被克服了。但隨後的數學理解和應用問題之分析就產生極大的困難，這些有數學障礙但沒有計算障礙的讀寫障礙學生常令父母或老師感到鑑別的困難。到了高年級，這些學習障礙學生或計算障礙學生，長期在學校學習的失敗經驗，而產生學習動機不佳，此時要翻轉他們的數學能力是很困難的了。

　　數學能力是逐漸發展出來的，我們應當從發展的角度了解個人數學能力發展的歷程，才能抽絲剝繭，注意到不同的亞型，和彼此互相影響的關係，這樣對於孩子數學學習困難的各項元素，才能適當地做介入。若能早期發現，提供適切的訓練，我們比較可以找出協助孩子改善數學障礙困難的方法。

參考文獻

Ansari, D., & Dhital, B. (2006). Age related changes in the activation of the intraparietal sulcus during nonsymbolic magnitude processing: An event-related functional magnetic resonance imaging study. *Journal of Cognitive Neuroscience, 18*, 1820-1828.

Ansari, D., Gacia, N., Lucas, E., Hamon, K., & Dhital, B. (2005). Neural correlates of symbolic number processing in children and adults. *NeuroReport, 16*, 1769-1773.

Antell, S. E., & Keating, D. P. (1983). Perception of numerical invariance in neonates. *Child Development, 54*, 695-701.

Ardila, A., & Rosselli, M. (2002). Acalculia and dyscalculia. *Neuropsychology Review, 12*(4), 179-231.

Baroody, A. J. (1985). Mastery of basic number combinations: Internalization of relationships or facts? *Journal for Research in Mathematics Education, 16*, 83-98.

Butterworth, B., & Varma, S. (2014). Mathematical development. In D. Mareschal, B. Butterworth, & A. Tolmie (Eds.), *Educational neuroscience* (pp. 201-236). Hoboken, NJ: John Wiley & Sons.

Butterworth, B., Varma, S., & Laurillard, D. (2011). Dyscalculia: From brain to education. *Science, 332*, 1049-1053.

Cantlon, J. F., Brannon, E. M., Carter, E. J., & Pelphrey, K. A. (2006). Functional imaging of numerical processing in adults and 4-year-old children. *Public Library of Science Biology, 4*(5), e125.

Cohn, R. (1971). Arithmetic and learning disabilities. In H. R. Myklebust (Ed.), *Progress in learning disabilities* (Vol. 2) (pp. 322-389). New York, NY: Grune & Stratton.

Dehaene, S., & Cohen, L. (1995). Towards an anatomical and functional model of number processing. *Mathematical Cognition, 1*, 83-120.

Dehaene, S., Piazza, M., Pinel, P., & Cohen, L. (2003). Three parietal circuits for number processing. *Cognitive Neuropsychology, 20*, 487-506.

Gelman, R., & Gallistel, C. (1978). *The child's understanding of number*. Cambridge, MA: Harvard University Press.

Gelman, R., & Meck, E. (1983). Preschooler's counting: Principles before skill. *Cognition, 13*, 343-359.

Holloway, I. D., & Ansari, D. (2009). Mapping numerical magnitudes onto symbols: The numerical distance effect and individual differences in children's mathematics achievement. *Journal of Experimental Child Psychology, 103*(1), 17-29

Iuculano, T., Rosenberg-Lee, M., Richardson, J., Tenison, C., Lynn Xu, F., & Spelke, E. (2000). Large number discrimination in 6-month-old infants. *Cognition, 74*(1), B1-B11.

Kosc, L. (1974). Developmental dyscalculia. *Journal of Learning Disabilities, 7*, 165-178.

Kucian, K., Grond, U., Rotzer, S., Henzi, B., Schonmann, C., Plangger, F., Galli, M., Martin, E., & von Aster, M. (2011). Mental number line training in children with developmental dyscalculia. *NeuroImage, 57*(3), 782-795.

Nesher, P. (1982). Levels of description in the analysis of addition and subtraction word problems. In T. P. Carpenter, J. Moser, & T. A. Romberg (Eds.), *Addition and subtraction: A cognitive perspective*. Hillsdale, NJ: Lawrence Erlbaum Associates.

Nielsen, R. (1990). Anyone can learn math: New programs show how. *American Educator, Spring*, 29-34.

Russell, R., & Ginsburg: H. (1984). Cognitive analysis of children's mathematical difficulties. *Cognitive and Instruction, 1*, 217-244.

Semenza, C. (2008). Number processing. In T. Stemmer & H. A. Whitaker

(Eds.), *Handbook of the neuroscience of language* (pp. 219-227). UK: Academic Press.

Starkey, P., & Cooper, R. G., Jr. (1980). Perception of numbers by human infants. *Science, 210*, 1033-1035.

Stevenson, H. (1987). The Asian advantage: The case of mathematics. *American Educator, Summer*, 26-31, 47.

Xu, F., & Spelke, E. (2000). Large number discrimination in 6 month-old infants. *Cognition, 74*, B1-B11.

第二章

數學計算障礙的
認知分析

李俊仁

　　本章的重點在介紹發展性計算障礙（developmental dyscalculia, DD）的認知分析，但因為全世界的研究者對於數學學習障礙（mathematics learning disabilities, MLD）裡的「數學」以及「障礙」之定義並無共識，許多研究結果也未能被複製（replication），因此很難具體的提出哪些認知因素可能影響數學計算的發展，更難針對數學學習障礙之亞型提出對應的認知缺陷。本章將先討論數學學習障礙在概念、操作定義上的議題，之後會以數字計算障礙為主題說明分析架構，最後再以認知觀點分析執行數學計算所需的認知向度。

第一節　學習障礙：數學運算類亞型

　　依照 2013 年修訂的《身心障礙及資賦優異學生鑑定辦法》第 10 條，學習障礙指的是因神經心理功能異常，致在聽、說、讀、寫或算等學習上有顯著困難者；鑑定基準需要同時符合下列三項基準：(1)智力正常或在正常程度以上；(2)個人內在能力有顯著差異；(3)聽覺理解、口語表達、識字、閱讀理解、書寫、數學運算等學習表現有顯著困難，且經確定一般教育所

提供之介入，仍難有效改善（教育部，2013）。關於數學學習障礙，臺灣在鑑定辦法裡的用詞是「算」和「數學運算」；美國的《身心障礙者教育法案》（IDEA）中的用詞則是「數學計算」（mathematics calculation），以及「數學的問題解決」（mathematics problem solving）（U. S. Department of Education, 2004）。在研究上，學習障礙與數學領域有關的亞型則分成數學計算障礙（mathematics computation），或是數學的問題解決（mathematics problem solving）（Geary, 2004）；在醫學上，《精神疾病診斷與統計手冊》（第五版）（*Diagnostic and Statistical Manual of Mental Disorders,* 5th ed.，簡稱 DSM-5）（American Psychiatric Association [APA], 2013）一書，則在特定型學習疾患（specific learning disorder）的數學部分，提出包括數感（number sense）、算術事實的提取（memorization of arithmetic facts）、正確或流暢的計算（accurate or fluent calculation），以及正確的數學問題理解（accurate math reasoning）等障礙（APA, 2013）。統整上述內容來說，從易到難，和數學學習障礙有關的部分，包括了數感、數學事實提取、正確計算、流暢計算，以及問題解決。

臺灣的鑑定辦法裡使用的名詞是數學「運算」，比較確定的是應該包括數感、數學事實提取、正確計算、流暢計算等基本計算有困難的學生；至於數學問題理解或是數學推理是否符合法規裡所定義的「數學運算」，則可能有一定的爭議。根據「十二年國教數學領域課綱草案」，數學課程內容可分為數與量、空間與形狀、坐標幾何、關係、代數、函數、資料與不確定性等。數學運算包括哪些範圍內容，不管是在法規上或是研究上均尚未見到清楚的說明。

以下先將數學「運算」障礙（指鑑定辦法裡的用詞）界定在與數學計算有關的障礙，先保持其模糊性；但明確的將數學「計算」障礙定義在數感、計算事實提取、正確計算、流暢計算有嚴重困難的學生。

閱讀障礙的研究發展歷史比數學學習障礙早，相關研究也比較完整，借鏡閱讀障礙在研究及實務上的發展歷史，對於數學類學習障礙的研究發展可能有非常大的助益。鑑定辦法所論述的神經心理功能異常是「因」，算或數學運算上的異常是「果」，這也代表學習障礙裡不同的亞型，其背後的神經心理功能異常可能有所不同。以閱讀障礙為例，亞型可能包括識字正確缺陷型、識字流暢缺陷型，以及閱讀理解缺陷型，三者分別可能是

在聲韻覺識（phonological awareness）、快速唸名（rapid automatic na-ming），以及聲韻工作記憶（phonological working memory）上有對應性的認知缺陷（李俊仁，2010a，2010b）。如果數學運算障礙分成計算上的缺陷以及數學理解上的缺陷，則對應的神經心理功能，例如：語音工作記憶、視覺空間處理能力、注意力、執行運作功能、抑制能力等，也可能不一樣（Geary, 2004, 2011）。

　　以下僅就閱讀障礙之研究發展歷史裡出現的重大爭議，包括：基本概念、切截分數的設定，或是差距標準（discrepancy criterion），對數學運算障礙進行簡單的說明。

一、基本概念：計算或數學、障礙或困難、正確或流暢？

　　在討論數學運算障礙的研究裡，研究者對於什麼是數學運算障礙的定義，基本上是沒有共識的。相關但不完全相同的名詞，包括：失算症（dy-scalculia）、發展性計算障礙（DD）、算術相關學習障礙（arithmetic-related learning disabilities, AD）、算術障礙（arithmetical disability, ARITHD）、算術學習障礙（arithmetic learning disability, ALD）、數學障礙（mathematical disability, MD）、數學學習障礙（MLD）、數學學習困難（mathematical learning difficulty, MLD）（Szücs & Goswami, 2003），但使用最多的當屬發展性計算障礙（DD）以及數學學習障礙（MLD）。

　　在這些不同的名詞裡，潛在的議題包括數學運算障礙在測驗架構的內容上指稱的是計算問題，或是包括數學理解的問題；在對象上，是極度嚴重的數值處理障礙，或是包括學習發生困難的低成就學生。

（一）計算或數學

　　一般而言，如果稱為數學計算障礙，對象指稱的通常是學齡前或是小學中、低年級階段的學生在點數（counting）、數字大小比較、基本加、減、乘等簡單計算內容的學習及運用有困難者；如果稱為數學學習障礙或是數學學習困難，除了指稱的是上述的數學計算障礙外，還可能會將數學的測驗架構定義在該年級課程標準所設定的內容。

閱讀的評量可分為解碼、流暢性，以及閱讀理解，三個相互影響卻獨立發展的向度，各自有其測量以及補救教學的介入方式，這可以為數學學習障礙提供參考。如果將數學界定在課程標準裡的數學能力，課程標準裡至少包括數與量、機率、幾何，與代數等項目，且每一個學習階段在數學課程裡的數與量、機率、幾何，與代數所占的分量有非常大的差異，因此如果採用各年級的數學能力測驗，不同年級的檢測內容是否為單一向度是必須保持懷疑的。如果檢測的內容不是單一向度，向度間的相關又低時，如何維持一定的鑑定基準也會有相當的困難。

如果將學習障礙裡的數學能力定義在點數、正整數的加、減、乘，雖然在構念上會維持一致，但會出現一個關於「困難程度」的議題：學生的表現是在加、減、乘所有領域以及數量的計算上皆落後，才能視為數學運算障礙，又或者在比較基礎的項目產生困難，例如：二位數加、減法和一位數乘法，才能視為數學運算障礙？另一個是數量大小的問題，究竟是以幾位數的計算出現困難才是合理的鑑定基準？在補救教學所制訂的基本學習內容裡，對於學生所需具備的能力，於各年級的學習內容中有清楚的描述，例如：二年級能熟練二位數加減直式計算、能理解三位數加減直式計算（不含兩次退位）、能理解九九乘法；三年級能熟練加減直式計算（總和或被減數小於 10,000，含多重進退位）、能熟練三位數乘一位數、能熟練三位數除以一位數的直式計算；四年級能熟練較大位數的乘除直式計算（教育部，2016）。數學學習障礙的定義是在該年級學習內容所設定的數量上出現運算困難，或是設定基本數量（如小於 10,000）的運算能力？一個四年級的學生，可能在二位數的加減沒問題（二年級內容），但是卻在多位數牽涉到多次退位的計算時出現困難（三年級內容），落後了兩個年級，或是無法計算小於 10,000 的數量，這樣算是計算障礙嗎？

（二）困難或障礙

如果是障礙，一般定義在表現落後同年級學生兩個年級以上，或遠低於智力預期且教學介入無效者；如果是困難，一般界定在該年級的數學測驗上之表現低於百分等級 25 者，有時也會利用低成就（low achiever, LA）來描述學習困難的學生。不管是學習困難或是學習障礙，自然都需要教學的協助。但因為特教資源有限，必須要畫出界線，來決定誰能接受特教資

源。在學習障礙裡的關鍵問題是：「誰最需要特殊教育的服務？」

　　根據英國的調查，大約有 50%的成人，僅具備 11 歲學童的數學能力，而有 23.7%的成人，其數學能力等同於 9 歲學童（U. K. Department for Innovation, Universities and Skills, 2012）。臺灣的國中三年級會考數學待加強之比例為 33%（國立臺灣師範大學心理與教育測驗研究發展中心，2015，2016）；根據「國際數學與科學教育成就趨勢調查」（Trends in International Mathematics and Science Study，簡稱 TIMSS）於 1999 年的調查，臺灣的八年級學生小數退位減法正確答題的學生為 84%（Mullis et al., 2000, p. 87）（題目是：4.722 − 1.395 ＝ ？），能進行分數擴分計算的學生為 80%（Mullis et al., 2000, p. 72）（題目是：「3 ／ 8 ＝ ？／ 24」的方格劃記），能正確答對一元一次方程式代數解題的學生為 73%（Mullis et al., 2000, p. 76）（題目是：「12x − 10 ＝ 6x ＋ 32」）。臺灣目前身障類的特教學生約為 3%。上述這些數值都告訴我們，數學上有困難者遠超過特教能夠提供服務的對象，更不要說這些低成就表現，可能是因為數學焦慮、教學不當所產生的影響。

　　數學計算障礙或是數學學習障礙的研究，往往採取的是學科表現在切截分數以下，而智力表現在切截分數以上為基準。許多研究的學科表現切截分數設定為 PR10（percentile rank，百分等級，下文直接以 PR 表示），標準寬鬆一點的甚至設定到 PR35 以下；智力的設定則可能是平均數為 100，標準差為 15，標準分數為 80（PR10）、85（PR16）或是 90（PR25）以上（Murphy, Mazzocco, Hanich, & Early, 2007）。這樣的定義或許在研究上可行，但從教育實務可能的服務量而言，因為幾乎都超過 5%的人，這樣的標準在教育實務上是否能採用則是值得討論的議題。

（三）正確或流暢

　　DSM-5 裡將讀寫障礙定義在字詞正確性以及流暢性，利用解碼（decoding）定義正確性，利用每分鐘朗讀詞數（word count per minute, WCPM）定義流暢性（APA, 2013）。但在數學計算上呢？正確計算尚可清楚的定義，但流暢呢？能夠正確的計算卻必須耗時費力的計算者，算不算計算障礙？不同數量的計算，需要達到什麼樣的流暢性？這些問題，目前也沒有答案。

二、鑑定的標準

在美國閱讀障礙的發展歷史裡，早年的鑑定基準為差距標準（discrepancy criterion），新的基準則建議採用教學介入反應模式（response to intervention, RTI）。在差距標準裡，又可分為年級的差距標準、標準分數的差距標準，以及迴歸的差距標準。年級的差距標準一般使用的是表現低於生理年齡兩個年級；標準分數的差距標準採用的是智力分數表現高於 1.5 或是 2 個標準差；迴歸的差距標準則是為了校正標準分數的差距標準所提出的計算方式，一般而言會在智力為中等程度者的差距要求比較小，而在高智力者的差距要求比較大。數學運算障礙也採用雷同的作法（Devine, Soltész, Nobes, Goswami, & Szucs, 2013）。從上面的描述裡，不難窺見對於學習障礙在操作定義上的巨大差異，這對於研究的複製（replication）絕對是嚴峻的挑戰。Murphy 等人（2007）曾經將受試者分成百分等級在 10 以下以及在 11～25 之間，就發現兩群受試者有不同的認知表現。定義的不同有可能產生受試者的組成比例不同，這樣就可能讓研究的結果無法複製。在閱讀研究裡，就倡議應該將定義以及測驗說明清楚，這樣才有機會累積知識。

以下的說明以及討論，將以發展性計算障礙（DD）為「主要」訴求，但因為過去發表的研究論文並沒有充分解釋測驗內容，因此可能會涵蓋部分的數學理解障礙。發展性計算障礙屬於數學運算障礙（鑑定辦法延伸的用詞）的子集合，但也可能就是母集合，指稱的是基本數學計算上出現嚴重困難的學童。在發展性計算障礙的評量裡，涵蓋正整數的加法、減法、乘法以及除法，但不包括點數、分數以及小數的計算。不涵蓋點數，主要是因為筆者在個人的研究以及協助鑑定的經驗裡，發現臺灣在點數上有嚴重困難的學生極為稀少；如果有點數問題，通常伴隨嚴重的語言發展問題，而有嚴重點數困難的學生，在加、減法上一定也會呈現嚴重的困難，並不會產生偽陰性的議題。不包括分數以及小數，主要原因是國際調查顯示臺灣有近兩成的八年級學生在小數退位減法的單選題上無法正確回答，此比例遠超過特教老師能夠負擔的現象；另外，既然兩成的英國成年人僅有 9 歲學童的數學能力，顯示在分數以及小數的計算上，雖然對生活是重要的，例如：計算銷售折扣、銀行利率等，但卻非基本生活所需，無法計算

比例、分數或是小數並不會對其生活有嚴重的限制。要特別說明的是，點數雖沒有放在檢測的測驗裡，但點數有困難的學生，其簡單加減也會有困難，自然該認為是數學計算障礙。

第二節　數學計算的分析架構

數學計算的運作可以有不同的分析方式，包括：單一核心與多元組合成分論，以及語意記憶與運作程序論。

一、單一核心與多元組合成分論

發展性計算障礙的缺陷是單一核心或是多元組合，還是個爭論不休的議題。單一核心論者認為，計算為特定的模組運作，所產生缺陷的原因是數量表徵（magnitude representation）的問題，並認為發展性計算障礙的心理數線（number line）運作狀態跟一般人不同。多元組合論者認為，除了數量表徵外，還需要使用不同的模式（例如：口語的，或是視覺的）、形式（例如：不同方式的視覺符號表達數量，如壹、一、1、one、骰子的1點）等。

從嬰兒發展、動物行為、神經心理學病患的研究證據都指出，動物（包含人類）對於數量的認知概念是類比式表徵（analogical representation），並具有連續性的特質（Dehaene, Dehaene-Lambertz, & Cohen, 1998; Dehaene, Dupoux, & Mehler, 1990）。Dehaene（1997）認為，數量表徵是一條心理數線，只不過這個心理數線的特性與物理數線的特性不同。在數量小的部分有比較大的心理距離，在數量大的部分有比較小的心理距離，它是一個對數性質的物理與心理量的對應關係（Moyer & Landauer, 1967）。

在行為層次上，可以用下列兩個效應來說明心理數線的特性。

（一）數字大小效應（size effect）

在判斷兩個數字何者為大時，即使兩個數字在數值上的差距相同（例如：7與9、3與5的差距都是2），但判斷數字大的兩個數字大小所需的時

間會比判斷數字小的兩個數字大小的時間長。據此推論心理數線在大數量時間隔比較短，所以需要比較多的資源以及時間作區辨。

（二）距離效應（distance effect）

當受試者在比較兩個數字何者較大時，會受到兩個數字在數線上的距離而影響到判斷時間或是正確率，不論呈現的是阿拉伯數字（例如：「4與6」）或是文字（例如：「四與六」），都是如此。當兩個數字愈接近時，反應時間會較慢，會發生較多的錯誤。由於距離效應並不受到呈現符號的影響，不管是數字、文字，或隨機點（dot pattern）都可以產生距離效應，顯示心理數線可能與語言是獨立的（Buckley & Gillman, 1974; Foltz, Poltrock, & Potts, 1984）。

Reeve、Reynolds、Humberstone 與 Butterworth（2012）曾經使用點數量化（dot enumeration）作業的反應時間隨數量大小（set size）所增加的斜率，以及數量比較（number comparison）反應時間，檢視這兩個作業表現對於數學計算能力的預測力。他們追蹤一群從 6 至 11 歲學童的能力發展，發現以這兩個作業的組合分數分成高、低成就兩組，該兩組在非語文智力、對數字以及字母的唸名時間並沒有差距，但在加、減、乘、除都有組間差異。此顯示早年很基本的數量比較之反應時間，與後來的高階數學計算能力有相關性，而這樣的相關性，並沒有辦法類推到所有作業的反應時間，所以並不是整體反應效率的問題。這個研究支持單一核心成分的可能性。

但不是所有心理數線的研究都發現與數學能力間有相關。Holloway 與 Ansari（2009）就發現，數字比較與學校的數學成就有相關，但是點的數量比較則沒有效果，顯示並不是心理數線的作用，而是表徵的運作所產生之影響。Szücs、Devine、Soltesz、Nobes 與 Gabriel（2014）則是直接檢視執行運作功能等認知測驗與數感測驗，哪一種對於數學成就的預測能力更佳，結果發現數字比較大小、點數、點量比較測驗等數感測驗的正確率以及反應時間都對數學成就的預測力低，但視覺空間記憶則與數學成就的相關高。

點數量化作業係在螢幕上呈現大小不同的圓點，數量從 1 到 9，要求受試者指出對應的數值。由於 4 以內的數字通常可以利用直覺數感（subitizing）的方式（直接提取數量，無須點數，動物以及嬰兒都具備此能力），

因此並不會有時間差異，但隨著數量超過 5，則需要點數，因此隨著數量增加，反應時間會增加，故可計算出平均反應時間，以及 5～9 個點的反應時間之斜率。

數量集合（number sets）作業係利用數量符號的轉換，檢測受試者在數量計算的能力，例如：●●+3 = 5，●●●+4=7，計算其正確率以及反應時間。

二、語意記憶與運作程序論

此種分析方式藉由概念性知識（conceptual knowledge）、程序性知識（procedural knowledge）兩個向度的分析架構，分析計算所需的知識（Rittle-Johnson & Schneider, 2014）。概念性知識包括事實（fact）以及原則（principle）兩部分。以正整數的數學計算而言，事實知識包括數量大小的了解、從記憶提取簡單個位數加法、減法以及乘法的結果；原則知識則包括數量符號的認識（一、二、三；1、2、3；骰子的 1、2、3 點）、運作符號（加、減、乘）、正整數愈加愈大、正整數愈減愈小、正整數愈乘愈大、位值、加法以及乘法的交換率等。程序性知識則包括使用不同策略處理計算的問題，包括利用連加的方式達到乘法的效果、利用計算的程序幫忙計算多位數的加、減、乘。

Geary（2004）曾經將數學學習障礙（MLD）之亞型分成語意記憶缺陷類型（semantic memory deficits）、程序處理缺陷類型（procedural deficits），以及空間缺陷類型（spatial deficits）。其中，語意記憶缺陷類型是針對數學題目，在以語言表徵的概念、以語言進行存錄以及提取產生困難，在上述的知識向度裡，缺少的應該是概念性知識；程序處理缺陷類型則是在點數以及計算上，無法掌握正確的程序，所反映的可能是工作記憶以及概念知識執行運作的控制問題，缺少的應該是程序性知識；空間缺陷類型則是沒有辦法形成如空間表徵般的心理數線，或是跟空間有關的數學問題。由於 Geary 當年對於數學學習障礙的定義為數學成就測驗低於百分等級 25，因此測驗架構極可能不包括限於計算而是包括數學理解、幾何等部分。為了扣緊數學計算的概念，表 2-1 是根據 Geary 所提供的例子，依照概念性知識與程序性知識的分析方式重新整理的結果。

表 2-1 以概念性知識和程序性知識分析數學計算發展的特徵

類別	表現特徵	發展特徵	對應的認知缺陷
概念性知識缺陷	難以提取簡單的數學計算。但可能在某一個領域可以，另一個不行，例如：加、乘可以，但減法不行。 對於簡單數學計算的提取，常出現錯誤。 計算的錯誤以及計算的時間沒有規律。	認知以及數學計算表現的發展軌跡與更年幼孩子不同，隨著年齡增加，並沒有明顯改善。	語音工作記憶 視覺空間能力
程序性知識缺陷	較常使用不成熟的程序進行計算，例如：利用全部都數的策略進行加法計算；經常在點數以及計算的程序上出錯。 使用錯誤的概念導引錯誤的程序，例如：減法時，不管減數或被減數，一律使用大的數字減去小的數字，如 83 － 28 ＝ 65。 難以執行多步驟的計算，例如：借位減法。	比較接近發展遲緩的狀況，其表現與更年幼的孩子表現相同。	執行運作功能 抑制力 注意力 視覺空間能力

第三節　計算的認知分析

　　認知分析的模式有兩種：一種是以個體的訊息處理階段或是歷程進行分析，另一種則是檢測群體在數學成就與認知成分間的關聯性。個體的訊息處理可以檢視運作的細部歷程，但對於推廣到多數人的運作，則有推論上的疑慮；群體的認知成分分析固然可以知道多數人認知成分與計算運作間的關係，但卻難以知道對各個處理階段的影響。不管是個體的歷程分析，或是群體的成分分析，兩者都有其侷限。從研究者的角度，多數運用

的是群體的資料；但對於現場的教師而言，從群體研究獲得概念，運用相關概念之架構協助分析個案的狀況，卻是最重要的能力。

一、個體的訊息處理階段分析

認知心理學基本上是訊息處理論（information processing theory），最簡單的模式是短期記憶、長期記憶的序列分析。訊息先於短期記憶進行處理，然後才進入長期記憶。這樣的分析，簡單的運作原則是從整體作業進行程序的分析，檢視每一個步驟所需要的基本概念，再從這樣的分析，檢視學生的錯誤之處。這樣的分析方式，也運用在點數（Gelman & Gallistel, 1978）、加法（Siegler, 1987）、減法（Brown & Burton, 1978），以及乘法（Campbell & Graham, 1985）的計算運作裡。

以點數為例，分析點數歷程包括的概念原則有一對一對應原則（one-to-one correspondence principle），每一物件只能點數一次；固定順序原則（stable order principle），點數的語文序列是固定的；基數原則（cardinal principle），點數到最後一個數字，即是該次點數的數量；抽象原則 （abstract principle），不管是任何物體，只要有具體、可分離的狀態，都可以點數；順序無關原則（order irrelevance principle），被點數物體之數量不受到點數順序的影響。所以，有的幼童會因為無法知道固定順序原則，可能在唱數時，可以唸出 1 到 9，但不知道下面接續的數值是多少；有的幼童雖然完成所有的點數動作，但因為不知道點數的基數原則，所以不知道一共有多少。

以加法為例，可以分成全數（counting all）、從某一數開始數（counting on）、從大數開始數（counting from the max）、直接提取（directly retrieval）等。有的幼童必須被加數以及加數都數過，確認所有數值後，再完全數完，例如：「3 ＋ 5」，先一隻手比出 3，數過確認是 3 後，另一隻手比出 5，數過確認是 5 後，才開始從 1 數到 8，這是全部都數。如果幼童可以比出 5，直接從 3 開始數，這是向上數。如果幼童知道「3 ＋ 5」與「5 ＋ 3」是一樣的結果，比出 3，然後從 5 開始，這是從大數開始數。如果幼童能夠直接提取 8，這是直接提取。

不管是點數、加法、減法、乘法、小數以及分數等計算歷程的分析，都可以在文獻裡找得到（Russell & Ginsburg, 1984）。

二、群體的認知成分分析

認知分析的另一種方式是進行群體的認知成分分析。這樣的分析方式不直接分析進行計算時所需的訊息處理歷程，而是從群體的角度檢視哪些認知成分與整體運作有關聯，除了希望有同時相關性、同一個時段的認知成分與數學計算能力的相關性，也希望能夠有預測性相關，早期的認知成分預期後來的數學計算能力，更希望能夠有介入認知因素導致數學計算能力的成長。認知成分分析最基本的架構是以基礎視覺和聽覺、注意力、記憶力、語言能力，以及問題解決能力討論跟特定認知疾病的關係。以閱讀障礙為例，在基礎視覺和聽覺裡，可能是在聽覺的時序訊號處理（temporal order information）或是在視覺的巨細胞訊號處理（magnocellular）有困難；在注意力上可能是選擇性注意力（selective attention）或是持續注意力（sustain attention）的困難；在記憶力上可能是聲韻工作記憶（phonological working memory）的困難；在語言上可能是語音知覺（speech perception）、聲韻覺識、快速唸名的困難（李俊仁，2010a，2010b）。

在發展性計算障礙部分，出版的論文數量相當有限。認知成分裡的工作記憶以及內容的子成分，如中央執行運作功能、語文記憶以及視覺空間記憶是最受到矚目的部分（Cragg & Gilmore, 2014）。

Geary（2011）追蹤國小一年級到五年級學生的數學及閱讀表現後發現，執行運作功能對於閱讀的影響力隨年級升高而降低，但在數學部分則隨年級升高而升高；工作記憶中的語音迴路與閱讀相關，但卻與數學計算無關；相反的，視覺空間記憶與數學計算相關，但與閱讀無關。

Fuchs、Geary、Compton、Fuchs、Hamlett與Bryant（2010）曾以國小一年級學生為受試者，檢視兩種數量測驗之八種一般認知能力，包括：工作記憶的執行運作功能、語音迴路、視覺空間暫存裝置、語言能力、處理速度等認知能力與數學運算（計算以及應用題）的關聯性。如果依變項是數學計算題，發現將兩種數量測驗、數量集合測驗（Number Sets Test）以及數線數字量估計（approximate numerical magnitudes）放入迴歸分析時，所有的認知變項都沒有效果，但如果依變項是應用題，則執行運作功能、概念形成，以及數量集合都有顯著的預測性。他們論述計算比較屬於領域特定的運

作，所以受到兩種數量測驗的影響，但不受到一般認知功能的影響；而在兩種數量測驗裡，數量集合測驗的預測效果遠比數線的效果好得多，他們因此認為小數量的數值表徵可能比概算的大數值表徵對於計算的發展更有意義。

Murphy 等人（2007）長期追蹤一群學童從幼兒園到國小三年級，將學生分為數學計算能力 PR10 以下以及 PR11～25 兩個數學學習障礙群組，控制組則是數學計算能力高於 PR25 者。研究發現在控制智力全量表分數、知覺動作、快速唸名測驗後，三組的數學能力不管是在起始點的能力，或是成長曲線都有明顯的差異。PR10 組不管是起始點或是成長率，都低於控制組以及 PR11～25 組，顯示差異持續性的擴大；PR11～25 組與控制組在成長斜率沒有差異，顯示他們無法趕上控制組的成長。進一步的分析發現，智力和知覺動作僅影響起始點能力，但是對於成長是沒有影響的。

Szücs 等人（2014）則是針對 9 歲學童檢視認知成分與數學成就間的關聯性，他們則是認為視覺空間工作記憶、解碼、詞彙以及知覺動作等是最好的預測模型，至於語音工作記憶、抑制、數感測試（包括正確率以及反應時間），以及非語文智力都沒有任何的效果。他們強調執行記憶功能為主（executive memory function centric）的數學計算模型。

從目前的文獻裡，很難得到具體的結論。一旦數學能力所採用的架構不同，就可能產生不同的結論。一旦數學能力包括應用題等數學推理，則詞彙、閱讀以及與閱讀相關的變項就會產生一定的影響，如果是計算，特別是複雜程序的計算，則執行運作功能、抑制，合理的會產生作用。這也是為什麼在本章一開始時就特別說明檢視數學能力測驗架構的重要性。

但，一個有趣的議題是 Murphy 等人（2007）的研究提出採取不同切截分數，就會影響認知成分的分析結果。基於幾乎所有的研究論文都採用比 PR10 還要寬鬆的指標，作為篩選數學學習障礙或是發展性計算障礙的基準，而 PR10 以下的個案與 PR11～25 的個案，可能在發展軌跡、知覺動作、處理速度上有差異，加上各項認知指標的操作型定義可能不同，而產生不一致的研究結果是可以預期的。

臺灣在特殊教育的身心障礙類別裡，盛行率約為 3%，學習障礙約占 1%，而學習障礙裡以閱讀相關的亞型占多數，儘管沒有明確的資料，被鑑定為學習障礙的比例應該遠低於 0.5%。在這些狀況下，相關文獻的研究方法固然有其價值，其結果對臺灣在數學運算障礙的參考價值並不高。

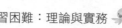

　　就筆者所知的文獻裡，採用與臺灣標準最接近的論文應該是 Landeral、Bevan 與 Butterworth（2004）所發表的研究，他們將國小四年級學童分成閱讀障礙組（PR25 以下）、數學計算障礙組、共病組（閱讀以及數學計算）、控制組。比較特別的是將數學學習障礙定義在數學計算的反應時間超過平均 3 個標準差以上（.3%），相對其他研究可能採用 PR10～PR35 為切截分數，這是界定數學計算障礙非常保守的標準。他們請受試者進行數值唸名（單位數以及兩位數）、量與形狀大小比較作業、聽寫數值（個位到百位數值聽寫）、數序唱名（從 1 到 20；從 45 到 65；從 20 倒數偶數到 2）、點數作業（看不同大小的點，數數）、單位數的加、減、乘計算，以及若干的記憶（正向、逆向數字回憶）、詞彙、視覺動作作業。數學計算障礙組在記憶、詞彙、視覺動作作業都與控制組相同，反倒是閱讀障礙組以及共病組在數字記憶的表現比較差，而共病組則是在詞彙以及視覺動作作業上明顯地低於其他組。在數字唸名部分，他們發現在單位數字唸名以及兩位數字唸名上，共病組以及數學計算障礙組的反應時間都比控制組長，但是在顏色唸名上則與控制組沒有差距，此顯示不是一般性的反應效率之問題，而是針對數字的處理效率。在數字大小比較上，呈現共病組、數學計算障礙組與控制組間的差距，但是在形體大小判斷上（判斷哪一個數字的字體比較大），並沒有差異，同樣的，這不是一般認知比較的問題，而是在數字上的比較。在數字計算部分，他們發現數學計算障礙組在個位數字的加、減、乘計算之正確率都低於控制組，共病組僅在減以及乘的表現低於控制組。不管是共病組或是數學計算障礙組，在個位數字的加、減、乘的計算反應時間都比閱讀障礙組以及控制組差，但閱讀障礙組並沒有比控制組差。這個研究顯示，在加、減、乘的計算正確率以及速度上，數學計算障礙組的能力都遠低於控制組，但由於他們是根據計算時間進行分組，獲得這樣的結果並不令人訝異，重點在於數學計算障礙組在記憶、形狀大小比較的反應時間、顏色唸名的反應時間都與控制組相同，此顯示數學計算障礙的缺陷是有領域特定的，並不是一般性的認知能力缺陷。

第四節　結論

　　在數學能力發展的認知分析裡，可以包括個體的歷程分析，以及群體的成分分析。不管是哪一種分析方式，最重要的是清楚的定義什麼是數學能力。在學習障礙的研究裡，則是清楚的定義什麼是障礙的內容以及程度。數學學習障礙，則需要清楚的定義什麼是數學能力、障礙的內容，以及障礙的程度。由於當今的研究所採用的能力、障礙內容與程度都有相當的差異，因此在解讀研究論文時，不應該只關心結論，而更應該釐清各項定義以及標準，否則很容易產生錯置的情形。儘管沒有清楚的結論，但不管如何，分析的架構與分析的方式是不會改變的，這對於個案的觀察跟介入反映，應該還是很有幫助的。

　　從臺灣特殊教育學生的生師比考量，應該將鑑定辦法裡的數學運算界定在基本的計算，至少目前還不宜放寬到數學理解和數學推理等項目。

參考文獻

中文部分

李俊仁（2010a）。聲韻覺識與閱讀發展。載於柯華葳（主編），**中文閱讀障礙**（頁 43-62）。臺北市：心理。

李俊仁（2010b）。工作記憶與閱讀。載於柯華葳（主編），**中文閱讀障礙**（頁 95-114）。臺北市：心理。

教育部（2013）。**身心障礙及資賦優異學生鑑定辦法**。臺北市：作者。

國立臺灣師範大學心理與教育測驗研究發展中心（2015）。104 年國中**教育會考各科能力等級加標示人數百分比統計表**。2016 年 12 月 28 日，取自 http://cap.ntnu.edu.tw/1040605-1.html

國立臺灣師範大學心理與教育測驗研究發展中心（2016）。105 年國中**教育會考各科能力等級加標示人數百分比統計表**。2016 年 12 月 28 日，取自 http://cap.ntnu.edu.tw/exam/105/1050603_2.pdf

教育部（2016）。**基本學習內容**。2016 年 12 月 28 日，取自 http://priori.moe.gov.tw/index.php? mod=resource

英文部分

American Psychiatric Association [APA] (2013). *Diagnostic and statistical manual of mental disorders* (5th ed.) (DSM-5). Arlington, VA: Author.

Brown, J. S., & Burton, R. B. (1978). Diagnostic models for procedural bugs in basic mathematical skills. *Cognitive Science, 2*, 155-192.

Buckley, P. B., & Gillman, C. B. (1974). Comparison of digits and dot patterns. *Journal of Experimental Psychology, 103*, 1131-1136.

Campbell, J. I. D., & Graham, D. J. (1985). Mental multiplication skill: Structure, process, and acquisition. *Canadian Journal of Psychology, 39*, 338-366.

Cragg, L., & Gilmore, C. (2014). Skills underlying mathematics: The role of executive function skills in the development of mathematics proficiency. *Trends in Neuroscience and Education, 3*, 63-68.

Dehaene, S. (1997). *The number sense*. New York, NJ: Oxford University Press.

Dehaene, S., Dehaene-Lambertz, G., & Cohen, L. (1998). Abstract representation of numbers in the animal and human brain. *Trends in Neurosciences, 21*, 355-361.

Dehaene, S., Dupoux, E., & Mehler, J. (1990). Is numerical comparison digital? Analogical and symbolic effects in two-digit number comparison. *Journal of Experimental Psychology: Human Perception and Performance, 16*, 626-641.

Devine, A., Soltész, F., Nobes, A., Goswami, U., & Szücs, D. (2013). Gender differences in developmental dyscalculia depend on diagnostic criteria. *Learning and Instruction, 27*, 31-39.

Foltz, G. S., Poltrock, S. E., & Potts, G. R. (1984). Mental comparison of size and magnitude: Size congruity effects. *Journal of Experimental Psychology: Learning, Memory and Cognition, 10*, 442-453.

Fuchs, L. S., Geary, D. C., Compton, D. L., Fuchs, D., Hamlett, C. L., & Bryant, J. V. (2010). The contributions of numerosity and domain-general abilities to school readiness. *Child Development, 81*, 1520-1533.

Geary, D. C. (2004). Mathematics and learning disabilities. *Journal of Learning Disability, 37*, 4-15.

Geary, D. C. (2011). Cognitive predictors of individual differences in achievement growth in mathematics: A five-year longitudinal study. *Developmental Psychology, 47*(6), 1539-1552.

Gelman, R., & Gallistel, C. R. (1978). The child's understanding of number (1986 ed.). Cambridge, MA: Harvard University Press.

Holloway, I. D., & Ansari, D. (2009). Mapping numerical magnitudes onto symbols: The numerical distance effect and individual differences in children's mathematics achievement. *Journal of Experimental Child Psychology, 103*, 17-29.

Landerl, K., Bevan, A., & Butterworth, B. (2004). Developmental dyscalculia and basic numerical capacities: A study of 8-9-year-old students. *Cognition, 93*, 99-125.

Moyer, R. S., & Landauer, T. K. (1967). Time required judgments of numerical inequality. *Nature, 215*, 1519-1520.

Mullis, V. S., Martin, M. O., Gonzalez, E. J., Gregory, K. D., Garden, R. A., O'Connor, K. M. et al. (2000). *TIMSS 1999 international mathematics report*. Chestnut Hill, MA: The International Study Center, Lynch School of Education, Boston College.

Murphy, M. M., Mazzocco, M. M., Hanich, L. B., & Early, M. C. (2007). Cognitive characteristics of children with mathematics learning disability (MLD) vary as a function of the cutoff criterion used to define MLD. *Journal of Learning Disabilities, 40*, 458-478.

Reeve, R., Reynolds, F., Humberstone, J., & Butterworth, B. (2012). Stability and change in markers of core numerical competencies. *Journal of Experimental Psychology: General, 141*, 649-666.

Rittle-Johnson, B., & Schneider, M. (2014). Developing conceptual and procedural knowledge of mathematics. In R. Kadosh, & A. Dowker (Eds.), *Oxford handbook of numerical cognition*. Oxford, UK: Oxford University Press.

Russell, R. L., & Ginsburg, H. P. (1984). Cognitive analysis of children's mathematical difficulties. *Cognition and Instruction, 1*, 217-244.

Siegler, R. S. (1987). The perils of averaging data over strategies: An example from children's addition. *Journal of Experimental Psychology: General, 116*, 250-264.

Szücs, D., & Goswami, U. (2013). Developmental dyscalculia: Fresh perspectives. *Trends in Neuroscience and Education, 2*, 33-37.

Szücs, D., Devine, A., Soltesz, F., Nobes, A., & Gabriel, F. (2014). Cognitive components of a mathematical processing network in 9-year-old children. *Developmental Science, 17*, 506-524.

U. K. Department for Innovation, Universities and Skills (2012). *The 2011 skills for life survey: A survey of literacy, numeracy and ICT levels in England*. Retrieved December 28, 2016, from https://www.gov.uk/government/uploads/system/uploads/attachment_data/file/36000/12-p168-2011-skills-for-life-survey.pdf

U. S. Department of Education (2004). *IDEA regulations: Identification of learning disabilities*. Retrieved December 28, 2016, from http://idea.ed.gov/explore/view/p/%2Croot%2Cdynamic%2CTopicalBrief%2C23%2C

第三章

數學障礙與閱讀障礙共病的
認知缺陷研究回顧

呂偉白

第一節　緒論

一、數學障礙與閱讀障礙的共病現象

　　學習障礙是一個傘狀名詞（umbrella term），在這個統稱的名詞之下，依據學習障礙者所遭遇到的不同困難症狀，再細分不同的次類別，例如：數學障礙、閱讀障礙，以及書寫障礙等。長久以來，研究人員對探索更精緻的次類別以及區分不同次類別的特質感到興趣，他們認為這樣的研究不只能豐富理論架構，還能幫助老師發展針對學生獨特認知特色的教學法（Fuchs, Geary, Fuchs, Compton, & Hamlett, 2016）。基於這樣的目的，筆者回顧有關閱讀障礙與數學障礙共病（co-morbid of math disabilities and reading disabilities）的次類別研究，希望藉由了解共病的基礎研究結果，幫助實務領域擬定更精緻的鑑定與診斷，以及設計更有效的教學策略。

　　學習障礙學生併存著數學障礙與閱讀障礙的現象並不罕見，不只學者

觀察到這樣的現象，家長和老師也都曾報告過共病的現象。一位家長在回顧家中學習障礙孩子的成長過程時，有以下觀察：

> 「因為她有閱讀困難，所以導致她在解數學的應用問題
> 也有困難，再加上數字能力及計算能力差，因而已經讀五年
> 級的她還在用手指頭，有時還必須借助計算機，否則計算十
> 題，錯七、八題。」（陳淑華，2001，頁 32）

一位兼任高雄市特教輔導團高中職組團員的資源班特教老師在一篇討論次類別的文章中也提及：「（高雄區鑑輔會）所鑑定的個案大多數為讀寫算全面能力均低」（卓曉園，2016，頁 9）。

除了上述非正式的報告外，呂偉白、Invernizzi（2012）在探討閱讀流暢困難的實證研究中，記錄了一位美國學習障礙學生的共病現象。這位國小四年級的學生雖然有著正常的智商以及優異的口語理解與表達能力，但是卻遭遇讓人難解的閱讀以及數學困難。這位學生不只在讀字正確方面有困難，在閱讀的速度上也遠低於一般學生。以下是有關閱讀困難的描述：

> 「閱讀課的老師在第一學期時報告：『他以平均 1 分鐘
> 29 個字的速度唸三年級水準的短文，正確率為 87%』
> （SCP05-3）。第二個學期時，同樣的一位老師報告：『他仍
> 舊對於讀常用字（sight word）有困難，閱讀流暢的問題絲毫
> 沒有改善』（IEP03-1）。」（頁 39）

除了閱讀困難之外，他的計算能力也有困難。他無法馬上提取出簡單加法和減法的答案，而必須借用手指頭來幫忙，他也無法背出乘法表：

> 「心理師在報告中記載：『他對於數學事實（math
> fact）的提取無法自動化，而必須用他的手指算出答案』
> （PSP04-6）。此外，從第一個學期到第四個學期，數學老師
> 一再地提出他的憂慮：『他需要記住簡單算式的答案以利於
> 快速作答』、『他無法記住乘法表……他必須在家裡反覆的
> 練習乘法表』（IEP03-8）。」（頁 41）

以上正式與非正式的觀察讓學者們關注：同時有著閱讀障礙與數學障

礙的學生比例多高？什麼樣的因素造成有些兒童只有單一的障礙，而有些兒童卻兼有兩種障礙？共病學生的認知缺陷和只有單獨障礙學生的認知缺陷是否不同？哪一種教學策略能夠幫助共病的學生提升閱讀與數學成就？我國學界雖然也關心這些問題（詳見卓曉園，2016），然而尚未展開相關的研究。本章選擇性的回顧拼音語系學者對於數學障礙與閱讀障礙的共病現象之研究成果，希望達到以下兩個目的：

1. 提供實務領域最新的研究發現，期使鑑定人員藉由對次類別更深入的了解，促使學習障礙之鑑定朝向精緻化；也希冀幫助教師具備次類別的知識，以能夠更深入觀察共病學童的特殊認知缺陷，並為學生設計個別化的補救教學策略。

2. 提供研究領域了解目前數學障礙與閱讀障礙共病的研究方向以及所使用的研究方法，期使研究人員從事中文學童共病現象及本質的研究，以提供實務領域於鑑定及教學上之參考。

二、閱讀及數學障礙的定義

有關本章中的「閱讀障礙」、「數學障礙」以及「數學障礙與閱讀障礙共病」三個名詞，可能因研究者的觀點、研究問題及研究對象而不同。學者在探討共病現象時，對於閱讀障礙與數學障礙多採狹義定義，也就是閱讀障礙是指因神經生物原因而造成識字及解碼（decoding）的障礙；而數學障礙是指因神經生物原因而造成算術能力的特定缺陷——特別是指數字知識（number fact knowledge）。在這樣的定義下，有時研究者會使用閱讀障礙（reading disabilities）或是讀寫障礙（dyslexia）來稱呼解碼有困難的學生，或使用數學障礙（math disabilities, MD）、算術障礙（arithmetical disability, ARITHD）、失算症（dyscalculia）來稱呼基本數學能力有困難的學生（Wilson et al., 2015）。然而，無論使用何種標記，均是指算術或是閱讀基本能力的障礙，而未將高層次的閱讀理解障礙及數學理解障礙納入本章的討論中。

在這樣的定義下，Landerl、Bevan 與 Butterworth（2004）綜合學者的發現，整理出數學障礙兒童可能會出現以下困難：直覺數感（subtizing）能力與點數（counting）能力都較差、無法精確的將數字填入由小到大的數字列

中、對於數線（number line）的了解較差、近似值的計算也較差、處理數字較無法自動化、也較慢選出哪一個一位數的數字較大。而在閱讀障礙方面，「國際讀寫障礙協會」（International Dyslexia Association）列出讀寫障礙兒童所遭遇的困難為無法正確或是流暢識字，以及拼音或是解碼能力差（Lyon, Shaywitz, & Shaywitz, 2003）。而數學障礙與閱讀障礙共病的學生是兼有這兩種障礙的困難。

三、數學障礙與閱讀障礙共病的出現率

在出現率方面，新修正的《精神疾病診斷與統計手冊》（第五版）（*Diagnostic and Statistical Manual of Mental Disorders,* 5th ed.，簡稱 DSM-5）中，估計閱讀障礙的出現率約為總人口數的4～9%，而數學障礙的出現率則為總人口數的 3～7%（American Psychiatric Association [APA], 2013）。至於同時有著閱讀障礙與數學障礙的學生出現率，Geary（2011）估計約占 4%的人口，Ackerman 與 Dykman（1995）的估計也與 Geary 的估計大致相當。Landerl、Silke、Göbel與Moll（2013）的資料顯示，總人口數中大約有 6.1%的數學障礙學生，而在數學障礙的人口中，約 26%的學生同時有識字困難現象。Wilson等人（2015）整理不同學者們所做的估計顯示，數學障礙與閱讀障礙共病者大致占總人口的4～7%。然而，前述估計有些是依據醫療院所臨床個案數目的估計，有些是依據學校鑑定學生的人數所估計，不同場域所估計的出現率因此有所差異，例如：有學者提出數學障礙與閱讀障礙共病的孩子被學校鑑定出來的比率是單獨數學障礙學生的五倍，這樣的現象有可能是因為數學障礙與閱讀障礙的學生在學校的成就比單獨數學障礙的學生更為落後，因而容易被老師發現而提報鑑定（Powell, Fuchs, Fuchs, Cirino, & Fletcher, 2008）。此外，界定障礙的標準也會影響出現率的高低，例如：將障礙與非障礙的切截點定為低於一個標準差或是低於 1.5 個標準差，出現率就會改變了。

為了觀察不同切截點是否會影響共病的出現率，芬蘭的學者Salminen、Koponen與Aro（2016）從事大規模的長期研究，追蹤 1,900 位國小三年級到四年級的芬蘭兒童，這些學生分別在三和四年級時接受單字、句子閱讀，以及算術流暢性的測驗。為了了解不同切截點所篩選出來的學生是否有不

同的特質，他們分別使用百分等級 7 和 16 作為數學困難及閱讀困難的切截點，結果顯示在三年級和四年級時，多數的學生不只遭遇閱讀困難，同時也遭遇數學困難。而在三年級表現低於百分等級 7 的學生，到了四年級仍舊低於百分等級 16。這顯示共病的現象是會持續，證實了共病現象的頑強性。

　　前述的出現率並未將讀寫障礙中的拼字障礙與識字障礙分為不同的次類別，然而有些學者認為在 DSM-5 中，學習障礙的次類別為數學障礙、閱讀障礙與書寫障礙，他們因此主張應該以 DSM-5 的分類來研究次類別的共病情形（Moll, Kunze, Neuhoff, Bruder, & Schulte-Körne, 2014）。Moll 等人（2014）分析 1,633 位德國的國小三年級及四年級學生資料，除了觀察數學障礙、閱讀障礙與拼音障礙之外，也分別觀察數學障礙與閱讀障礙的共病現象以及數學障礙與拼音障礙的共病現象。他們採取兩種切截點標準：低於同儕 1.25 及 1.5 個標準差。他們發現數學與閱讀之間的關係也許是和數學與拼音之間的關係不同，因為當採比較嚴格的切截標準時，數學障礙與閱讀障礙共病的比例會下降，但是當數學障礙與拼音障礙共病時，即使採比較嚴格的切截標準，出現率仍然維持一樣，Moll 等人將這樣的結果解釋為數學障礙與拼音障礙共病較之數學障礙與閱讀障礙共病更常發生。這些學者因此呼籲：當診斷學習障礙學生時，要能清楚的辨別學生是只有單獨的障礙還是有共病的缺陷，因為這樣才能夠提供最適當的教學策略；而老師需要了解：當學生的障礙為共病時，所要提供的補救內容就不只是單一的領域了。

第二節　數學障礙與閱讀障礙共病的認知缺陷研究

　　數學障礙與閱讀障礙共病的認知缺陷研究，可以統整為下面兩個主要方向：一為受到閱讀研究的影響，主要是以聲韻歷程（phonological process）中的成分來解釋數學障礙與閱讀障礙共病的現象；二為受到近期的閱讀障礙研究與數學障礙研究朝多元缺陷模式方向研究的影響，認為數學障礙與閱讀障礙共病不只是這兩個個別障礙的獨特缺陷相加，同時還受到其

他一般性缺陷的影響。以下就這兩項主張說明之。

一、共病與單獨的閱讀障礙都是受到聲韻歷程缺陷的影響

　　閱讀障礙領域在理論架構與方法論上都進展得比數學障礙的領域要早，因此有學者認為閱讀障礙的研究成果可以幫助研究領域加快對於數學障礙的了解（Kulak, 1993），一些共病的研究方向是來自閱讀障礙兒童中篩選出有數學困難的學生，希望了解這些共病兒童的認知歷程與無共病的閱讀障礙兒童有何異同。幾項研究指出，共病的缺陷是來自與閱讀障礙相同的聲韻歷程（phonological process）缺陷，尤其是與語音的切割和組合有關的聲韻覺識（phonological awareness）能力，這些學者因此推測數學障礙與閱讀障礙的共病現象是屬於閱讀障礙中的一種次類別。基因、大腦及行為科學的研究結果也支持這樣的觀點。美國科羅拉多州的研究團隊在研究 264 對有閱讀障礙的雙胞胎以及 182 對沒有障礙的雙胞胎後發現，無論是有閱讀障礙的雙胞胎組或是一般的雙胞胎組，都有如下的結果：如果閱讀的表現較好，數學的表現也較好（Gillis, DeFries, & Fulker, 1992）。另外，有學者研究同卵和異卵雙胞胎，他們發現基因在閱讀和數學表現的個人差異上，都扮演著重要角色，他們因此懷疑導致數學障礙與閱讀障礙的共病現象，可能是因為導致缺陷的基因有共通的來源。大腦研究也發現角迴（angular gyrus）與聲韻歷程以及從長期記憶中數學事實提取（math fact retrieval）的能力都有關聯（Grabner et al., 2009）。

　　數學事實包括加法及乘法，例如：3 + 5 = 8、6×5 = 30，這樣的式子通常學生一看就能解出答案（減法及除法因為是由加法與乘法推演而出，因此一般不列為數學事實）。數學事實的答案可以由多重步驟（例如：用手指算或是以口頭唸算）或是單一步驟（例如：直接背出答案）而得出。通常一個孩子在經過練習之後，會從多重步驟進步到單一步驟，而馬上提取出答案。但是，有些孩子即使經過大量練習，也無法使用單一步驟將數學事實的答案由長期記憶中直接提取出來。Geary 是最早持續深入研究數學障礙及閱讀障礙共病的學者（Geary, 1993; Geary & Hoard, 2001）。他發現有一群學生不僅在閱讀時有著提取字詞的困難，他們在計算數學事實時，也

無法立刻提取答案。他提出下面的假設：數學障礙與閱讀障礙的共病是因為同樣的神經心理缺陷，而且這樣的缺陷導致學生在長期記憶中貯存語意訊息的表徵，以及自長期記憶中提取語意訊息產生困難。Hecht、Torgesen、Wagner 與 Rashotte（2001）為了證實這樣的理論，長期追蹤一群學生，並對其從幼兒園到國小五年級逐年施測，以探討聲韻處理能力對於閱讀與數學能力的影響。他們發現當控制了聲韻處理的影響之後，學童閱讀與數學計算能力之間的差異性大為減少，這樣的研究結果除了支持聲韻處理的重要角色，也證實了聲韻處理對於學生閱讀以及數學計算能力的發展都有貢獻。

　　Robinson、Menchetti 與 Torgesen（2002）回顧文獻之後，更進一步的提出二因子理論（two-factor theory）（如表 3-1 所示），以解釋兩種不同數學障礙次類別的核心缺陷。根據二因子理論，有一類兒童的數學障礙是受到不良的數感（number sense）基本能力而影響，而另一類學生的數學障礙是受到聲韻處理缺陷的影響。數感是指兒童在以下方面的能力：數量估計、對於大數量的粗略錯誤能夠做出判斷、從事量的比較（如大於、小於及等於）（Robinson et al., 2002, p. 85）。Robinson 等人認為，單純的數學障礙學生在數感方面的缺陷，導致他們的基本計算學習有困難。這一類的兒童只有數學障礙，但是閱讀能力正常，如果兒童在聲韻處理方面有困難，則可能同時有算術及閱讀困難。對這些兒童而言，聲韻處理能力可能扮演著導致基本計算及識字的困難，這些學生會因此被鑑定為數學障礙與閱讀障礙共病。

表 3-1　數學障礙與閱讀障礙共病的二因子理論

次類別	缺陷
數學障礙次類別	數感
數學障礙與閱讀障礙共病次類別	聲韻處理

　　除了聲韻覺識之外，另外有一些學者認為聲韻歷程系統中的另一要素──快速唸名（rapid automatic naming），也在數學與閱讀方面扮演著重要角色（Badian, 1993; Bowers & Swanson, 1991; Wimmer, Mayringer, & Landerl,

2000; Wolf & Bowers, 1999）。測量快速唸名的方式是要學生在一定時間
內，盡可能快速而且正確的唸出一連串的顏色、數字或字母。快速唸名的
研究主要受到閱讀流暢與數學流暢研究領域的影響。數學流暢指的是快速
且不費力的回答簡單算式，而且加計總數的策略能夠很快的從多重步驟策
略（例如：用手指點數）進展到單一步驟策略（直接從長期記憶中提取）
（Logan, 1988）。而閱讀流暢是指能夠快速、平順、不費力且自動的讀字或
是讀篇章（Meyer & Felton, 1999）。一些研究發現，快速唸名測驗能夠同時
偵測數學流暢障礙及閱讀流暢障礙，是最好的指標（Bull & Johnston, 1997;
Koponen, Salmni, Eklund, & Aro, 2013）。因此，也有一些學者主張造成數學
障礙與閱讀障礙共病的主要原因是快速唸名的缺陷，而非聲韻覺識的缺陷
（Passolunghi, Vercelloni, & Schadee, 2007; Swanson & Beebe-Frankenberger,
2004）。有個芬蘭研究團隊長期追蹤國小一年級學童到他們三年級，研究
目的為檢驗口語點數（verbal counting）以及快速唸名是否為算術及閱讀流
暢的預測因子，結果顯示點數能力與快速唸名對於算術流暢及閱讀流暢有
很強的預測力（Koponen, Salmin et al., 2016）。

二、數學障礙與閱讀障礙共病為多元缺陷模式主張

近年來，特定領域的模組（module）缺陷觀點有漸漸取代單一缺陷的
趨勢，持這樣觀點的學者認為讀寫障礙與計算障礙是來自不同的缺陷，例
如：Butterworth（2005）認為，計算障礙是和數量概念（numerosity）的特
定能力有關，所謂的數量概念是指能夠將抽象的數字和具體的概念相連結
的一種能力，這樣的能力始自嬰兒時期，是人類先天具有的能力。他回顧
文獻，認為這樣的能力與一般的語意記憶（semantic memory）及聲韻工作
記憶（phonological working memory）都無關，數量概念是一項獨特的認知
能力。另外，有兩項長期研究（Locuniak & Jordan, 2008; Mazzocco & Thomp-
son, 2005）也支持數字能力是與讀寫能力不同的一種獨特能力之主張，這些
學者發現幼兒園階段的數字處理能力能夠預測小學階段的算術能力，計算
障礙者不僅會遭遇算術的困難，而且所有和數量的認知表徵有關之測驗都
會有問題。以色列的學者 Rubinsten 與 Henik（2006）的研究也支持閱讀障礙
與數學障礙是基於兩種不同的缺陷之看法；他們以大學生為研究對象，研

究結果顯示：讀寫障礙和計算障礙的缺陷是雙重分離（double dissociation），計算障礙的學生無法自動化的將數字和大小正確配對，但是他們卻可以自動化的將字母與音素正確配對；而讀寫障礙學生的困難卻剛好相反。

學者（例如：Landerl et al., 2013）對於過去主張聲韻歷程的單一缺陷論之研究設計提出以下質疑：(1)參與研究的學生來自讀寫障礙或是高危險群的兒童以及一般兒童，沒有包括單獨的數學障礙組；因此，此類研究的共病組，只能說是讀寫障礙或是讀寫障礙高危險群兒童中後來發展出計算困難的兒童；(2)在過去，多數的學者在研究共病問題時，所使用的方法多為檢驗有閱讀障礙的兒童及共病兒童，但樣本中缺乏數學障礙兒童，或是沒有一般正常兒童的控制組；(3)比較這兩組兒童的認知能力時，只選擇聲韻處理能力，而忽略了影響障礙的因素可能不是單一的，而是有多個，例如：除了聲韻覺識、快速唸名之外，可能還有視覺空間工作記憶、視覺短期記憶、數感等影響因子，然而在過去的研究模式中，並沒有包含所有可能的因子。

基於前項質疑，Landerl、Fussenegger、Moll 與 Willburger（2009）使用一種前人從未使用過的研究設計。他們將學生分為四組：讀寫障礙組、計算障礙組、數學障礙與閱讀障礙共病組（簡稱共病組）以及對照組。這些學生接受以下測驗：聲韻覺識、視覺空間短期記憶及工作記憶、唸名速度及基本數字處理歷程。結果顯示：讀寫障礙組以及共病組都有聲韻覺識缺陷，但是計算障礙組並沒有聲韻覺識缺陷。相反的，處理符號及非符號的數量缺陷，卻只有在計算障礙組學生以及共病組學生身上觀察到，也就是說讀寫障礙組和共病組的學生有著兩種不同的學習障礙。研究結論指向共病的缺陷是讀寫障礙與計算障礙兩種不同的認知缺陷加成的（additive），也就是三種次類別的認知剖面圖都不相同，如表 3-2 所示。

表 3-2　數學障礙與閱讀障礙共病的加乘理論

次類別	缺陷
數學障礙	處理符號及非符號數量能力
閱讀障礙	聲韻覺識
數學障礙與閱讀障礙共病	處理符號及非符號數量能力 聲韻覺識

除了搜尋造成數學障礙與閱讀障礙的個別認知缺陷之外，另外有些學者則致力於尋找與閱讀障礙及數學障礙都有相關的共同認知缺陷，例如：Morgan 等人（2016）認為，過去的研究鮮少檢視中央執行系統，他們於是檢視中央執行系統成分中的工作記憶（working memory）與認知轉移能力（cognitive flexibility），結果發現這兩個成分有困難的幼兒園兒童，到了國小一年級時會遭遇閱讀與數學能力的困難，其中工作記憶的預測能力尤其顯著。他們則根據這樣的發現，建議應該對高危險群兒童進行工作記憶的早期補救教學。

基於前述的幾個研究結果，生態多元缺陷模式（ecological multiple-deficit models）的研究受到重視。此模式認為，有好幾個認知缺陷都會造成特定的學習障礙，而這些缺陷當中，有一些是獨特的對某一種障礙有影響，而另一些可能是障礙之間共有的缺陷，這些共有的危險因子是共病產生的主要原因（Slot, van Viersen, de Bree, & Kroesbergen, 2016）。下面四篇研究（Geary, 2011; Fuchs, Geary et al., 2016; Willcutt et al., 2013; Wilson et al., 2015）都提出證據，支持多元缺陷理論。

（一）Geary 的研究

Geary 過去雖然主張共病是因為數學障礙與閱讀障礙有著同樣的神經心理缺陷（Geary, 1993; Geary & Hoard, 2001），但是他於 2011 年的研究中，轉向多元缺陷理論的探索（Geary, 2011）。在這項研究中，他長期追蹤一群國小一到五年級的學生，並納入較過去的研究更多的預測因子加以檢驗，結果發現聲韻記憶以及提取字母的速度與讀字能力有關；視覺空間記憶、數字提取速度以及早期的數量能力，其獨特的與計算能力有關。但此同時，中央執行系統以及加法事實提取的表現，能夠同時預測入學時的讀字能力及計算能力的成長。

（二）Willcutt 等人的研究

Willcutt 等人（2013）的研究結果顯示，閱讀障礙的學生特別是在音素覺識（phoneme awareness）及唸名速度方面有困難，而數學障礙的學生則特別在重新歸類（set shifting）方面有缺陷（重新歸類是當規則改變時，兒童能夠彈性的轉移認知之能力）。但是除了各自的獨特缺陷之外，閱讀障礙

與數學障礙都共同有以下的認知能力缺陷：工作記憶、處理速度及口語理解。也就是說，這兩種障礙有各自獨特的缺陷，但是也有共同的缺陷。至於共病的學生無論在學業成績或是神經心理測驗的結果，都較單獨的閱讀障礙學生與單獨的數學障礙學生要更落後。這顯示共病現象的兒童不只具有兩種單獨障礙的缺陷，也有著和兩種單獨障礙相同的一般神經心理缺陷，這樣的結果也符合多元缺陷模式的假設。Willcutt 等人的研究結果整理如表 3-3 所示。

表 3-3　數學障礙與閱讀障礙的多元缺陷理論

次類別	獨特缺陷	一般缺陷
數學障礙	重新歸類	
閱讀障礙	音素覺識及唸名速度	工作記憶、處理速度與
數學障礙與閱讀障礙共病	重新歸類 音素覺識及唸名速度	口語理解

（三）Wilson 等人的研究

　　Wilson 等人（2015）以成人為研究對象，合併行為研究與大腦造影研究，連接認知及神經基礎這兩個領域來了解共病現象。他們將這些成人分為單獨閱讀障礙組、單獨數學障礙組、數學障礙與閱讀障礙共病組，以及無障礙的控制組。研究結果顯示：計算障礙的數量測驗困難一直到成人期都還存在。Wilson 等人認為他們是第一個使用完整的測驗工具且包含大樣本成人的研究，並排除有 ADHD 共病現象的參與者。他們在排除了讀寫障礙及 ADHD 的參與者之後，仍然找到一群只有單獨數學障礙的成人。此外，他們發現數學障礙的成人也有嚴重的聲韻歷程缺陷、快速唸名缺陷（不論是以數字或是字母為施測刺激），以及語音短期記憶的缺陷，可見讀寫障礙的相關缺陷並不僅止出現於讀寫障礙者身上，而且共病的成人在這些能力方面都較只有單獨數學障礙或是單獨讀寫障礙成人的表現更差。這個研究除了再次的肯定共病具有特定領域缺陷（domain specific deficits）外，還有一般性缺陷（general deficits），也更進一步的提出了這些缺陷所

造成的結果受到基因／環境之間的交互影響，因此即使是同樣的基因缺陷，也會因為個人所處環境的不同而表現出不同程度的困難徵狀。

（四）Fuchs 等人的研究

Fuchs、Geary 等人（2016）追蹤一群大樣本的學生從國小一年級到三年級。模式中的變項包括認知、語言，以及早期數字與數學相關的能力，他們探討這些變項對於三年級結束時學生閱讀與計算能力之間的關聯性。研究結果發現：專注行為（attentive behavior）、理解力、工作記憶與計算能力相關，而語言、聲韻記憶及快速唸名則與閱讀能力相關；計算能力與閱讀能力的形成又與長期記憶有關，加法事實的提取是長期記憶的一個指標，單字閱讀與計算能力的成長則是與其他一般領域的能力有關。綜合他們的發現顯示，有一些共同因素（例如：長期記憶）會影響學生的單字閱讀能力與計算能力，另有一些能力只與其中的一種障礙有關，例如：專注行為、理解力、工作記憶等能力與計算能力有關，而語言、聲韻記憶及快速唸名等能力則與閱讀能力有關。這樣看來，影響兩種障礙的因素重疊性並不高，但仍有小部分重疊。Fuchs 等人也支持 Willcutt 等人（2010）的主張，認為共病是受到共同基因的影響，也受到不同基因及環境的影響。

第三節　將認知缺陷研究結果應用於補救教學

基礎研究的最終目的是希望能夠將研究結果應用於實際的教學現場，有些學者不僅致力於基礎研究，也從事應用研究，他們以補救教學策略來介入不同次類別的學習障礙學生，以觀察不同類別學生對於教學策略的反應。Fuchs、Fuchs 等人（2016）肯定次類別研究的價值，認為應該針對學生的不同缺陷來設計補救教學，以滿足這些學生的需求；若是教學者能夠了解這些學生在不同階段表現出不同的困難，以及了解這些困難之間如何交互影響，就更能發展出有效的教學法。

在 Fuchs 等人（2009）的教學研究中，他們假設共病的學生應該會比單獨的數學障礙學生遭遇更大的數字組合（number combination，簡稱 NC）之困難，所謂的數字組合能力是指自動化提取簡單算式的能力（例如：能夠

算出「4＋3」等於「7」）。他們推測在正確性相當的情況下，共病學生較之數學障礙學生需要更多的時間來提取答案，因此在設計教學時，需要以更有效的教學策略來幫助共病學生解出數字組合的問題。他們於是設計了兩種策略：一種是除了教點數的策略外，還有增加練習設計；另一種是只有教點數策略。他們的研究假設如下：加上練習設計的點數策略教學，應該對共病的學生更有效，理由為點數策略需要用到語言，而併有閱讀障礙的共病學生在語言方面能力較弱，可能需要更多的練習。此外，他們也認為共病學生應該對應用問題的策略較無反應，因為這些學生有閱讀困難。但是他們的研究結果並不支持這樣的假設，因其顯示兩種策略對於兩組學生都有效，而且兩組學生都更受惠於加上練習設計的點數策略教學。

　　雖然 Fuchs 等人（2009）以補救教學檢驗理論的結果，並沒有發現共病組與單獨數學障礙組特別對哪一種教學法有反應，似乎推翻了不同次類別的學生應該採用差異化教學的假設。然而，他們持續的關注這樣的議題，在「閱讀科學研究學會」（Society for Scientific Study of Reading）第二十三次年會中，有一場討論會（symposium）是由 D. Fuchs 所主持，有兩組研究團隊提出相關的研究報告：一篇是 Fuchs 的團隊所持續從事的補救教學研究，而另一篇是來自於芬蘭的研究團隊所從事的補救教學研究。Fuchs、Fuchs 等人（2016）所使用的研究設計，是以教學來分別觀察算術與閱讀的成就改變，以檢驗針對某一個領域的教學是否會提升另一個領域的成就。他們連續兩年在十七所小學執行教學研究，將有閱讀困難的一年級兒童隨機分配在三種情況：(1)閱讀（識字／流暢）教學組；(2)閱讀與數字結合（「閱讀＋NC」）教學組；(3)控制組。兩組實驗組的學生接受二十週一對一的密集教學。他們希望藉由這樣的教學設計，觀察計算流暢能力是否能增進有閱讀困難兒童的識字能力。結果如研究人員所預料的，「閱讀＋NC」教學組在 NC 的表現上優於閱讀教學組的學生；而有趣的是，「閱讀＋NC」教學組在閱讀方面的表現優於閱讀教學組及控制組，然而閱讀教學組在閱讀上的表現反而不如控制組。同樣的結果一直持續到二年級與三年級末。另外有一項發現就是「閱讀＋NC」教學組的進步情形能夠充分的解釋兩組實驗組之間教學效果之差異；這個發現顯示低層次的閱讀能力與數學能力可能有重疊的部分，藉由補救教學提升了某種認知能力，因而造成了對閱讀與數學兩種能力都有貢獻，而也暗示著共病組的算術障礙與閱讀

障礙有部分來自於同一個缺陷，因此才可能出現教學效果遷移作用。

而芬蘭學者 Koponen、Salminen 與 Aro（2016）使用「衍生事實策略訓練」（derived fact strategy training），來檢驗這個策略對於算術流暢困難的兒童是否有效，並比較教學效果對於有閱讀流暢缺陷的算術障礙學生，以及對只有單獨算術障礙的學生是否有不同。「衍生事實策略訓練」是一種策略係教導學生使用將已知的數字事實推演到未知的數字事實，以幫助學生學會更複雜的數學事實，例如：「$6 + 7 = 6 + 4 + 3$」、「$16 - 9 = 16 - 10 - 1$」。接受教學的學生中，有一組學生為算術流暢障礙與閱讀流暢障礙共病，而另外一組學生只有算術流暢的困難，這兩組學生都接受「衍生事實策略訓練」。結果顯示：兩組學生在算術流暢性上都有進步，並沒有組別之間的差異；但是這樣的進步反應於教學之後兩個月的基線期以及五個月之後的追蹤期就消失。Koponen 等人因此主張有效的教學策略同時適用於共病組與單獨障礙組，但也提醒要維持教學效果並不容易。

使用補救教學來觀察學習障礙次類別的異與同之研究尚少，是一個新的方向。回顧上面幾個補救教學研究，得到的結果似乎還難達到一致的結論。在三項研究中，有兩項結果顛覆多位支持次類別研究學者的呼籲，次類別認知缺陷的探討是否有助於提供實務教學上的建議尚未蓋棺論定，值得研究界以重複驗證的方式來檢視這項假設，並重新審視次類別的基礎研究與教學實務應用之間該如何連結。

第四節　結語

本章回顧有關數學障礙與閱讀障礙共病的相關研究。筆者發現：**生態多元缺陷模式理論已取代過去的單一缺陷理論**。由於學術領域對於閱讀障礙的研究更早於數學障礙的研究，因此早期的一些共病研究主要是從閱讀障礙研究的既有成果出發，採單一缺陷模式且認為共病的兒童與單獨只有閱讀障礙的兒童有共同的聲韻覺識歷程缺陷。然而，隨著更多的研究投入，多元缺陷模式不只影響閱讀障礙與數學障礙的研究領域，也影響著數學障礙與閱讀障礙共病的研究領域。而學者也不再認為大腦發展為唯一影

響學童學習結果的因素，雖然學生的缺陷特質仍然在學習上扮演著重要角色，然而缺陷所造成的結果會受到基因／環境之間的交互影響而產生個別差異。在共病的研究趨勢方面，可以整理出以下幾個方向。

一、障礙之定義由「質」差到「量」差

　　由研究篩選樣本的方式觀察，研究人員已經從臨床就診的樣本，轉移到從大樣本的學生中，以切截分數的方式篩選出閱讀障礙組、數學障礙組，或是共病組。這兩種不同的取樣方式關係著長久以來對於學習障礙缺陷的論戰：學習障礙學生和一般學生有質方面的不同（障礙學生有不同的認知能力表現），或主要是量方面的不同（障礙學生之學業技能的表現上在常態分布的末端）。主張前者的學者傾向招募臨床個案為研究對象，而主張後者的學者則傾向使用切截分數將一群低成就的學生從所有學生的樣本群中篩選出來（有關學習障礙研究中的「質」差與「量」差爭議之說明，詳見 Kulak, 1993）。近年幾項大型的共病研究都只使用切截分數來定義障礙學生，且摒棄使用傳統學習障礙鑑定原則中的「能力─成就」之差距標準（有關差距標準的爭議，詳見 Fletcher et al., 2002），這樣的趨勢值得吾人重視。

二、大腦神經科學與行為科學合併研究

　　認知心理學領域所使用的「異法同證」（converging operations）（陳億貞譯，2003，頁 79）方法，也使用在共病現象的研究中。學者除了以行為科學研究來探索造成共病的認知缺陷外，也以神經造影及基因研究來觀察所得到的結果是否能呼應行為科學研究的結果，例如：Wilson等人（2015）的研究合併行為研究與大腦造影研究，以連接認知及神經基礎這兩個領域來了解共病現象。我國的大腦神經科學領域正積極追趕先進國家中，使用異法同證於次類別的研究，可幫助吾人更了解人類學習的機制，且讓行為科學及神經科學領域互蒙其利。

三、以實務教學印證基礎研究結果

學術研究與教學實務之間的鴻溝久為大家詬病，但是學界努力的方向是需致力於弭平這樣的鴻溝，而非放棄基礎研究。基礎研究的結果不只可以讓吾人對於障礙的成因更為了解，最高的目標是在建立堅實的理論模式，並將這樣的理論模式應用於實務的教學中來幫助學生。最近的幾篇教學研究，都可以看出研究者的遷移理論於教學實務之企圖心。如何更密切的結合基礎研究於應用研究，也是研究界未來的重要課題。

自 Geary（1993）深入研究數學障礙與閱讀障礙共病的現象以來，已經超過二十年，我們對於這種現象的了解更多，但是研究之間的結論並不一致，而如何將這些研究結果應用在教學上，對學者也還是一個挑戰的課題。我們可以預見共病現象的研究仍會持續下去，而且在投入更多的時間與人力研究之後，我們也期待研究人員可以找到更多的真相，而跨領域的研究也幫助實務教學者能夠提供更有效的教學法，來幫助學習障礙學生的困難。

歸納而言，以上研究的趨勢可供我國未來於學習障礙次類別研究之參考，但是我們也可以發現研究人員都來自拼音語系國家。學者們於使用拼音文字學童之研究發現，是否可以完全應用於中文語系中的數學障礙與閱讀障礙共病學生，恐怕仍待研究檢視。學者之間對於中文閱讀障礙的核心缺陷與拼音語系究竟同與不同仍有爭議（參考李俊仁、柯華葳，2007；McBride-Chang et al., 2005），如此，中文數學障礙與閱讀障礙共病的研究結果與拼音語系的研究結果相較，應該會有更多的研究火花出現。我們期待在未來的數學障礙與閱讀障礙共病研究中，可以看到這樣的火花。

參考文獻

中文部分

呂偉白、Invernizzi（2012）。閱讀流暢性困難個案研究：一位美國四年級讀寫障礙學生的檔案解析。**臺灣師範大學特殊教育季刊，122**，34-44。

李俊仁、柯華葳（2007）。中文閱讀弱讀者的認知功能缺陷：視覺處理或是聲韻覺識？**特殊教育研究學刊，32**（4），1-18。

卓曉園（2016）。學習障礙亞型分類的見與思。**台灣學障學會電子報，14**，6-9。

陳淑華。（2001）。回首來時路。載於呂偉白（主編），**他們的故事**（頁32-39）。臺中市：學習障礙資訊站。

陳億貞（譯）（2003）。**普通心理學**（原作者：R. J. Sternberg）。臺北市：雙葉。

英文部分

Ackerman, P. T., & Dykman, R. A. (1995). Reading-disabled students with and without comorbid arithmetic disability. *Developmental Neuropsychology, 11*(3), 351-371.

American Psychiatric Association [APA] (2013). *Diagnostic and statistical manual of mental disorders* (5th ed.) (DSM-5). Arlington, VA: Author.

Badian, N. A. (1993). Phonemic awareness, naming, visual symbol processing, and reading. *Reading and Writing, 5*, 87-100. doi:10.1007/BF01026920

Bowers, P. G., & Swanson, L. B. (1991). Naming speed deficits in reading disability: Multiple measures of a singular process. *Journal of Experimental Child Psychology, 51*, 195-219. doi.org/10.1016/0022-0965(91)90032-N

Bull, R., & Johnston, R. S. (1997). Children's arithmetical difficulties: Contributions from processing speed, item identification, and short-term memory. *Journal of Experimental Child Psychology, 65*, 1-24. doi: 10.1006/jecp.1996.2358

Butterworth, B. (2005). The development of arithmetical abilities. *Journal of Child Psychology and Psychiatry, 46*(1), 3-18. doi:10.1111/j. 1469-7610.2004.00374.x

Fletcher, J. M., Lyon, G. R., Barnes, M., Stuebing, K. K., Francis, D. J., Olson, R. K. et al. (2002). Classification of learning disabilities: An evidence based evaluation. In R. Bradley, L. Danielson, & D. P. Hallahan (Eds.), *Identification of learning disabilities: Research to practice* (pp. 185-250). Mahwah, NJ: Lawrence Erlbaum Associations.

Fuchs, D., Fuchs, L. S., & Compton, D. L. (2016). Does improving math calculation fluency strengthen word-reading competence in children with reading difficulties? In *exploring similarities and differences between reading and mathematics difficulties* (Chaired by D. Fuchs). Symposium conducted at the meeting of Society for Scientific Study of Reading, University of Proto, Proto, Portugal. Retrieved from https://www.triplesr.org/ exploring-similarities-and-differences-between-reading-and-mathematics-difficulties

Fuchs, L. S., Geary, D. C., Fuchs, D., Compton, D. L., & Hamlett, C. L. (2016). Pathways to third-grade calculation versus word-reading competence: Are they more alike or different? *Child Dev, 87*(2), 558-567. doi:10.1111/ cdev.12474

Fuchs, L. S., Powell, S. R., Seethaler, P. M., Cirino, P. T., Fletcher, J. M., Fuchs, D., Hamlett, C. L., & Zumeta, R. O. (2009). Remediating number combination and word problem deficits among students with mathematics difficulties: A randomized control trial. *Journal of Educational Psychology, 101*, 561-576.

Geary, D. C. (1993). Mathematical disabilities: Cognitive, neuropsychological, and genetic components. *Psychological Bulletin, 114*, 345-362. doi: 10.1037/0033-2909.114.2.345

Geary, D. C. (2011). Cognitive predictors of achievement growth in mathematics: A 5-year longitudinal study. *Developmental Psychology, 47*(6), 1539-1552. doi:10.1037/a0025510

Geary, D. C., & Hoard, M. K. (2001). Numerical and arithmetical deficits in learning-disabled children: Relation to dyscalculia and dyslexia. *Aphasiology, 15*(7), 635-647.

Gillis, J. J., DeFries, J. C., & Fulker, D. W. (1992). Confirmatory factory analysis of reading and mathematics performance: A twin study. *Acta Geneticae Medicae et Gemellologiae: Twin Research, 41*, 287-300.

Grabner, R. H., Ansari, D., Koschutnig, K., Reishofer, G., Ebner, F., & Neuper, C. (2009). To retrieve or to calculate? Left angular gyrus mediates the retrieval of arithmetic facts during problem solving. *Neuropsychologia, 47*, 604-608.

Hecht, S. A., Torgesen, J. K., Wagner R. K., & Rashotte, C. A. (2001). The relations between phonological processing abilities and emerging individual differences in mathematical computation skills: A longitudinal study from second to fifth grades. *Journal of Experimental Child Psychology, 79*, 192-227.

Koponen, T., Salmin, P., Eklund, K., & Aro, T. (2013). Counting and RAN: Predictors of arithmetic calculation and reading fluency. *Journal of Educational Psychology, 105*(1), 162-175. doi: 10.1037/a0029285

Koponen, T., Salmin, P., Torppa, M., Eklund, K., Aro, T., Aro, M., Poikkeus, A., Lerkkanen, M., & Nurmi, J. (2016). Counting and rapid naming predict the fluency of arithmetic and reading skills. *Contemporary Educational Psychology, 44-45*, 283-294. doi.org/10.1016/j.cedpsych.2016.02.004

Koponen, T., Salminen, J., & Aro, M. (2016). Derived fact strategy training for calculation fluency difficulties: Responsiveness of children with and without comorbid reading fluency difficulties. In *Exploring similarities and differences between reading and mathematics difficulties* (Chaired by

D. Fuchs). Symposium conducted at the meeting of Society for Scientific Study of Reading, University of Proto, Proto, Portugal. Retrieved from https://www.triplesr.org/exploring-similarities-and-differences-between-reading-and-mathematics-difficulties

Kulak, A. G. (1993). Parallels between math and reading disability: Common issues and approaches. *Journal of Learning Disabilities, 26*(10), 666-673. doi:10.1177/002221949302601004

Landerl, K., Bevan, A., & Butterworth, B. (2004). Developmental dyscalculia and basic numerical capacities: A study of 8-9-year-old students. *Cognition, 93*, 99-125. doi:10.1016/j.cognition.2003.11.004

Landerl, K., Silke, M., Göbel, S. M., & Moll, K. (2013). Core deficit and individual manifestations of developmental dyscalculia (DD): The role of comorbidity. *Trends in Neuroscience and Education, 2*, 38-42. doi.org/10.1016/j.tine.2013.06.002

Landerl, K., Fussenegger, B., Moll, K., & Willburger, E. (2009). Dyslexia and dyscalculia: Two learning disorders with different cognitive profiles. *Journal of Experimental Child Psychology, 103*, 309-324. doi.org/10.1016/j.jecp.2009.03.006

Locuniak, M. N., & Jordan, N. C. (2008). Using kindergarten number sense to predict calculation fluency in second grade. *Journal of Learning Disabilities, 41*(5), 451-459.

Logan, G. D. (1988). Toward an instance theory of automatization. *Psychological Review, 95*, 492-527.

Lyon, G. R., Shaywitz, S. E., & Shaywitz, B. A. (2003). A definition of dyslexia. *Annals of Dyslexia, 53*, 1-15. doi:10.1007/s11881-003-0001-9

Mazzocco, M. M., & Thompson, R. E. (2005). Kindergarten predictors of math learning disability. *Learning Disabilities Research & Practice, 20*(3), 142-155.

McBride-Chang, C., Cho, J. R., Liu, H., Wagner, R. K., Shu, H., Zhou, A. et al. (2005). Changing models across cultures: Associations of phonological awareness and morphological structure awareness with vocabulary and word recognition in second graders from Beijing, Hong Kong, Korea, and the United States. *Journal of Experimental Child Psychology, 92*, 140-160.

Meyer, M. S., & Felton, R. H. (1999). Repeated reading to enhance fluency: Old approaches and new direction. *Annuals of Dyslexia, 49*, 283. doi: 10.1007/s11881-999-0027-8

Moll, K., Kunze, S., Neuhoff, N., Bruder, J., & Schulte-Körne, G. (2014). Specific learning disorder: Prevalence and gender differences. *PLoS ONE* 9: e103537. doi:10.1371/journal.pone.0103537

Morgan, P. L., Li, H., Farkas, G., Cook, M., Pun, W. H., & Hillemeier, M. S. (2016). Executive functioning deficits increase Kindergarten children's risk for reading and mathematics difficulties in first grade. *Contemporary Educational Psychology.* doi:10.1016/j.cedpsych.2016.01.004

Passolunghi, M. C., Vercelloni, B., & Schadee, H. (2007). The precursors of mathematics learning: Working memory, phonological ability and numerical competence. *Cogn. Dev., 22*, 165-184. doi:10.1016/j.cogdev. 2006.09.001

Powell, S. R., Fuchs, L. S., Fuchs, D., Cirino, P. T., & Fletcher, J. M. (2008). Do word problem features differentially affect problem difficulty as a function of students' mathematics difficulty with and without reading difficulty? *Journal of Learning Disabilities, 42*, 99-110. doi:10.1177/00222 19408326211

Robinson, C. S., Menchetti, B. M., & Torgesen, J. K. (2002). Toward a two-factor theory of one type of mathematics disabilities. *Learning Disabilities Research & Practice, 17*, 81-89.

Rubinsten, O., & Henik, A. (2006). Double dissociation of functions in developmental dyslexia and dyscalculia. *Journal of Educational Psychology, 98*(4), 854-867. doi:10.1037/0022-0663.98.4.854

Salminen, J., Koponen, T., & Aro, M. (2016). Prevalence and stability of comorbid fluency problems in reading and arithmetic. In *Exploring similarities and differences between reading and mathematics difficulties* (Chaired by D. Fuchs). Symposium conducted at the meeting of Society for Scientific Study of Reading, University of Proto, Proto, Portugal.

Slot, E. M., van Viersen, S., de Bree, E. H., & Kroesbergen, E. H. (2016). Shared and unique risk factors underlying mathematical disability and reading and spelling disability. *Front Psychol, 7*:803, 1-12. doi:10.3389/fpsyg.2016.00803

Swanson, L. H., & Beebe-Frankenberger, M. (2004). The relationship between working memory and mathematical problem solving in children at risk and not at risk for serious math difficulties. *Journal of Educational Psychology, 96*(3), 471-491. doi:10.1037/0022-0663.96.3.47

Willcutt, E. G., Betjemann, R. S., McGrath, L. M., Chhabildas, N. A., Olson, R. K., DeFries, J. C. et al. (2010). Etiology and neuropsychology of comorbidity between RD and ADHD: The case for multiple-deficit models. *Cortex, 46*(10), 1345-1361. doi.org/10.1016/j.cortex.2010.06.009

Willcutt, E. G., Petrill, S. A., Wu, S., Boada, R., Defries, J. C., Olson, R. K., & Pennington, B. F. (2013). Comorbidity between reading disability and math disability: Concurrent psychopathology, functional impairment, and neuropsychological functioning. *Journal of Learning Disabilities, 46*(6), 500-516. doi:10.1177/0022219413477476

Wilson, A. J., Andrewes, S. G., Struthers, H., Rowe, V. M., Bogdanovic, R., & Waldie, K. E. (2015). Dyscalculia and dyslexia in adults: Cognitive bases of comorbidity. *Learning and Individual Differences, 37*, 118-132. doi:10.1016/j.lindif.2014.11.017

Wimmer, H., Mayringer, H., & Landerl, K. (2000). The double-deficit hypothesis and difficulties in learning to read a regular orthography. *Journal of Educational Psychology, 92*, 668-680. doi:10.1037/0022-0663.92.4.668

Wolf, M., & Bowers, P. G. (1999). The double-deficit hypothesis for the developmental dyslexia. *Journal of Educational Psychology, 91*, 415-438. doi:10.1037/0022-0663.91.3.415

第 四 章

由語言觀點看數學障礙和其介入方法

楊淑蘭

第一節　導論

　　筆者過去從未細究數學障礙（mathematic disorder，簡稱 MD）的發生原因，而在研究迅吃（cluttering）時，發現許多學者提到迅吃兒童有學習障礙（learning disability，簡稱 LD）的情形，因此在個人發表的第一篇迅吃文獻中，將學習困難放在標題裡（伴隨學習困難的語言障礙），然而 Daly（1993）卻是唯一提到有些迅吃者的數學和科學能力極好。根據筆者的研究結果發現，超過一半的迅吃兒童伴隨 LD，大都是語文與數學同時接受補救教學，其中未伴隨 LD 的兒童，有些數學表現極佳，因而引發筆者對語言和數學學習間關係的好奇。但真正讓筆者開始閱讀數學障礙相關文獻，卻是起始於友人女兒的數學學習困難（以下暱稱「數學女孩」）。數學女孩的國一數學月考成績大都是個位數，在互動過程中，發現她極少使用口語，在少數口語表達中卻發生口吃，筆者聯想過去她經常說不出或說錯餐桌上的菜名，聊天時她把「毽子」說成「像雞毛那個」。經過筆者實際的數學補救教學，懷疑數學女孩可能有數學障礙，但她拒絕接受鑑定，家人

對鑑定也缺乏好感。為此，筆者鼓勵系上的二位大三學生進行數學障礙學生語言能力的研究，本章獻給數學障礙合併有語言困難的個案。

《精神疾病診斷與統計手冊》（第五版）（*Diagnostic and Statistical Manual of Mental Disorders,* 5th ed.，簡稱 DSM-5）（American Psychiatric Association [APA], 2013），將學習障礙改稱為特定型學習障礙（specific LD），歸類於神經發展性疾患（neurodevelopmental disorder）。MD 是指在：(1)數感（number sense）、(2)數學公式記憶、(3)數學計算正確性與流暢性、(4)數學推理正確性，有顯著困難者。鄭昭明（1993）指出，學生數學成就普遍表現不佳的原因，主要是因由「語文式數學」轉變為「形式數學」的過程中經歷許多轉換，若是「問題轉譯」與「問題整合」的階段轉換不順，學生便無法順利解題。而筆者在指導上述 105 年度「數學障礙學生語言表達和理解能力之研究」發現：國小低年級的數學詞彙便已經相當抽象，例如：在南一、翰林和康軒三家公司出版的二年級教科書中，出現頻率最高的前五名詞彙為「零、長、短、直線、彎線（又稱曲線）」，兒童在學習數學課程的起始，便需努力記住這些詞彙（字型、字音、符號和其意義）。Bley 與 Thornton（2001）指出，一般而言，閱讀障礙和 MD 都是以語言為基礎（language-based）的障礙，因此教導數學時一定要將此牢記在心。而數學和語言的關係是本章所要釐清的部分，並提供由語言角度介入數學解題的策略，且由語言和數學發展、語言對數學學習的影響，以及如何由語言角度進行數學解題教學加以說明。

第二節　語言和數學發展

Fletcher、Lyon、Fuchs 與 Barnes（2007）在說明語言和數學的關係時提到，即便在使用不同語言的文化中，年幼兒童開始發展計算（computation）技能時，就認識一些小的數量概念詞彙，幼兒期的語言異常便開始影響數學功能的發展。Lerner 與 Johns（2012）更仔細說明上述概念，指出人類在幼年時便接觸了數量的語彙，例如：「沒有了」（all gone）、「就這些」（that's all）、「多一點」（more）、「大」（big），以及「小」（little）。筆者也認為，日常生活裡成人常對著兒童說：「親一下」、「咬一

口」、「二個眼睛」、「五隻手指頭」，以及「喝一半就好」等。因此，數學並非進入學校才開始學習，而是兒童眼睛看、耳朵聽、嘴巴說和大腦想的生活事物。所謂「數感」，包括：計算能力、配對和分類；計算能力由簡單的點數組成，例如：一顆糖果、二顆橘子；配對概念，例如：拖鞋和腳、蜜蜂和花；分類概念，例如：三角形和圓形分開、大人和小孩分組。兒童早期學習數字（number learning）必須具備以下幾項技巧：(1)一對一的對應關係；(2)點數；(3)空間關係；(4)視動和視知覺；(5)時間與方向概念（Lerner & Johns, 2012）。年幼時，除了透過成人呈現的具體實物或圖片外，成人可能給兒童抽象的數學符號或口語聲音，這些視覺和聽覺的呈現，透過聽、說、讀和少數的寫（例如：塗鴉畫圈、畫一條魚、畫爸爸媽媽二個人，以及仿寫 1、2、3），學習早期的數學概念。Lerner 與 Johns（2012）稱這些新奇和抽象的視覺和聽覺表徵為符號的語言（symbolic language），它們逐漸成為大腦中的心理組織（mental structure）。

第三節　語言對數學學習的影響

　　除了早年對於數感和數字的學習外，數學存在生活中的許多部分，數學式的思考（mathematic thinking）即是利用數學解決生活中的問題（problem solving），為跨文化的共同點，影響人類文明的發展（楊坤堂，2007；楊坤堂、鄧國斌，1995；Fletcher et al., 2007; Lerner & Johns, 2012），例如：媽媽給了幾顆糖、零用錢存多久才可以買遙控飛機、勇士隊要投進幾個籃板球才能趕上騎士隊。筆者記得國小三年級時，同學的蠶寶寶生了數百隻小蠶，已經超過每天上山採桑葉的速度，於是他把小蠶帶到學校賣給同學，30 隻一塊錢並附贈桑葉一把，解決蠶滿為患的窘境。數學的學習需要哪些能力？語言在數學學習困難中扮演什麼角色？以下分別加以說明。

一、長期研究發現 MD 和語言有關

　　Gross-Tsur、Manorm 與 Shalev（1996）由 3,029 位 11 歲學生中篩選出 143 位有發展性計算障礙（developmental dyscalculia, DD），剔除 3 位智能太

低，其餘 140 位的 IQ 為 80 至 129（平均為 98.2，標準差為 9.9）。他們發現，DD 的盛行率為 6.5%，和閱讀障礙（dyslexia）與 ADHD 的出現率相同，且男女比率相同；其中有 26%的學生伴隨ADHD，17%的學生有閱讀障礙，42%的學生一等親中也有 LD，DD 學生的社經地位顯著低於無 DD 者。Shalev、Manor 與 Gross-Tsur（2005）發表上述 140 位 DD 學生在三和六年後的追蹤結果，發現在他們十一年級時（M = 17 歲 2 個月；SD = 5 個月），若其在五年級時的數學測驗為 PR＜5 以下者，有 95%的學生之數學表現仍在該年級最後的四分之一，且其中 40%仍然有 DD，長期的 DD 和他們在五年級時 DD 的嚴重性、較低智商、較差的注意力和書寫能力有顯著相關，因此他們認為 DD 是一種持續的學習困難，將近 50%的個案將延續至青少年晚期。這二個研究中都發現 DD 和語言障礙有關，亦即與閱讀和書寫困難顯著相關。Shalev 團隊在 1996 年、2001 年（Shalev & Gross-Tsur, 2001）和 2005 年的論文，都是使用 DD 表示有別於後天造成的數學障礙。Butterworth（2004）則引述過去學者的研究結果，認為 MD 兒童伴隨閱讀困難的比率高達 64%，伴隨拼字障礙的比率也高達 51%。

二、與 MD 相關的認知能力缺陷

Fletcher 等人（2007）根據美國心理學會（APA）在 2006 年的舊資料，將數學學習需要的認知能力畫成圖 4-1。

由圖 4-1（直線為顯著相關，虛線為不顯著相關）可發現：語言、非口語問題解決、觀念形成和視覺詞彙效能顯著影響數學應用問題表現；處理速度、長期記憶和音韻解碼顯著影響數學表現；注意力對三種數學能力都有顯著影響。但長期記憶影響演算和數學應用問題的徑路未達顯著；工作記憶對三項數學表現也未達顯著相關。然而他們指出，當閱讀和音韻處理被設定為 0 時，工作記憶卻可以顯著預測數學和數學應用問題的表現，可見閱讀和閱讀相關歷程可能影響工作記憶和與數學有關的二種能力。因此，他們認為 MD 存在著次類別，具備一般識字能力但缺少音韻處理能力的 LD 兒童，在計算上會出現困難。

Swanson 與 Beebe-Frankenberger（2004）的研究結果顯示，年幼和高危險的數學學習困難兒童較年紀大和低危險的數學學習困難兒童，在工作記

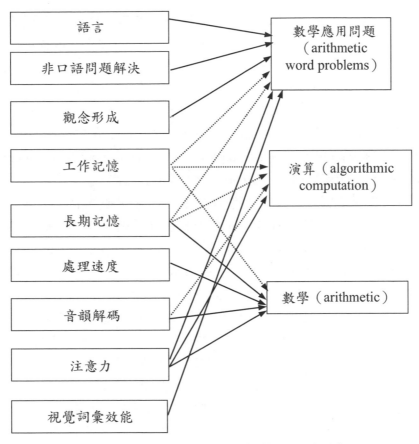

圖 4-1　與數學能力有關的認知能力徑路分析圖

憶和問題解決的任務，以及數學計算、閱讀、語意處理、音韻處理和抑制上為差，而且排除流暢性智慧、閱讀技巧、數學技巧、演算知識、音韻處理、語意處理、短期記憶和抑制，工作記憶則是解應用問題正確性的指標，表示執行功能是數學問題解決的重要預測指標。

第四節　數學障礙的次類別和其成因

　　Geary（1993, 2004, 2005）將 MD 分出三種次類別：(1)語意性記憶類（semantic memory subtype）：他們在學習、表徵和搜尋數學事實（math fact）上有困難，經常出現緩慢、不正確和不一致的計算性問題解決能力，因為無法搜尋數學事實，傾向使用點數的方式；(2)程序類（procedural sub-type）：對不同程序下的數學概念學習有困難（例如：了解十進位系統），他們常停留在年幼時使用的程序策略，無法發展成熟的策略，以致於使用不正確的演算法來解決計算問題，Geary（2004）認為此和第一類不同，第二類的數學技巧發展遲緩；(3)視覺—空間類（visual-spatial subtype）：在空間表徵和數字訊息的操弄（spatial representation and manipulation of numerical information）上有困難，但此類在研究中尚未得到支持。

國內學者李秀妃（2007）將非語文（口語）學習障礙（nonverbal learning disabilities，簡稱 NLD）的成因分成：(1)知覺障礙（perception dis-order）；(2)視覺—空間和視覺—動作能力障礙（visual-spatial and visual-mo-tor disorder）；(3)溝通障礙（communication disorder）；(4)社會知覺障礙（social perception disorder）。她指出，雖然 NLD 學童的口語／語文能力優於其非語文能力，但他們的語文理解侷限在具體事物或只能理解語文表面的意義，對於「言外之意」，例如：「抽象」、「延伸」、「隱喻」、「形容」或成語等的學習有極大困難。他們無法「讀」出課本和對話中的「言外之意」，也難以確認非語文的溝通線索，例如：姿勢、表情、聲調和口氣等，造成他們的社交困難。然而，數學中有許多專有名詞，例如：頂點、平方、弦、股和邊，都是相當抽象而難以理解的，將這些專有詞彙放進數學語言中，對於 MD 學生將更為困難。

Fletcher 等人（2007）認為，兒童有閱讀和計算的障礙會遠比只有識字困難的兒童更具全面和嚴重性的口語表達困難；他們的問題在學習、保留、搜尋數學事實有困難，這些能力對於正確計算非常重要。根據他們在 2006 年的研究發現：基礎數學技巧和處理速度、音韻處理和注意力有關。較快的處理速度能使認知資源自由的被應用和有效的使用工作記憶；音韻處理是在快速計算時需要產生和維持音韻表徵。然而，他們引述過去的研究結果認為，有些研究支持音韻能力可以獨立預測數學技巧（Fuchs et al., 2004），但有的則否（Swanson & Beebe-Frankenberger, 2004）。Lerner 與 Johns（2012）提到，大多數的 MD 學生常伴隨口語和閱讀缺陷，語言問題導致他們對數學名詞，例如：加、減、拿走、進位、退位和位值的不理解和混淆；若有閱讀障礙，則對數學文字題的解題更加困難，他們無法理解

文字題的語言結構，因而無法計算和解決文字題。

　　由上述文獻可知，數學學習困難可能緣起於語言能力的缺陷。

第五節　不同語言能力和數學障礙的關係

　　語言的表現在聽、說、讀、寫四個向度上，聽和讀的能力又稱為語言的理解，說和寫的能力又稱為語言的表達（楊淑蘭，2015）。如上所述，語文式數學與形式數學的轉換，需要建構多個步驟（鄭昭明，1993），倘若MD學生之聽說讀寫能力不足，亦即語言理解或表達有缺陷，在學習數學時便會遭遇困難。《高中職以下教育階段之認知功能輕微缺損學生實施普通教育課程領域之調整應用手冊》在國民教育階段數學領域指出：「數學溝通能力」：包括數學的理解與表達兩種能力，一方面要能了解別人以書寫、圖形或口語所傳遞的數學資訊；同時，也要能以書寫、圖形或口語，運用精確的數學語言表達自己的意思（教育部優質特教發展網路系統暨教學支援平台，2016）。以下分別就語言的理解與表達能力和MD的關係加以說明。

一、語言理解和 MD

　　語言理解能力可以分為口語理解和閱讀理解，分別表示理解口說語言和書面語言的不同能力，前者是以聲音形式呈現刺激，後者則是以書面形式呈現刺激，皆是解決日常數學問題可能遭遇的形式。

　　國內有二個研究探討閱讀理解和數學能力之關係。趙旼冠、楊憲明（2006）的研究發現：閱讀理解能力是影響數學概念理解能力發展的主要因素。他們建議教師在提升閱讀缺陷型數學障礙學生的解題能力時，應優先注意其閱讀理解能力；非閱讀缺陷型數學障礙學生則需注意其數學概念理解能力；一般學生則需注意其數學推理能力。陳冠廷、孟瑛如、陳虹君、楊佩蓁（2013）以「新竹縣閱讀基礎能力篩選測驗」篩選出該縣的1,297 位小二閱讀低成就學生（PR＜25），利用結構方程模式（structural equation modeling，簡稱 SEM）將不同的閱讀理解能力（語意理解、語法分

析、文本理解、推論理解和摘要）當作自變數，數學解題能力（語文能力、知覺能力、注意力和數學能力）作為依變數，發現：(1)閱讀低成就學生在數學解題表現不佳，除受到語文能力影響外，亦受到注意力及數學能力影響；(2)閱讀理解能力能預測數學解題能力，但因閱讀低成就學生的差異性較大，其適配度和預測力皆低於一般學生；(3)閱讀理解對於一般學生在語法分析、文本理解、推論理解及摘要的表現具有較高之預測力，而對於閱讀低成就學生則是在文本理解及推論理解的預測力較高；(4)語文能力對一般學生和閱讀低成就學生在數學解題的表現之預測力最大。此外，知覺能力、數學能力及注意力對預測閱讀低成就學生在數學解題表現上均有一定的影響。由此可見，閱讀和語言能力會影響數學概念的學習和數學解題表現。

林寶貴、錡寶香（2011）說明接收性語言是理解口語的複雜認知歷程，包括：接收聽覺刺激、分辨音韻，以及記憶、覺識和理解聽覺語言。然而，國內卻少有學者研究口語理解與數學障礙的關係，可能是書面數學成績的表現較具體且容易蒐集。目前，數學障礙鑑定也是以書面測驗為主，但學習數學的目的之一是解決生活中的數學問題，書面數學測驗的表現應該不等同於聽覺式的數學問題解決能力，而生活中的數學問題大多是以聽覺方式呈現，例如：「早上我在市場買了 11 碗豆花，老闆說 1 碗 25 元，我應該給多少錢才夠呢？我給了老闆 500 元，老闆又應該找給我多少錢呢？此時，老闆拿出計算機算了起來，我卻只能依據聽覺理解和記憶中的內在語言加以心算。」又如上述蠶滿為患的問題，個體如何在遭遇生活中的數學問題時，形成內在語言而加以理解、記憶，再解題；或能以口語與他人溝通數學問題，例如：多少隻小蠶賣一塊錢是合理的，討價還價時所需的口語理解和理解書面語言能力不同，但似乎少有學者關注口語數學的解題歷程及其對生活的影響。

二、語言表達和 MD

Nathan、Stackhouse、Goulandris 與 Snowling（2004）研究 39 位在 4～5 歲時被診斷為有口語障礙（speech difficulties）的兒童，以及 35 位年紀、性別和非語文能力配對的一般兒童，經過一套國家制定的課程教學後，施測

法定測驗（Statutory Assessment Tests, SATs），包括：閱讀、閱讀理解、拼字、書寫和數學。在兒童 7 歲時，比較已被治癒和持續有口語困難兒童的不同，發現有口語障礙史的兒童比一般兒童在閱讀、拼字和數學表現較差，但已經治癒者則和一般生的表現一樣；持續有口語困難的兒童在語文和數學表現較差，特別是拼字對他們尤其困難。國內並無口語表達和數學障礙相關的實證研究，是否會得到和 Nathan 等人相似的結果，仍有待驗證。

　　目前國內針對語言能力與數學能力所進行的研究，主要集中在閱讀理解與數學解題關係，因此仍有許多面向，例如：命名、音韻處理、口語理解和口語表達等與 MD 的關係有待深入探討。

第六節　由語言角度進行數學解題教學

　　Allsopp、Kyger 與 Lovin（2008）指出，2000 年「美國數學教師協會」（National Council of Teachers of Mathematics, NCTM）所認定的數學課程內容，包括：數與操作、代數、幾何、測量，以及資料分析和可能性（估算）。而在解數學（doing mathematics）時，個體則需要問題解決（problem solving）、推理和證明（reasoning and proof）、連結（connections）、溝通（communication）和表徵（presentation）知識。由此可知，溝通能力也是解決數學問題的重要能力之一，缺乏溝通能力可能會影響解決數學問題的效能。以下根據不同學者的看法，經由溝通能力或語言能力診斷數學問題，並提出介入策略，以提升數學解題能力，幫助學生改善數學學習困難。

一、以問題為中心的數學教學（problem-centered teaching）

　　Bley 與 Thornton（2001）強調：學習數學在解決問題，必須和真實生活應用連結，例如：王先生想和朋友出去吃晚餐和看電影，要帶多少錢才足夠請朋友吃飯和看電影？要解決王先生的問題，學生必須：(1)了解問題中的抽象詞彙：「才足夠」；(2)抓住重點：「帶足夠的錢吃晚餐和看電

影」；(3)有能力搜尋（retrieve）自己中午吃飯應該花多少錢，剩下的錢才足夠和朋友吃晚餐和看電影。他們指出，過去數學課強調得到正確答案，而非得到答案的過程，他們認為數學課應該強調：(1)哪些內容組成可被接受的解決方案（要判斷哪些情況需要精確數字，還是接近就可以了）；(2)評估得到答案的不同方法；(3)有意願冒險來解決問題。而教導這些觀念時，語言扮演重要角色。日常生活中談到「一些」和「夠了」是有多種意義，有時並不需要精確答案。

年幼時就應該教兒童解決問題的技巧，要注意：(1)符合兒童經驗；(2)鼓勵和增強估算；(3)允許和估計值做比較；(4)提出口頭問題刺激和給予具體視覺化增強，確保學生使用聽覺處理或記憶、抽象推理或工作記憶等能力；(5)允許使用計算機和電腦；(6)鼓勵發展心算技巧，結合像「下一個、之前和之後」等詞彙，例如：「注意我的鉛筆，然後注意看我在鉛筆之後閃示的圖片裡有什麼」；(7)使用實物、圖畫和表格具象化問題，讓學生用「行動」解決問題；(8)鼓勵問問題和說答案，說錯也沒關係；(9)幫助學生了解每個人擅長的部分不同，可互相討論幫忙，用不同方法解決同一個問題。

此外，學生須經過仔細配對或組成小團體。教師教學時要做以下的事：

1. 即便是國小低年級學生，也要看問題寫數學列式（mathematic sentence），但不必計算，如同學習閱讀，形成聲音和符號的表徵關係（sound-symbol relationship），例如：倒在一起要用「＋」，心裡想多少加多少？說出「5＋3」，再想想等於多少？說出「＝8」。教師接受所有數學列式，讓學生了解有很多不同的解題方式。

2. 讓學生了解生活中常需要使用數學，但大多數並不需要精確答案，例如：在何時之前出門就不會遲到，並不必要確定幾分幾秒。

因此，教導學生成為有效能的問題解決者，培養以下幾項先備能力：對自己有信心且願意冒險，了解詞彙的多重意義，進行預測和評估，以內在語言（inner language）視覺化如何解決問題，能說明或畫出解決方法。在問題解決過程上必須具備三種能力：能搜尋先前的訊息用在新的情境；具備基本數學技巧；知道何時把基本技巧用於新的情境。他們強調對 NLD 的數學學習，必須教導：做決定、估計、使用訊息、語言和詞彙、排序、預

測和認出問題型態等能力。在此謹說明語言和詞彙能力，Bley 與 Thornton（2001）非常重視語言在數學學習的重要性，包括：詞彙搜尋、接收性和表達性語言、語言處理，以及澄清與表達能力。教師教導學生學會：把數學符號和詞彙與其意義作連結，搜尋和符號對應的詞彙，了解詞彙在不同情境的意義不同（例如：往後數在水平和垂直的意義是不同的），且會使用差異微小的不同意義（例如：媽媽說 3 點過一刻時要回到家，知道一刻是15 分鐘，能夠在 3 點 15 分前回家）。

　　總結而言，Bley 與 Thornton 十分重視口語和書面語言能力，不僅學生需要學會數學問題的意義，也必須能用先前學過的知識和技巧形成內在語言解決問題，再以口語或書面的語言或圖畫加以表達，強調不需要精確答案時，使用估算，並應用兒童的生活經驗解題。

二、診斷回饋發現詞彙問題（word problem）和其介入 方法

　　Cawley、Hayes 與 Foley（2008）認為，診斷學生的數學解題問題，要由詞彙著手，舉例如下：「今天陳太太買了 4 盒蘋果，陳先生買了 5 盒水蜜桃，陳爺爺買了 3 盒洗衣粉回家，請問陳家今天總共買了幾盒水果？」在這一題裡，如果學生不了解「水果」的意義，不知道洗衣粉不是水果，即便沒有計算困難，也無法正確回答。在問題解決的錯誤分析裡，教師必須考慮學生的能力和經驗，如果學生無法閱讀，就無法解答書面題目，但如果學生沒有解決問題的經驗，錯誤分析也會無效。他們指出，問題解決、認知能力和語言複雜度之間有著密切關係，會形成三種問題型態：第一是傳統 3～4 個句子的問題；第二是統整於特定認知理論以說明詞彙問題的形式，可增強學生的數學認知架構；第三是說明長期使用問題解決活動提供和數學與社會成長發展有意義活動的連結。教師在發展數學問題時，應由簡單句開始，慢慢根據需要而複雜化。由語言層次來看，表 4-1 為簡單的例子，表 4-2 為複雜的例子。

表 4-1　以語言為基礎（language-based）的認知性詞彙問題矩陣

語言複雜度	簡單直接的問題 閱讀字彙的程度					數學程度
	第 1	第 2	第 3	第 4	第 5	
簡單主詞／簡單受詞	1	2	3	4	5	加法個位＋個位
簡單主詞／複雜受詞	6	7	8	9	10	加法個位＋個位
複雜主詞／簡單受詞	11	12	13	14	15	加法個位＋個位
複雜主詞／複雜受詞	16	17	18	19	20	加法個位＋個位

細格 1：王先生養 3 隻狗，陳先生養 4 隻狗，他們共有幾隻狗？
細格 6：王先生養 3 隻豬，林先生養 4 隻**綿羊**，他們共有幾隻**家畜**？
細格 11：王先生養 3 隻狗，**隔壁陳警官**養 4 隻狗，他們共有幾隻狗？
細格 16：王先生養 3 隻**迷你豬**，隔壁陳警官養 4 隻**綿羊**，他們共有幾隻**家畜**？

表 4-2　複雜的詞彙問題矩陣

	複雜問題結構			
	直接問題		間接問題	
	有外加訊息	無外加訊息	有外加訊息	無外加訊息
加法	1	2	3	4
減法	5	6	7	8
乘法	9	10	11	12
除法	13	14	15	16

細格 1：隔壁王先生送了 3 隻狗給李媽媽，朋友陳先生送了 4 隻狗給李媽媽，
　　　　李先生又買了 1 隻貓送給李媽媽，請問李媽媽養了幾隻狗？
細格 10：王先生吃了 3 個蘋果，陳先生吃了王先生的 2 倍，請問陳先生吃了
　　　　幾個蘋果？

　　在教學過程中，宜先診斷學生的問題出現在哪一個細格，再進行教學，說明如下。

（一）由問題特徵看複雜問題

　　在表 4-2 中，「直接詞彙問題」表示題目中使用的語言和解決數學問題的操作是一致的，例如：「魚缸裡有 2 條魚，小明又放進 2 條，請問魚缸裡

有幾條魚？」此時把數字相加就得到答案。有時題目中並無詞彙提示（「總共」暗示加法；「剩下」暗示減法），學生必須自己理解。又如：細格 1 的題目有**外加訊息**（1 隻貓），必須先剔除，這是有問題解決困難學生經常犯的錯。Cawley 等人（2008）也指出，句中的詞彙（特別是動詞）常常提供外加訊息，而造成干擾，例如：和「買」同樣的詞彙還有「購買」、「採買」、「採購」，不同詞彙會組合出不同的題型，學生有時太依賴線索詞彙（cue word），看到「剩下」就用減法，但題目如果是：「小明買玩具用了 50 元，皮夾裡還剩下 25 元，請問小明原來有多少錢？」反而要用加法。因此，學生的困難並不在數學問題本身，語言理解（language comprehension）才是真正的問題。另外，「間接詞彙問題」表示問題中的詞彙暗示某個意義但實際上卻不是，例如：「小英有 28 顆糖果，是原來的 4 倍，請問小英原來有幾顆糖果？」雖然有幾「倍」，但要用除法而不是乘法，轉折語意形成了間接詞彙問題。他們建議教學時，把間接詞彙問題的題目內容畫出來，加以視覺化和表徵化，教師可利用表 4-1 和表 4-2 診斷學生對哪一類的題目有困難。

（二）二步驟問題（two-step problems）

表示解題的方法可能需要先加後減或先乘後加，或者加減乘除混合在一起。教導學生先寫下第一個步驟再寫第二個步驟，依此類推，例如：「王媽媽把 15 塊餅乾分給 3 個孩子，但大女兒表示要帶去學校給同學吃，還需要分得餅乾的 5 倍，請問王媽媽的大女兒一共帶了多少餅乾到學校？①$15 \div 3 = 5$ ②$5 \times 5 = 25$ ③$25 + 5 = 30$。」和學生討論句子之間的關係，讓學生多做練習。

（三）無意義的詞彙（nonsense words）

有時必須分析深層的語意結構，其中有些是未知的或學生不熟悉的，需要解釋並加以引導，此時用問題問學生，策略就是把學生不了解的詞彙轉換成熟悉的詞彙，這比較適合七至八年級的學生學習，例如：「1 磅的牛奶可以分裝成 4 瓶，請問 1 瓶裡的牛奶有多重？」把磅想成公斤，就容易解題了。

（四）問題型態（problem format）

1. 用圖畫呈現：必須在圖中找訊息，有時可以由標題得到訊息，有時在圖中會出現多餘的訊息，或使用非限定的量詞（indefinite quantifiers），例如：一些、很多和很少等。如表 4-3 所示。

表 4-3　數學詞彙問題教學範例

單元名稱：海洋生物
準備材料：①一張海底生物圖。
②不同的海洋生物圖卡（海豚、鯨魚、鯊魚、鰻魚等）。
介紹活動：①同學知道哪些海洋生物？誰會模仿牠們的聲音？誰會模仿牠們在海裡活動的樣子？
②介紹詞彙：漁夫、海洋學家、潛水等。
引導說詞：你們聽過海洋之歌嗎（教師唱給學生聽），展示海洋生物圖卡。
演示 1：①哪些動物住在海裡？
②幫我算算看有幾隻鯨魚？幾隻鯊魚？幾隻海豚？
③幫我把數字卡分別放在海豚、鯨魚、鯊魚圖卡的後面。
④海豚和鯨魚一共有幾隻？
⑤一隻鯊魚賣 50 元，漁夫捕到 3 隻，可以賺多少錢？

有時問題則是以書寫式圖表呈現，如表 4-4 所示。

表 4-4　動物賽跑的速度

動物名稱	速度（公里／小時）
袋鼠	70
雞	9
大象	45
兔子	22

①哪一種動物跑最快？
②哪一種動物跑最慢？
③最快的動物比最慢的動物快多少？

2. 故事呈現：教師自編一個故事，例如：「有一位愛種樹的先生名叫賴倍元，大家都叫他『賴桑』，他在 1986 年開始種樹，先種了 7 公頃共 2,000 棵樹，之後又買了 12 公頃的地，陸陸續續又種了 55,000 棵，請問賴桑種了多少林地？多少棵樹？」

3. 傳統文字題：以句子方式呈現，例如：「一年一班的男生畫了 3 條魚，女生畫了 5 條，請問一年一班的小朋友畫了多少魚？」學生要了解文字意義，因此教師使用的題目必須合乎學生的語言理解能力，使用適合學生閱讀能力的最少詞彙來建構問題，有時只是將文字做變換，數字不變，讓學生了解問題的類型。在語言理解模式中，重視學生對問題關係的分析、證明和解釋，因為不同的只是使用的**詞彙**，在課堂中要多做討論。

Allsopp 等人（2008）也重視將量的資料和日常生活經驗相連結，例如：以火車時速為 150 公里為例，學生必須要有坐火車的經驗，再讓學生統整成表格或圖畫。診斷回饋的教學介入宜先將問題的文字敘述做解構，教師可依矩陣細格規劃出不同的問題類型，並診斷學生的困難在哪一細格，再進行教學。

三、雙層式介入反應模式系統（two-tiered RTI system）

Fuchs、Fuchs 與 Schumacher（2011）提出雙層式介入反應模式（response to intervention）系統作為改善應用問題解題表現（word problem performance）差的數學困難學生之教學方法。他們認為對層次一教室核心方案反應不佳的 MD 學生，應該接受以 3～4 位學生組成的小團體家教方式進行的層次二預防方案，即可提升學生應用問題解題流暢度（word-problem proficiency）。此方案主要有二個層次的預防：層次一是以**班級式的問題型態轉換教學**的方式進行；層次二是以**家教式小團體教學**的方式進行。將詞彙問題教學視為一種問題型態轉換教學（problem-type transfer instruction），內含二個教學階段。

（一）「問題解決教學階段」（problem-solution instructional phase）

教學內容包括：(1)了解問題型態的重要特性；(2)認出解決問題的第一個步驟中的一個問題型態；(3)應用有效的一套規則來解決某一型態的問題。在此階段，教師幫助學生預測或預估非期望的問題特性，稱為問題型態中的**轉換特性**（transfer features），以增加學生對問題型態的了解。在課程中的三種重要問題詞彙是：總共（total）、差多少（difference）與改變（change）。Fuchs 等人（2011）認為，「差多少」是最有挑戰性的，應作為重點，例如：「小明有 5 顆橘子，丁丁有 8 顆橘子，請問丁丁比小明多幾顆橘子？」同樣型態的問題可以改成：「丁丁有 8 顆橘子，他比小明多 3 顆，請問小明有幾顆橘子？」或是：「小明有 5 顆橘子，丁丁比小明多 3 顆，請問丁丁有幾顆橘子？」

在教學技巧上，首先要增進學生對問題型態的重要特性之了解，亦即幫助學生了解問題型態的重要特性和語意結構，以及了解和這個型態不同的其他型態之結構是什麼，例如：一個數量多，一個數量少，要比較二者的「差異或不同」時，老師可以請二位學生到教室前進行角色扮演，一位較高、一位較矮，用手比出二人的差異；老師再拿出二個盒子，大盒子裡裝有 8 個橘子，小盒子裡裝有 5 個橘子，加以「比較」，強調二者是不同的，一個多一個少，不同的就是差異型態題，二個數字的比較是減法，再逐漸引導出後設等式（meta-equation）$B - s = D$（B 是大數，s 是小數，D 是差異）。

由具體物逐漸改用圖畫表徵，再讓學生寫出差異問題的數學等式，例如：「小明有 5 顆橘子，丁丁有 8 顆橘子，請問丁丁比小明多幾顆橘子？」寫成「$8 - 5 = 3$」。再問：「小明有 8 顆橘子，他比丁丁多 3 顆，請問丁丁有幾顆橘子？」寫成「$8 - 3 = 5$」。最後，師生一起討論差異型態的問題和總共型態的問題之主要特徵有何不同。

（二）「轉換教學階段」（transfer instructional phase）

在此階段中，教師擴充學生對問題型態的了解，教導非預期的特徵，描述中的無關訊息，需要額外步驟的新問題，問題的訊息是以圖表呈現等。先教導學生語句中哪些是相關的和哪些是非相關的語意，非相關的語意就是解題時不會用到的資訊，立即將它劃掉。當教導學生在二步驟問題中尋找差異問題時，其中會牽涉到「比較哪個多」的二個相關之數字，例如：「小英有 5 個蘋果和 3 個橘子，婷婷有 7 個芒果，請問小英比婷婷多幾個水果？」即是差異問題和總共問題的組合。Fuchs 等人（2011）以在 2003 年做過的研究為例，說明轉換教學的效果優於其他教學方法。他們以整班學生為研究對象（層次一），隨機分派為教師設計的應用問題教學、問題解決教學，以及問題解決教學加上轉換教學。參與轉換教學的教師，必須做到：(1)解釋在沒有修改問題型態或解決方法前，看起來很不熟悉的轉換特徵；(2)以不同例子討論轉換特徵是形式或詞彙的改變；(3)由轉換特徵的角度分類新問題；(4)鼓勵學生在新問題中找出熟悉的型態。研究結果發現：轉換教學的效果優於其他二種教學方法。

他們認為，問題型態轉換教學可以統整在所有不同層次的 RTI 教學中，且可以應用於不同年級的任何應用問題型態之數學解題。在表 4-5 中，他們以國小三年級的四種問題型態（購物袋、購買清單、一半和圖示）為例，說明在問題解決階段只會改變表面的說法，如表 4-5 之範例一和二所示。然而，改變表面說法對學生解數學題的幫助不大，許多時候會出現新的問題型態。但在教這四個型態的問題前，教師用 3 週 6 節課，每節 30～40 分鐘，確認學生能畫出重要數字、寫成算式、計算正確、會說出答案，了解文字、圖畫和數學符號。再給予明確的教學、雙向練習、獨立檢查和完成家庭作業，之後每種類型再各自進行三週教學。分成以下二個層次。

1.層次一：班級式的問題型態轉換教學

使用 6 節課，每節 30～40 分鐘，第 1 至第 4 節為問題解決教學，使用的問題如表 4-5 的範例一和二，只會改變表面文字，將解題步驟以海報形式條列出來，並公布在教室。教學時，第 1 節課先說明重要概念和問題類型的結構特徵，請學生角色扮演問題型態，使用附有完整資訊的題目，一一說

表 4-5　四種問題型態

問題型態	範例一	範例二
購物袋（盒裝）	陳老師想請班上8位同學，1人吃1塊餅乾，一個袋子裡裝著4塊笑臉餅乾，請問陳老師應該買幾袋呢？	李大年要請8位朋友到家裡吃飯，他想為朋友每人準備1個蛋糕做為甜點，一個盒子裝著4個蛋糕，請問李大年應該買幾盒甜點呢？
購買清單	小明買了每根8元的香蕉2根，又買了每顆7元的橘子5顆，請問小明總共花了多少錢？	曉華去文具店買文具，他買了一本10元的筆記本2本，又買了1枝15元的原子筆3枝，請問曉華在文具店共花了多少錢？
一半	媽媽買了5個蛋糕，把一半的蛋糕給阿姨，請問阿姨有幾個蛋糕？	小英有18顆橘子，她把一半的橘子打成果汁，請問小英用掉幾顆橘子？
圖示	每張貼紙上有4顆星星，表現好的學生可以得到1顆星星，<u>有1顆星星可以玩電腦遊戲5分鐘</u>，曉華玩了30分鐘電腦遊戲，請問她得到了幾顆星星？ 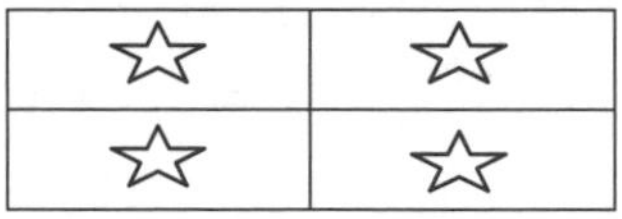	媽媽買了一盒雞蛋做蛋餅，每張蛋餅要用掉2顆雞蛋，媽媽用完所有雞蛋，共做了6張蛋餅，請問一個盒子裡有幾顆雞蛋？ 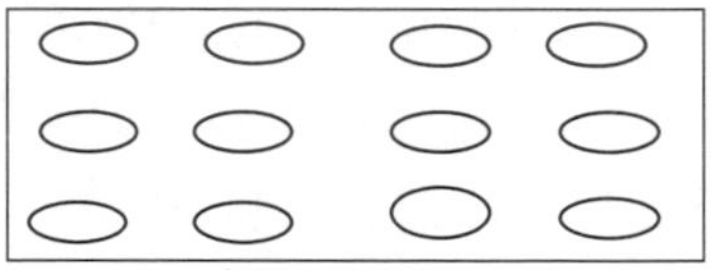

明陳列的解題步驟，之後呈現缺少一個訊息的問題，讓學生發現問題，再舉許多例子讓學生回應，之後只進行一半的解題步驟，讓學生完成後續步驟，並兩人配對練習四種類型中的一種，能力好的幫助能力較弱的，檢查步驟和對答案。第2至第4節的組織方式類似，讓學生有更多時間練習只有部分解題的數學問題，再兩兩配對練習，每次上課最後讓學生獨立解題，教師確認解題步驟和答案，讓學生自己打分數，圖4-2為四種問題型態的圖示舉例。

購物袋（盒裝）

1.需要幾塊餅乾？
2.每個盒子裝幾塊餅乾？

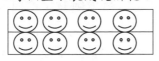

A

一半

1. 要畫幾個圈？成對畫出來。
2. 畫二個盒子。
3. 劃掉一對，在盒子裡各畫一個圈。
4. 如果還有剩下，把它切一半，在盒子裡畫半個圈圈，寫 1/2。
5. 算算二個盒子是不是一樣多？
6. 用文字寫答案。

C

購物清單

筆記本	原子筆

工作 1：讀問題。
工作 2：畫重點和連結所有訊息。
工作 3：想出需要幾個步驟、列出步驟和數數看有幾個步驟。
工作 4：在紙上的每一格寫上步驟。
工作 5：每個步驟給一個名稱。
工作 6：每一個格子裡寫上解題步驟。

B

圖示

1. 畫下圖畫的重點意義且連結到圖片。
2. 看懂圖示（不會用到：一張貼紙有 4 顆星星）。
3. 圈出問題中的重要數字和標示名稱。
4. 回答問題 *把重要數字的圖示加上去。

5 ☆	5 ☆
5 ☆	5 ☆
5 ☆	5 ☆

D

圖 4-2　四種問題型態的圖示舉例

　　第5和第6節是轉換教學階段，要擴大學生對問題型態的了解，呈現的問題不會只是改變表面的文字而已。如表4-6所示，範例中的特徵會改變，首先教師要教改變的詞彙之意義，在不改變問題型態和解題步驟，解釋五種轉換特徵，也就是教導學生問題是以**不同形式**、**不熟悉語彙**、**不同問法**、**無關訊息**和**結合性問題**呈現，但解題方式是一樣的，強調轉換的意義只有**詞彙**改變，用海報把這五項張貼在布告欄，其他教學的要點則和第2至4節課一樣。

表 4-6　四種問題型態的轉換特徵

問題型態	轉換特徵	範例
購物袋 （盒裝）	不同形式和 不熟悉語彙	王先生想在家請客，他想要請客人吃甜甜圈， 1. 甜甜圈是 4 個裝成一盒賣的。 2. 他想邀請 15 位客人來家裡。 請問王先生應該買幾盒甜甜圈？
購買清單	不同問法	爸爸去市場買菜，他買了 1 顆 50 元的高麗菜和 2 條小黃瓜，小黃瓜一條 10 元，爸爸帶了 100 元到市場，請問他還剩下多少錢？
一半	不熟悉語彙	外婆把 10 顆巧克力給小瑛和弟弟，請問小瑛和弟弟各可以分到幾顆巧克力？
圖示	無關訊息	小華去玩具店買玩具，他想買二輛玩具汽車和一盒跳棋，玩具汽車可以打五折，跳棋是 80 元，請問小華要付多少錢？ 
*	結合性問題	陳老師去量販店買獎品給學生，她買了一盒 80 元的彩色筆 3 盒和一盒 76 元的象棋 2 盒，她發現原價 80 元的鉛筆盒打六折很便宜，她又買了 3 個鉛筆盒，請問陳老師要付多少錢？

大拍賣 5 折！！

原價 84 元　原價 200 元

以上為班級式教學，以下介紹層次二的家教式小團體教學。在 3 週基礎的問題解決課程之後，以 3 週為一個單元，教導四種問題型態中的一種，但要與層次一的班級教學配合，進行相同型態的問題教學，且是以其中最難的觀念為目標，亦即 MD 學生的困難所在。

2.層次二：家教式小團體教學

一開始時，以具體實物解釋學生不了解且和行動有關的應用問題（the action associate with the word problem），此時學生得以修正他們的解題步驟。以表 4-5 購物盒為例，協助學生視覺化和指認出問題類型，之後，以圖 4-3 的模板表示四種問題型態，讓學生指認，再決定解題的步驟。此外，使用具體增強物作為學生自我調整策略，稱為「錢幣教具」（tutoring dollars）。有三種方式可以得到錢幣：(1)每天監控自己的應用問題解題表現，在表上記錄得分；(2)所有小團體成員都能在不同時間限制下完成作業；(3)答對指定題目，鼓勵學生自我監控、努力和正確解答問題。每週上課 3 次，2～4 位學生，每節 20～30 分鐘，前 5 節為問題解決教學階段，只改變問題的表面文字，把解題步驟做成海報掛在教室。如前所述，以具體事物教導學生，按照解題步驟讓學生反應並問問題，第 2 節課讓學生獨力完成問題，教師確認解題步驟是否正確，並打分數。

第 6～9 節為轉換教學策略，在問題中轉換一至二個特徵。首先，教導已被轉換的詞彙意義，使用海報上「轉換」的五種不同意義（不同形式、不熟悉語彙、不同問法、無關訊息和結合性問題），特別將轉換特徵以粗體大字標示，再舉更多例子練習，此時學生要學會獨立答對問題。

Fuchs 等人（2008）根據上述教學方法進行一個大型研究，隨機分配 119 個班級的 1,200 位學生（288 位有 MD 和 912 位一般學生）至三種教學方法（傳統教師詞彙問題解決教學法，以及有、無層次一教學的層次二問題型態之轉換教學法），發現以迴歸分析可以用「應用問題測驗」（Algorithmic Word-Problem Test）（Fuchs, Fuchs, & Compton 2004）和「計算流暢性測驗」（Test of Computation Fluency）（Fuchs, Hamlett, & Fuchs, 1990）的前測分數作為預測指標。在三年級結束時，898 位一般學生和 288 位接受層次一轉換教學的 MD 學生，仍然維持原來的狀態。此外，在層次一班級教學問題型態轉換教學和傳統的詞彙問題教學外，288 位 MD 學生被隨機安排至四種

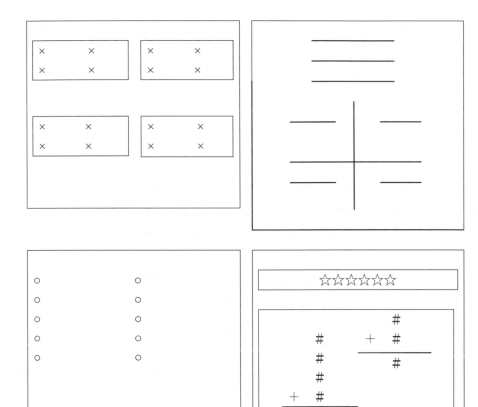

圖 4-3　四種問題類型的模板

教學情境：(1)沒有全班問題型態轉換教學，也沒有問題型態轉換小團體教學；(2)只有層次一的問題型態轉換教學；(3)只有層次二的問題型態轉換教學；(4)有全班問題型態轉換教學，也有問題型態轉換小團體教學。教學前 3週做前測，之後進行 16 週教學，所有學生在教學前 3 週都接受全班上課的一般文字問題解決和問題型態轉換教學，內容如前所述。接著，在第 13 週一般學生隨機分派至傳統教師自行設計的詞彙解題教學或是問題型態轉換的教學（包括：問題解決和問題型態轉換教學），MD 學生則隨機分配至上述四種中的一種教學方式。測試題目是沒有用過但仍屬這四種類型，分為小轉換（表面文字改變，數字沒改變）、中轉換（多於一個的特徵改變，

數字沒改變）和大轉換（重新設計真實生活問題，結合四種問題型態，數字改變），製作成標準化測驗形式，採複本測驗，前測使用甲式，後測使用乙式。MD 學生加測「Woodcock Johnson 三世的應用問題」（Woodcock Johnson III Applied Problem）。結果發現，層次二的小團體教學加上層次一的班級教學效果大於層次二的小團體教學加上傳統班級教學，在大轉換題目的效果值大於 1.34 個標準差，可見二個層次的教學大於一個層次的教學，對於 MD 學生而言，層次一的班級教學加上層次二的小團體家教式教學是有效的。而且即便 MD 學生沒有接受層次一的問題型態轉換教學，層次二的小團體家教式之轉換教學對他們仍是有效的，效果超過 1.3 個標準差；接受層次二教學的 MD 學生，不論是否接受層次一的轉換教學，在研究結束時仍有 MD 的人數降低了 13.8%。因此，他們認為層次二小團體家教式的轉換教學可以改善 MD 學生在詞彙型態的數學問題學習，作為預防方案以降低 MD 的出現率，尤其在缺乏資源提供全班式的轉換教學時就更形重要。

　　Fuchs 等人（2011）的雙層式 RTI 系統教學，列出四種數學問題類型的轉換特徵，並詳細介紹課程流程，提出大樣本研究的結果，符合實證性的實務工作標準，頗值得一試。Fuchs、Fuch 與 Compton（2012）說明有關 RTI 在數學學習的效果和限制，又深入討論三層次的評量，由班級、小團體到個別評量，以了解數學學習障礙學生的能力，進而設計適合的課程。

第七節　結語

　　Rivera（1997）認為，學生因為檢索數學事實的不順暢或缺陷、缺乏數概念、處理速度太慢和不足的計算策略而形成計算問題；又因為對複雜句子結構的理解、外加訊息、語意理解、後設認知及問題表徵等能力缺陷，也在解答數學文字題時造成困難，導致發生 MD。因此，就 MD 者的能力缺陷來看，可以分為與數學符號有關的處理或計算能力，以及和閱讀文字配合數的計算，進而解題的文字解題能力，尤其是後者牽涉的語言能力極廣。國內目前不僅缺乏足夠與適當的診斷工具能夠區分不同亞型的 MD 學生，也少有介入研究證明某一策略可以提升某一亞型 MD 的數學表現。本章說明了數學教學過程不可忽視學生的語言困難，不論是理解抑或是表達，

然而能夠更仔細精確的找出不同向度的語言能力和認知能力對數學學習的影響徑路，也才有可能找到適合不同MD學生的介入方法。本章僅提供初步的思考方向，期望有更多學者由語言角度進行研究，藉以幫助有語言缺陷的MD學生克服困難。

參考文獻

中文部分

李秀妃（2007）。非語文學習障礙學童的數學障礙。**臺東特教，26，**
1-9。

林寶貴、錡寶香（2011）。**兒童口語理解測驗：指導手冊（初版二**
刷）。臺北市：國立臺灣師範大學特殊教育中心。

教育部優質特教發展網路系統暨教學支援平台（2016）。**高中職以下**
階段之認知功能輕微缺損學生實施普通教育課程領域之調整應用
手冊。取自 http://sencir.spc.ntnu.edu.tw/site/c_principle_002/index/
process_t_key/212/mode_t_key/-1/data_t_key/-1/code/002/kind_
code/001

陳冠廷、孟瑛如、陳虹君、楊佩蓁（2013）。國民小學二年級閱讀低
成就學生於新竹縣閱讀理解與教學理解篩選測驗之表現。**特教論**
壇，15，35-50。

楊坤堂（2007）。**數學學習障礙**。臺北市：五南。

楊坤堂、鄧國彬（2005）。**身心障礙教育叢書（四）：數學學習障礙**
學生的認識和教學。臺北市：臺北市立師範學院身心障礙研究
所。

楊淑蘭（2015）。**溝通與溝通障礙：理論與實務**。臺北市：心理。

趙旼冠、楊憲明（2006）。數學障礙學生數學概念理解、數學推理能
力與數學解題表現之關係分析研究。**特殊教育與復健學報，16，**
73-97。

鄭昭明（1993）。**認知心理學：理論與實踐**。臺北市：桂冠。

英文部分

Allsopp, D. H., Kyger, M. M., & Lovin, L. H. (2008). *Teaching mathematics*
meaningfully: Solutions for reaching struggling learners. Baltimore, MD:

Paul H. Brookes.

American Psychiatric Association [APA] (2013). *Diagnostic and statistical manual of mental disorders* (5th ed.) (DSM-5). Arlington, VA: Author.

Bley, N. S., & Thornton, C. A. (2001). *Teaching mathematics to students with learning disabilities* (4th ed.). Austin, TX: Pro-ed.

Butterworth, B. (2004). Developmental dyscalculia. In J. I. D. Campbell (Ed.), *Handbook of mathematical cognition*. New York, NY: Psychology Press.

Cawley, J. F., Hayes, A., & Foley, T. E. (2008). *Teaching math to students with learning disability: Implications and solutions*. Blue Ridge Summit, PA: Rowman & Littlefield.

Daly, D. A. (1993). Cluttering: The orphan of speech-language pathology. *American Journal of Speech-Language Pathology, 2*(2), 6-8.

Fletcher, J. M., Lyon, G. R., Fuchs, L. S., & Barnes, M. A. (2007). *Learning disabilities: From identification to intervention*. New York, NY: Guilford Press.

Fuchs, L. S., Compton, D. I., Paulsen, K., Bryant, I. D., Fuchs, D., & Hamlett, C. I. (2005). The prevention, identification, cognitive determinants of math difficulty. *Journal of Education Psychology, 97*, 493-513.

Fuchs, L. S., Fuchs, D., & Compton, D. L. (2004). Monitoring early reading development in first grade: Word identification fluency versus nonsense word fluency. *Exceptional Children, 71*, 7-21. doi:10.1177/0014402 90407100101

Fuchs, L. S., Fuchs, D., & Compton, D. L. (2012). The early prevention of mathematics difficulty: Its power and limitations. *Journal of Learning Disabilities, 45*(3), 257-269.

Fuchs, L. S., Fuchs, D., & Schumacher, R. F. (2011). A two-tiered RTI system for improving word-problem performance among students at risk for mathematics difficulty. In R. Gersten & R. Newman-Gonchar (Eds.), *Understanding RTI in mathematics proven method and application*. Baltimore, MD: Paul H. Brookes.

Fuchs, L. S., Fuchs, D., Craddock, C., Hollenbeck, K. N., Hamlett, C. L., & Schatschneider, C. (2008). Effects of small-group tutoring with and without validated classroom instruction on at-risk students' math problem solving: Are two tiers of prevention better than one? *Journal of Educational Psychology, 100*(3), 491-509.

Fuchs, L. S., Hamlett, C. L., & Fuchs, D. (1990). *Test of Computational Fluency*. Nashville, TN: Vanderbilt University.

Geary, D. C. (1993). Mathematical disabilities: Cognitive, neuropsychological, and genetic components. *Psychological Bulletin, 114*, 345-362.

Geary, D. C. (2004). Mathematics and learning disabilities. *Journal of Learning Disabilities, 37*(1), 4-15.

Geary, D. C. (2005). Role of theory in study of learning difficulties in mathematics. *Journal of Learning Disabilities, 38*, 305-307.

Gross-Tsur, V., Manor, O., & Shalev, R. S. (1996). Developmental dyscalculia: Prevalence and demographic features. *Developmental Medicine & Child Neurology, 38*(1), 25-33.

Lerner, J. W., & Johns, B. H. (2012). *Learning disabilities and related mild disabilities: Teaching strategies and new directions* (12th ed.). Belmont, CA: Wadsworth Cengage Learning.

Nathan, L., Stackhouse, J., Goulandris, N., & Snowling, M. J. (2004). Educational consequences of developmental speech disorder: Key stage 1 National Curriculum Assessment results in English and mathematics. *British Journal of Educational Psychology, 74*(2),173-186.

Rivera, D. P. (1997). Mathematics education and students with learning disabilities: Introduction to the special series. *Journal of Learning Disabilities, 30*(1), 2-19.

Shalev, R. S., & Gross-Tsur, V. (2001). Developmental dyscalculia: Review article. *Pediatric Neurology, 24*(5), 337-342.

Shalev, R. S., Manor, O., & Gross-Tsur, V. (2005). Developmental dyscalculia: A prospective six-year follow-up. *Developmental Medicine & Child Neurology, 47*(2), 121-125.

Swanson, H. L., & Beebe-Frankenberger, M. (2004). The relationship between working memory and mathematical problem solving in children at risk and not at risk for serious math difficulties. *Journal of Educational Psychology, 96*(3), 471.

第五章

社會學文化觀點的
數學學習困難

詹士宜、陳佩秀、卓曉園

　　唯有教師有充分的準備，才能隨心所欲的彈性布題，讓學生歡樂而有效的學習數學。

第一節　前言

　　數學，或許是最重要但卻是學生最不喜歡的學科。從嬰幼兒時期，數字即充斥在我們周遭的生活環境中，例如：嬰兒時期，父母餵食時會說「再一口」、「再一口」，或是小時候，孩子吃好吃的東西時會說「還要」、「還要」，或是對於圖片上的小動物進行點數等。這些生活的細節就與數學結上不解之緣。兒童自小就在社會環境脈絡裡經驗數學，此經驗也會在學校數學教育環境中繼續延續。但是，臺灣的數學教育似乎並不是那麼有趣，許多的數學概念太抽象、常與日常生活無關，而讓一些學生感到數學無用且無趣。常有人會打趣地問成人：「你這一輩子除了在學校期間外，是否用過三角函數、二元一次方程式、開根號、函數、對數等概念？」許多人都笑笑說沒有。

　　數學可謂是最抽象卻也是應用很廣的知識，舉凡生活世界中幾乎無處不用到數學，例如：購物、買賣、報稅、工作等，它充斥在每個人的生活環境中且豐富其精神文化領域。再者，數學是人類的活動，也是人類文化的產物，它源自於生活所需與實踐社會活動。現今社會對數學之需求愈來愈高，且常是增加與形塑個人未來發展與機會的重要關鍵。學生如果有好的數學表現，就能增進未來發展的選擇。但相對的，如果學生的數學能力不佳，就可能阻礙他們許多生涯發展的進路（National Council of Teachers of Mathematics [NCTM], 2000）。

　　數學教育應該是讓學生從一些生活中的功能性與實用性的教學，逐漸地轉變到抽象性與科技性的數學，以便能面對未來學術與就業的需求（楊坤堂，2007）。另外，數學是國家競爭力之基石，更是促進社會文化發展的原動力；它使科學的理論更精確、更充實、更完善。科學技術的重大發現與進展，數學皆居關鍵因素之一。而許多科學領域也需要用到數學，例如：物理、化學、資訊科技等，甚至藝術創作也需要用到數學。

　　近年來，世界各國如火如荼的展開數學教育之改革，以提升學生數學學習的素養。數學教學的目標，不再只是僵化的解決計算或應用問題，更需要能應用數學的知識技能，解決非例行性的問題（Schwartz, Lindgren, & Lewis, 2009; Tobias & Duffy, 2009）。從現今國際數學課程改革趨勢中可窺見，逐漸強調以學生為主體的數學學習活動，讓學生在愉快的氣氛中學習數學，且強化數學在真實情境中的應用，如此方能培養學生在日常生活中應用數學知識的能力。其次，考量到學生能力與興趣的差異，建議數學課程與教學須更加多元，以差異化的數學課程內容來適應不同學生的個別發展。

　　雖然臺灣不斷進行數學教育的改革，但其效果並不顯著，學生的數學學習問題一直存在，反而讓學生表現的落差變大。這種落差變大的現象不僅出現在我國學生於國際數學素養的比較，也反映在我國學生於國內的入學評量表現。單維彰（2014）即指出，我國 15 歲少年在 2012 年「國際學生能力評量計畫」（Programme for International Student Assessment，簡稱 PISA）中的數學素養表現之分散程度已位居世界第一高。進一步具體地看各段成就的分布可以發現，我國被評定為數學能力落後的 15 歲少年之比例過高，因此 PISA 將臺灣歸納為「學習機會不公平」的地區。從社經解釋度

分析，臺灣學生不公平的學習機會不但高於世界平均，也高於美國、英國、韓國、日本、香港等國家或地區。

這跟美國《國民中小學教育法案》在 2001 年所提的「沒有孩子落後」（No Child Left Behind, NCLB）與在 2015 年所提出的《所有學生成功法案》（Every Students Succeeded Act）相似。甄曉蘭（2007）即指出，我國偏遠地區學校校長反映九年一貫課程改革僅顧及中上階層學生，而忽略偏遠地區學生的學習狀況與需求。因此，許多有數學學習困難的學生是在社會文化的不利因素下被創造出來的。

數學困難學生的產生，有時不只是學生個人的問題，更可能是社會文化下不同的數學教育思維與作法所產生之結果。因此，如果把數學學習困難單純歸因於學生個人的問題，而不去思索社會文化的議題，就會過度簡化數學困難的現象。數學困難不只是學生本身的因素影響數學的學習，外在環境因素更是造成學生數學表現不佳的另一重要因素。因此，教師除了需要注重學生個人的學習經驗與背景，亦需要思考數學課程與教材設計，以及數學教學的方法，才能有效的引導學生進行數學學習。

從社會文化的觀點而言，數學困難的產生不單只是學生個人的問題，也是社會文化架構下所衍生的產物，我們需要社會與教育單位共同來思考如何協助數學學習困難的學生，以解決數學學習的議題。一位數學教育系教授曾經說：「哪裡有數學障礙？當你教學生不會的東西，才會出現障礙。」這句話的確引導我們應以更宏觀的角度來看待數學學習困難學生的問題。如果我們未能從學生可以學習的地方出發，他們就會一直學不會數學，而我們所做的種種努力就會白白浪費。

因此，我們不應該單純以教科書中的方式來教導學生學習數學，而需要調整教師教學設計，以選擇或改變數學教材與數學教學的方式來幫助學生學習數學。再者，教育主管單位應該思索數學課程、教師培訓、教學策略、教學時數與教學評量等議題，思考目前的數學教學政策、數學課程與教學該如何調整，才能有效幫助數學困難的學生突破數學學習困難。

以下先說明目前國際數學教育的趨勢，再說明目前臺灣數學教育的現況與問題，另外介紹一些社會文化架構下影響學生數學學習表現的因素，最後將針對上述的問題，提供一些數學教育與數學教學的建議。

第二節　國際數學教育的趨勢

　　近年來，各國都積極進行數學教育之改革，以提升其國民在未來全球競爭中所需要的數學素養，但各國採行的數學教育改革措施卻有所不同。因此，如果能了解各國的數學教育政策及其優缺點，就可以作為我國數學教育改革的借鏡。以下就芬蘭、荷蘭與美國的數學教育趨勢與現況，分別加以說明。

　　從芬蘭在 PISA 2003 及 PISA 2006 數學素養的評量表現，顯示其平均得分為全球第二，僅次於臺灣。但學生的數學強弱差距水準遠較我國小，不同地區各校之間的差異也最小，因此芬蘭的數學教育被認為是具有高品質且全面均衡發展的特質（洪若烈等人主編，2010）。芬蘭在 2014 年完成全國核心課程改革規劃，並於 2016 年正式實施新課綱，其教育改革的最大重點主要是在提倡跨學科領域「主題式學習」（Phenomenon-Based Learning），重視知識與情境脈絡間整合的教育方式，以取代過去單一學科的學習方式，而教師間也須共同朝「合作教學」（Co-Teaching）之路邁進（天下雜誌，2015）。

　　荷蘭的數學教育在歐洲國家中亦表現不俗，其採用真實數學教育（realistic mathematics education）導向的方式設計教學，強調數學教學必須與真實生活情境結合，並在逐步的數學活動中漸進發展數學基模（progressive schematization）（張英傑、張素宜，2008）。荷蘭的數學教育以學習—教學軌跡（learning-teaching trajectory）說明教與學之間的關係，在這個教學軌跡中包含三個要素：學習軌跡、教學軌跡，以及學科內容軌跡。學習軌跡說明學生的學習過程；教學軌跡則是說明在教學過程中，要能有效與學生的學習歷程相連結；學科內容軌跡則是指數學課程中需要教學的核心要素（van den Heuvel-Panhuizen, 2008）。因此，在教學上不能只是單純的把教材教完，而應該同時思考如何依據學生的能力與經驗調整教學的方法，讓學生能夠學習。在教學過程中不斷的調整教學方法，以適應不同年級與不同能力的學生需求。

　　在美國方面，NCTM（2000）的專書《學校數學原則與規準》（*Prin-*

ciples and Standards for School Mathematics）即強調，需要高品質的數學教育，才能提供所有學生有效的數學學習。因此，需要審慎評估學生的學習表現與教學方案，以便確認學生是否能從數學學習中獲益，以及了解數學方案的實施效果。NCTM 強調，優質的數學教育需要公平的對待所有學生，需要對所有學生有著高度的期待與強力支持。NCTM 主席 Lappan（1998）即認為，教師是改善數學教育的關鍵。不管學區的課程或評量過程，只有教師能針對學生特質採用各種教材，藉由老師的努力，學生才有各種機會去學習數學。

　　由此可知，雖然一些國家在數學教育之改革方向不一，但都非常重視數學情境對數學學習的影響，而致力於將數學與日常生活情境相結合。另外，亦重視提供每一位學生應有的受教權，讓每一位學生在課堂中，能得到適性的數學學習。

第三節　臺灣數學教育的現況與問題

　　每一個社會或國家都有自己的數學教育問題，臺灣的數學教育亦不例外。雖然臺灣學生的數學表現在全球數學素養的表現優於許多國家，但檢視相關數據資料時，仍透露許多值得我們深思的問題。

　　一般認為，臺灣學生的數學表現良好，在國際數學素養評比上亦有不錯表現。但如果仔細分析，卻可以發現臺灣學生在一些數學學習表現的差距拉大，且對數學學習的興趣與自信心不佳。這樣的差距變大反映出數學教育本質的問題，而不單只是學生個人數學學習困難的問題，可以由以下國內外指標性的大規模數學成就測驗觀之。

　　「國際數學與科學教育成就趨勢調查」（Trends in International Mathematics and Science Study，簡稱 TIMSS）主要是評估各國四年級與八年級學生是否具有參與社會所需的重要數學知識與技能（Mullis, Martin, Foy, & Arora, 2012）。我國在 2003～2011 年的數學評量排名大約在第三名到第四名之間，可謂名列前茅，但黃敏雄（2013）比較臺灣學生 TIMSS 數學成就的發展趨勢分析後發現，最初臺灣小四學生未達數學基本標準的比例約只占1%，等升到八年級，他們未達數學基本標準的比例提升為 5%。臺灣學生從

小四升到國二這四年期間，未達基本標準的學生人數比例約增加五倍。

另外，在 TIMSS 2011 的調查中顯示，臺灣學生對數學的自信心相對偏低，有近三分之一的四年級學生不喜歡數學，也沒有自信心。四年級學生喜歡數學的人數只有 34%，顯著低於國際平均的 48%，在國際排名倒數第八。對學習數學有自信的人數只有 20%，仍遠低於國際平均的 34%。而八年級學生更有超過一半的學生不表興趣，也沒有信心（如表 5-1 所示），只有14%學生表示喜歡數學，國際排名倒數第六；對學習數學有自信的人數更只有 7%，仍遠低於國際平均的 14%（林陳涌主編，2013）。TIMSS 2016 公布的結果也可能跟上述一樣是高成就與低自信的狀況，像這樣高成就、低興趣、低信心的數學學習表現，都不是一般教育學者、教師與家長所樂見。

表 5-1　我國學生在 TIMSS 2011 的數學態度

數學態度	臺灣	新加坡	國際平均
四年級學生「不喜歡數學」	32%（第 43 名）	19%（第 21 名）	16%
四年級學生「對數學沒自信」	38%（第 46 名）	38%（第 45 名）	21%
八年級學生「不喜歡數學」	53%（第 37 名）	23%（第 14 名）	31%
八年級學生「對數學沒自信」	67%（第 36 名）	40%（第 26 名）	41%

資料來源：引自李國偉（2013）

另一項 PISA 2012 數學素養評量的調查報告，我國 15 歲學生的數學素養雖有高表現，但前後段學生的學習表現差距卻是世界第一，相差 301 分，相當於七個年級的差距。這份資料亦指出，臺灣八年級學生有高達 12.8%學生未達基礎水準，這群弱勢族群學生的比例在亞洲前七名的國家中是最高比例的國家，顯示臺灣學生數學素養的高分組與低分組之間有著極大差異現象，而需要特別加以關注（臺灣 PISA 國家研究中心，2014）。

在國內數學表現方面，我國 2015 年國中會考成績結果指出，有高達33.22%學生的數學表現落在「待加強」水準，亦即我國學生在接受九年國民義務教育後，每三個學生就有一個數學仍未達基本能力。另外，我國執行課後補救教學效果仍然不彰，小二生仍有 23%未達合格標準，九年級學生不合格率更高達90%（聯合報，2015）。近期的《親子天下》雜誌分析臺

灣連續三年的會考成績顯示，每年有約 7%學生的國英數自社五科成績全拿 C，亦即約近二萬名國中畢業生之學習表現都是在「待加強」的水準，未達到國民生活的基本學習能力要求。2016 年 5 月，臺灣師範大學召開記者會，採用 PISA 2012 國際教育評比的資料，推估臺灣有二十萬中小學生面臨等待失敗且未具備參與現代社會運作所需的基本能力，比越南、日本、南韓都高。因此，呼籲政府應重視這動搖國本的「國安危機」之問題（張瀞文，2016）。

　　張瀞文（2016）亦列舉臺灣學生在 PISA 2012 國際教育評比資料中的八年級弱勢學生高達 12.3%，大約是二十萬名學生，遠遠高於日本的 10.4%、新加坡的 9.8%、南韓的 8.6%，以及香港的 7.5%，因此倡議進行「減 C 運動」來協助學習不利的學生。但張瀞文（2016）引用教育部長的話：「教師的專業能力，才是減C的核心」，提出需要補救的是老師，而不是學生。如果這些學生在課堂都能有效學習，就不需要額外的補救教學。

　　上述現象在在顯示臺灣學生在數學成就與自信心表現的差異，而對升學主義的重視以及課程與教科書設計不佳亦是造成此差異的重要因素，且這些問題亦造成許多數學學習困難學生的產生，分述如下。

一、升學主義的重視導致評量強調自動化而忽略理解

　　臺灣對升學的重視，讓考試一直領導教學。許多家長、學校、補習班都在拚升學率，期望學生或子女能考上明星高中、明星大學等。為了強化學生在升學的表現，許多學校或是補習班利用大量的紙筆練習，來達到快速解題與自動化的反應，卻忽略理解對於解決問題的重要性。而傳統的教育觀點亦認為「勤能補拙」，殊不知如果學生在無法理解的情況下練習，就容易產生死記練習的結果，更甚者對數學問題感到害怕與挫折。這樣的評量方式，讓數學學習困難學生的學習雪上加霜，進而容易放棄數學的學習。

二、教科書編排缺乏情境脈絡

　　我國為配合課程改革將過去的課程標準改為課程綱要，讓數學教育變

得更有彈性與多元。從單一的國編版教科書改為採用「一綱多本」的方式，並由不同出版社出版教科書，讓學校、教師可選擇不同教科書作為教學使用，所以臺灣的數學教材大都採用教科書進行教學。目前的教科書都採用單元式的課程設計，每個單元以一個數學領域的主題包裝整理，並以應用問題的方式呈現。但每個應用問題的例題間不相關聯，缺乏情境脈絡的編排，較不易讓學生對數學與真實情境產生有效的連結，也不易引起學生對數學學習的興趣與熱情（張英傑、張素宜，2008）。而教科書出版商亦配合教科書內容，提供教師有關數學教學的互動式光碟作為上課之教材，以吸引學校教師選用其出版的教科書。這種情況雖然提供教師教學的方便性，但另一方面亦可能因為部分教師過度依賴互動式光碟而採用單一步調的教學方式，以致未能考量學校、班級及學生間的個別差異性，造成一些學生無法有效學習。

沒有一個學生在開始進入學校學習時就說要放棄學習的，但在幾年的學習過程中，讓學生不喜歡數學、不喜歡閱讀，甚至不喜歡學習，這樣的現象值得我們政府、社會、團體、家長、教師深刻去思考解決之道。上述結果反映出我們的教育政策或課程教學如果再不改變，未來仍會造成更多有數學學習困難的學生。因此，數學教育不能只是純粹的抱怨學生不認真或不努力，卻沒有思考數學教育本質的問題對學生學習數學所造成的不利影響。這些學生不一定是自己本身所造成，數學教育政策亦是導致學生在學習數學困難的重要原因。

第四節　影響臺灣學生數學學習表現的因素

影響臺灣學生數學學習表現的因素很多，除了包含學生個人的內在能力因素外，外在環境因素的影響也值得探討與關切，在此僅提出教科書設計、課程進度、教學歷程、評量方式，以及師資培育與城鄉分配等五個重要因素加以說明。

一、教科書大量採封閉式課程設計

教科書是教學的重要素材，是教師參考教學的核心，也是學生獲取知識的重要來源。許多教師常會依循教科書的內容進行教學，教科書也相對引導教師知道應該教什麼和如何教，因此教科書的內容編排與設計方式就容易左右教師的教學歷程。在亞洲國家，如新加坡、臺灣與日本，教科書通常是依據各國的課程綱要所研發，而這些國家教師也比西方國家教師，更依賴教科書的設計與進度進行教學（李源順、林福來、菲珍梅、王品心、鄭雙慧，洪思雅，2010；楊德清、鄭婷芸，2015）。因此，數學教科書或教學教材的設計除影響教師的教學方式外，亦同時影響學生對課程的理解與成長。

楊德清、鄭婷芸（2015）就指出，我國的教科書設計有較高之比例採用封閉式的教材設計。該研究在比較我國、美國與新加坡的國中幾何教科書教材內容設計指出，美國與亞洲國家的課程設計在布題型態有明顯差異。臺灣的數學教科書只有 3.1%採用開放式的問題設計，而美國則高達33.3%，兩者相差高達十倍以上。換言之，美國的教科書之一「連結數學系列」（connected mathematics program, CMP）有將近三分之一的問題屬於開放式問題，遠高於臺灣。我國教科書這種目標明確，但是一元化教學歷程的特質可能會讓教學流於僵化，而限縮學生在解題思考的表現（陳仁輝、楊德清，2010）。這些不同的教科書內容設計，不僅影響教師教學的方式，同時亦影響學生對學習內容的理解。

如果只單純教導學生數學解題技巧，並且不斷的進行練習與複習，固然可能會增進學生的數學學習成就表現，但不一定能反映到可以解決他們真正在日常生活中與職場上的數學問題。因為學校教科書所教的數學常是被切割成目標單一且碎片式的知識結構，在評量時常需要有固定的解題步驟與標準答案。但在日常生活中或職場上的數學問題，經常是開放式、複雜與多策略的，無法以單一的方式來解決問題，而是必須應用更多的思考策略與解題方法解決問題，亦沒有固定的標準答案，而是需要比較參考許多答案以進行決策。

由於亞洲國家教師在數學教學上對於教科書的高度依賴，因此在教科

書設計時就需要更加審慎。出版商在設計教科書時，如果能諮詢專家學者的建議，同時思考如何協助教師於教學過程中，對於數學優異或是數學困難學生等的不同需求進行教學調整，並提供多元的教學策略，以因應普通教室中多元的學生學習差異，將有助於降低數學困難學生的人數。

二、課程進度超乎學生負荷

課程設計的時程更是牽動學生學習效能的重要關鍵。有些數學概念如果教學時數不足，教師就必須趕課，沒有時間讓學生討論，也沒有辦法針對學生的不同需求提供不同的支持與協助。如果教學內容太早學習，有些學生不僅需要花費更多的心力與時間去學習，同時也不見得容易理解。結果造成學生要花費許多時間練習去達成目標，亦會因為學習內容太難，而容易喪失學習的興趣與動機。對於數學程度較弱的數學困難學生，就可能會因為聽不懂或是學不會數學，而提早放棄數學學習。這樣的結果不僅造成學生個人在學校學習的障礙，也會阻礙學生未來的生涯成就，更甚者也會造成國家發展的損失。

我國目前數學課程綱要所採用的授課時數，和過去實施課程標準相比，數學科教學的節數即明顯變少。單維彰（2014）認為，刪減時數並不會刪減社會上（包括產業及升學）對數學的重視與需求，但其影響卻是懲罰學生，特別是家庭社經地位不佳的學生。因為這些弱勢家庭的學生沒有太多的機會練習、複習或是補習，更可能因為地處偏鄉，而無法獲得相對應的高品質教育資源。因此，縮減學生學習數學的時間，也就是相對縮短學生練習與「熟成」的時間。如果課程設計的難度比學生能夠學習的能力要高，就可能讓更多的學生在學習時面臨困難。

其實只要調整課程進程、增加教學時數、改變教材設計與教學策略，以及推動多元評量等，都可以讓部分學生不用提早面對複雜的數學挑戰。

三、教學歷程未能考量個別需求

我國大部分教師認同自己的數學教學品質是很好的（95.4%），且具備非常高的數學教學熱忱（100%）。他們花費許多時間進行教學工作

（96.5%），但超過八成以上教師並沒有提供太多的時間讓學生討論或是針對問題進行深入討論（李源順等人，2010）。在這樣的前提下，教師還要花費比教育部規定之每週數學教學時數還要多的時間進行數學教學，這是否意味我國數學課程內容太多而教學時數太少，導致教學內容易無法準時完成，而需要更多的時間進行教學，這需要吾人進一步思考。

我國數學教材的練習形式向來較偏向紙筆練習，對於引導學童進行分析、比較、探索的活動明顯不足，較難引發學童的學習動機與興趣（胡蕙芬、張英傑，2009）。多數教師在數學教學時，仍是採用同一步調的方式進行教學，較少會去思考學生個別需求。李源順等人（2010）在分析 60 位教師的數學教學歷程後指出，高達九成以上教師的教學歷程主要採用全班教學方式，由教師講解或是一起解題，有 81.1%的教師先進行示範教學，再讓學生解決類似的問題，只有 7.2%的教師問題會讓學生開放思考。教學內容方面約有一半教師使用數學語言或抽象符號布題與解題，只有 5.4%的教師使用故事情境來布題。van den Heuvel-Panhuizen（2008）即建議，教師不要只是依賴教科書進行教學，而需要能將教科書的內容轉化，依據不同的學生程度，以不同的時間與不同的目的來進行教學。

在美國，八年級學生可能會因為數學能力的不同而選修不同的數學課程，或者是採用能力分班的方式處理，學習不同程度與難度的數學。但在臺灣則明令禁止能力分班，讓數學能力很弱的學生必須與能力很強的學生一起學習數學，而常常無法兼顧個別學習的需求（鄭章華、林佳慧，2012）。從好的地方想，臺灣的教育強調公平性，重視教育機會的均等；但反過來說，這樣的課程設計亦可能相對抹煞學生個別的學習需求。這個問題可能就會顯現在我國學生在國內外數學成就評量上之極端分配現象，亦即「強的愈強，弱的愈弱」之現象。

如果我們的教學還是以單一的方法及單一的目標去教導全班不同能力的學生，就會對許多學生的學習產生不利影響。因此，為因應學生的多元學習差異，彈性的布題與教學都需要加以關注，以協助學生在數學學習上的表現。教師需要不斷的精進，並盡可能的參加各類研習與數學社群，以提高自己的數學教學品質。

四、評量過度側重紙筆測驗

　　傳統的紙筆測驗主要是配合教科書的進度出題，每一位學生寫相同的題目，因此出來的成果只是反映學生的得分表現和哪些內容沒有學會。對於數學困難的學生而言，這樣的評量方式很難發現「他們學會哪些？他們進步哪些？」，因為這些評量卷的數學問題都不是根據他們的能力出題的。因此，評量所顯示的結果只是他們永遠跟不上教學與評量的腳步。這樣的評量方式往往無法評量出他們在這一階段學到什麼，因為這些學生真正學會的數學內容很少。

　　傳統的紙筆測驗並非是唯一的評量方式。在整體學習過程中，每一項任務都可以當作是考核學生學習狀況的評量，包括：作業、討論、報告、學習單等（林思吟，2016）。差異化教學強調教師應針對學生在準備度（readiness levels）、興趣（interests）與學習風格（learning profiles）上的變異性，而有不同的教學方式與策略（龔心怡，2016）。如果評量不是以學生的學習為出發點，就很難了解學生真實的表現為何。

五、數學師資培育課程過少與師資分配城鄉差距

　　教師素質亦是影響教育品質的重要因素。許多研究指出，我國有很好的師資培育與素質，但是有關教師培育過程中，數學教學領域的學分仍偏少。依據教育部 2013 年「師資職前教育課程教育專業課程科目及學分對照表實施要點」中規定，有關國民小學教師師資職前教育課程教育專業課程科目及學分僅需修習「普通數學」（二學分）、「國民小學數學教材教法」（二學分），共四學分而已。以四學分的數學學分數做為數學教學的專業培育，實不足以面對國小學生六年的數學學習內容所需，以及應用相關的數學教學策略。由於我國小學採用包班制，如果教師對數學的概念與數學的教學都不能充分與深入理解，他們可能只能依賴出版商出版的教師手冊，而不能彈性的調整教學策略來協助學生的數學學習。

　　在教學現場方面，依李源順等人（2010）的調查，大約只有一成五的教師由主修數理或數理教育的系所畢業。而全體樣本中，有 40.5% 的教師不

認為自己具有強而有力的數學背景。雖然有高達 100%的教師認為自己對數學教學具有高度熱忱，但相對在「我希望教導低能力的學生」之問卷選項上，卻有高達 68.6%的教師表達「不同意」或「非常不同意」的意見。另外，有近三成的教師表示數學是一門很困難的學科。顯見有許多教師對於教導有數學困難的學生感到困難。

在偏遠地區中，教師的年資淺與流動性高也是值得關切的議題。根據甄曉蘭（2007）的調查指出，偏鄉地區有超過一半的教師教學經驗未超過五年的時間，且流動率也高。雖然這些老師具備高度熱忱，但教學經驗就相對較為薄弱，而這種城鄉差距的師資分配也會對學生的數學表現帶來極大影響。許多學生在小學階段的數學表現即不理想，到了國中階段更落到班級後段，造成數學愈學愈差的惡性循環（鄭章華、林佳慧，2012）。

因此，若教師只是一味的關心如何將教科書內容的知識教給學生，而未深究與掌握教科書的核心理念，以及甚少考慮是否符合學生的認知結構、背景經驗等，學生的數學學習就會產生問題。教師在不熟悉及無法充分掌握教材內容時，只能照本宣科。教師不是依教學指引的解題方法加以教導，就是固著於某種解題形式。而學生在似懂非懂的情形下，往往只知其然而不知其所以然，導致學生藉由大量機械式記憶與練習方式來解決數學問題，長期則使學生思維逐漸的僵化、呆滯，亦使學生普遍缺乏學習意願，以致不會學也學不會，終究陷入不願學的惡性循環中。此種僵化的教學模式，學生即成為數學教育的最大受害者。據此，教師應明瞭數學教育的真正意涵，思考如何將理論與實務做有效銜接，提高學生數學學習的質量及成效。

因此，雖然我國教師具有很好的素質與教學熱忱，但數學教育專業培養與城鄉差異的因素，都可能造成教師無法提供各種不同能力學生的適性學習。而課程與制度層面的議題需要中央單位的關注，唯有重視這些問題對學生數學能力養成的嚴重性，才能思索並解決許多數學困難學生的核心問題。

第五節　有效的教學建議

數學教學應該配合學生程度，才能讓學生適性學習。不符合學生程度

與能力的教學，除了教學效果事倍功半外，更會讓學生面臨學習挫折，喪失學習動機。唯有教學目標貼近學生的能力，學生才有可能去學習數學，願意去學習數學。數學的教學目標與學生能力的差距對學生學習的影響，如圖 5-1 所示。當教學目標離學生能力太遠時，就不易達成學習的目標。

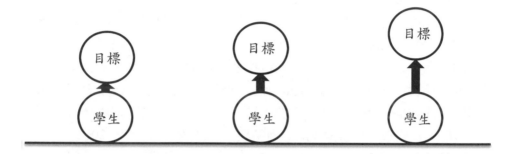

| A：數學目標與學生程度接近，學生可以自學或經教師教學而習得。 | B：數學目標與學生距離稍遠，需經由教師教學或引導，才能學會。 | C：數學目標與學生距離太遠，無法藉由教師教學或引導達到目標。 |

圖 5-1　數學目標與學生能力的差距對學生學習的影響

「好的老師應該先關注學生已知什麼」，雖然這句話對所有的學生均適用，但是對數學困難學生更是需要。事實上，教師須對課程背後的意義、價值及運作方式加以深入思考與探究，除了關心「如何教」，也要關心「教什麼」，時時思考自我的教學過程造成何種結果；在從事課程探究時，應以更開放的態度去探討課程理論與教學議題。不要單純的依賴教科書的教學，而不去理解其他教學方法的可能性，同時要關注學生對課程與教材的理解程度來加以調整（甄曉蘭，2007）。而英國 Lickhill Primary School 的校長 Helen Davies 在 2016 年 10 月到臺灣訪視學校時，則說：「教師對教學的期待，應該是看到所有學生的進步，看到學生明確的進步表現。」請注意！是包含「所有學生」，只要是班上的學生，教師都應該盡力去培養與發展他們的潛能。

若不能顧及學生的數學能力與程度，不去顧及個別需求與發展，而只是按照既定的教材設計與教學進度，就會如同諺語所說的「削足適履」或是「one size fits all」。中等難度的數學教材雖然適用相對多數的學生，卻只

能讓中等程度的學生學會，對於能力較好或能力較弱的學生而言，其學習效果就較差。以難度較高的數學教材進行教學，就會導致只有程度較好的學生能夠學會，程度中等的學生可能感到困難，而程度弱的學生則幾乎無法學習。因此，教師需要有更高的數學教學專業素養，來協助班上所有的學生。

教師應體認基礎數學對所有學生在數學學習的重要性。Verschaffel（2015）指出，我們應該了解不是所有學生都需要精熟抽象的正式數學，而放棄基本的數學學習。我們應同時關心學生的現有數學能力，以及如何彈性而有效的組織與傳遞數學的訊息，去和學生產生互動。van den Heuvel-Panhuizen（2008）指出，數學教育的目的包含以下幾項：

　　1. 讓數學與日常生活情境相結合。
　　2. 獲得基本技能、理解簡單的數學語言，並應用在實際的情境中。
　　3. 反省他們所使用的數學活動與檢核結果。
　　4. 找尋簡單的連結、規則、組型與結構。
　　5. 使用自己的話語與策略來描述所做的調查與推理策略。

有效的教學可以從許多的方向去思考，任何一方面的小改變就可以讓學生的數學學得更好。要關注學生的學習，就要從課程與教材、教學，以及評量等三方面著手調整，使其關係能緊密結合（如圖 5-2 所示），創造出優質的數學學習環境，以下分別說明之。

圖 5-2　課程與教材—教學—評量關係圖

一、課程與教材情境化──從生活情境教數學

數學的學習不就是從最初的日常生活觀察與需求而來的嗎？數學的學習不就是我們日常生活中的各種經驗嗎？一些學者反對將數學內容以各領域切割為零碎知識的教學方式，倡議數學應該從學生的日常生活經驗中萌芽。先累積學生基本的數學技能，再從這些實際的數學知識中，逐漸發展出學校教育中的概念學習，最後進入到學校以外的數學應用。因此，有學者倡議採用情境式的數學教材來提升學生與數學經驗間的距離，幫助學生從非正式數學（informal mathematics）學習轉而發展到正式數學（formal mathematics）學習。在非正式數學學習中，教師提供很多的數學情境、教具操作、圖示表徵等，來強化與聯絡學生的經驗與學習，再逐漸的發展到規律的、抽象的、數字的、符號的正式數學體系中。

例如：MIC 教材（Mathematics in Context）是由美國 Wisconsin-Madison 大學和荷蘭 Utrecht 大學 Freudenthal 研究所共同研發，並於 1998 年出版的一套數學教材。MIC 教材的設計理念是將數學融入情境中（putting mathematics in context），與荷蘭的「真實數學教育」（realistic mathematics education）之理念相似，強調以生活情境來引導學生學習數學。MIC 教材期望協助學生能從情境中探索數學間的關係，並適切的使用解題工具，發展並解釋解題策略，同時能聆聽與分享他人的解題策略（胡蕙芬、張英傑，2009）。荷蘭的「真實數學教育」就是強調數學應以情境的方式，讓學生在日常生活的情境中學習數學與喜歡數學。教師可以依學生的能力不同而提出不同程度的問題，引導學生學習符合他們能力的數學概念，而學生也可以使用不同的方式來表示自己的理解或解題歷程。情境式數學不像教科書常是支離破碎、沒有連貫、沒有脈絡的教材，並以同一僵化的步調進行數學教學。本書梁淑坤（2017）以及秦麗花（2017）的二篇文章亦都以數學情境增進學生對數學的學習成就與興趣。

另外一種情境式的數學教材是錨式數學教學（anchored instruction），係以影音的方式將數學問題融入到影片的情節中。錨式數學將數學的問題情境進行事前的規劃與設計，並將數學的解題情境拍成影片的形式，再儲存於光碟上。老師或學生可以利用電腦或光碟機進行播放，學生可以觀察

影片中劇情所呈現的數學資料與問題以進行解題（Cognition & Technology Group at Vanderbilt [CTGV], 1997）。國內徐新逸（1995）曾經發展《生活數學系列：「安可的假期」及「小珍的抉擇」》，詹士宜等人（詹士宜、李鴻亮、吳惠如，2004；詹士宜、李鴻亮、李宜學，2004；詹士宜、李鴻亮、李貞慧，2004；詹士宜、李鴻亮、陳柏如，2004）也發展了四套錨式數學教學教材，而潘文福、蔡敏潔（2014）則發展以 Flash 動畫的情境數學，協助學生學習數學。

同時，Bottge 帶領一個團隊著手設計強化錨式數學教學（enhanced anchored instruction），用來增進數學困難學生學習錨式教學的效果。除了讓學生從錨式教學的情境影片中學習數學外，同時讓學生動手操作，解決數學問題和學習數學概念（例如：Bottge, Heinrichs, Chan, & Serlin, 2001; Bottge et al., 2015）。

情境式數學教材具有高度彈性、多元表徵與解題等特性，善用生活情境，運用圖形或符號表徵，引導學生從非正式的數學先備知識中建構對正式數學的概念。由於情境教學目標並不是朝固定單一方向發展，較符合學生的個別差異，且順應當前數學教育的新趨勢（陳仁輝、楊德清，2010）。

二、教學適性化──從學生起點能力教數學

「國際數學教學促進會」（International Commission for Mathematical Instruction, ICMI）在 2015 年 6 月於澳門舉行的年會「The Twenty-third ICMI Study: Primary Mathematics Study on Whole Numbers」中，Marja van den Heuvel 就在會議中建議：我們應該改變我們對數學困難學生的看法──「從思考學生不能學什麼的觀點，轉變成思考學生能學什麼的觀點」（It is time to reveal what children with MLD can do, rather than what they cannot）（Verschaffel, 2015, p. 630）。

許多教學理論都強調重視學生的學習初始能力，例如：Vygotsky（1978）的中介理論，即清楚說明有效的教學需要能落在學生的近側發展區間（the zone of proximal development, ZPD）內，或是行為學派理論的「起點行為」，亦即教學設計需要符合學生的能力。沒有符合學生能力的教學，幾乎等於沒有教學。如果教師不能有效掌握學生的現有能力，就不易

設計符合學生學習數學的教材，且無法提供有效的教學介入或引導。因為教材課程太難，有再好的教學策略都不能彌補學生無法領略數學概念的困境。讀者亦可參考本書之替換式數學教學架構，配合學生能力以進行教學設計（詹士宜，2017）。

　　太簡單的學習目標或教學，並不能引發有效的學習；而太難的學習目標或教學，亦無法產生有效的學習成果。有效的教學應該要能落在學生可以學習的區間或潛力上，因此教學設計要能顧及學生目前的學習水準，以及可能的發展水準設計教學，才能幫助學生學習。因此，有效的教學是要讓學生喜歡學習，學得到東西，就像棒球練習或桌球練習過程中的餵球。在餵球的過程中，學生好像很厲害才能打到每一個球，其實這需要教練能配合學生的程度與能力，丟出漂亮的球讓學生打得到，並且能一直打下去。等學生喜歡與熟悉這些基本技巧後，教練再把難度提高，以增加學生的技巧與能力。

三、評量多元化──從歷程和多種角度評量數學

　　評量學生的數學學習表現，除了傳統的紙筆測驗以外，檔案評量、動態評量、實作評量等都是可以運用的方式。在評量中重視學生學習的歷程，分析學生學會了哪些，以及還需要學哪些內容，並以多元的角度看待學生的學習評量，善用學生的優勢能力，多以討論、操作、探索、開放性思考、解決實際問題的方式，讓學生從評量中感受挑戰而非挫敗，也能融入多媒體的方式提升學生操作的意願，保有學生的學習興趣。

　　評量是了解學生學習的重要參考，也是反映教師的教學成效，使用適當且多元的方式讓學生呈現學習的成果，提供教師調整教材、教學與評量，以及反映學生學習需求的重要參考，讓教與學雙向的互動具有更高的效能和意義。

第六節　結論：教學不只是單獨的知識傳遞

　　數學教育的目的是要提升每一位學生的數學能力，讓學生能夠應用數

學去思考，並應用數學去解決問題。由於每一位學生的數學特質與經驗不同，因此在一個班級中要以相同的步調學習數學是不太可能的。好的教師在教數學時，要能夠考量全體學生的狀況設計教學，才能夠有效的提升學生數學之學習參與度與學習成就。如果教師只是用齊一的教學步調與內容去教導各種不同能力的學生，就容易導致學生的學習表現不佳，讓其學習潛能受到阻礙。特別是有數學學習困難的學生，他們在數學學習的過程，無法和一般學生以相似的進度與方式來學習數學，若在數學學習的過程中未能得到適切的協助與引導，他們的數學表現就會與同儕的落差愈來愈遠。因此，對於學生的數學困難問題，不只是個人的問題；更重要的是如何找出他們的困難點與優勢能力，提供有效的教學，而不只是教導一些他們難以理解的數學知識。

　　我國在教育改革上強調落實「有教無類」、「因材施教」、「適性揚才」的理念，積極確保學生的學習權益，因應學生不同的學習需求，積極提升教育的品質（教育部，2015）。要達到這樣的理念，就需要有多元與彈性的教材設計、教學策略，以及評量方式，並整合多元的教學資源來協助學生學習，提供差異化的教學服務，給予學生多元的學習機會。教師應依據學生不同的準備水準、不同智力與特質，提供適切而有效的教學，使每一位學生都能享有相同的學習權力與權益，得到適性的發展，以實現個人獨特的價值（游自達、林素卿，2014）。

　　教學應依學生的程度與能力來設計，而不是依課本所設定的目標來進行，否則將會有很多的學生沒有辦法達到目標。一位高效能的教師應該對學科內容非常熟悉，並能將其內容與學生的舊經驗相結合，找出其異同及建構相關意義；再者，課程內容須能引起學生興趣，且符合學生的程度與需要，在課堂中教師宜常運用許多譬喻、例子或具象化概念去傳授新知識，提問時亦能奠基於學生的生活經驗上，盡量使新知識與舊經驗聯繫起來。

　　我們不能期望每一位學生都能學到很高深的數學知識，但應盡可能的讓學生喜歡數學，也喜歡學習數學，並應用在日常生活中。因此，學校數學教育的評量應該思考，學生學習數學可以學到什麼。「學不會哪些數學」或許重要，但「學到哪些數學」或許更是學校行政與教師應關注的重點。若我們能以更多元的層面來思考數學困難學生的數學問題，就能讓吾人更加細緻的思考如何提供適當的教育來符應不同學生的學習需求。

參考文獻

中文部分

天下雜誌（2015）。**芬蘭發動課程改革　培養孩子7種「橫向能力」**。取自 http://www.cw.com.tw/article/article.action?id=5068473

李國偉（2013）。TIMSS 2011 耐人尋味的問題。取自 http://sa.ylib.com/MagCont.aspx?Unit=columns&id=2119

李源順、林福來、菲珍梅、王品心、鄭雙慧、洪思雅（2010）。國小四年級數學教學錄影研究。**科學教育學刊**，18（1），63-84。

林思吟（2016）。淺談差異化教學。**臺灣教育評論月刊**，5（3），118-123。

林陳湧（主編）（2013）。**TIMSS 2011 國際數學與科學教育成就趨勢調查國家報告**。臺北市：國立臺灣師範大學科學教育研究中心。

洪若烈、王浩博、秦葆琦、王詩茜、范信賢、林宜臻、林錦英、李駱遜（主編）（2010）。**各國近期中小學課程內涵與取向研析**。新北市：國家教育研究院。

胡蕙芬、張英傑（2009）。從情境學習理論分析美國 MIC 教材與我國數學教材之課程設計：以「算式與公式」與「四則運算」單元為例。**臺灣數學教師電子期刊**，17。

徐新逸（1995）。錨式情境教學法教材設計發展與應用。**視聽教育雙月刊**，37，14-24。

秦麗花（2017）。將生活技能融入數學領域教學的課程設計與實踐。載於詹士宜、楊淑蘭（主編），**突破數學學習困難：理論與實務**（頁 303-326）。新北市：心理。

張英傑、張素宜（2008）。小寶貝，我把數學變簡單了！從情境學習理論談數學課程設計。**科學教育月刊**，313，9-17。

張瀞文（2016）。當每年 2 萬個孩子，花了 9 年只學到挫敗⋯⋯。**親子天下**，82。

教育部（2015）。十二年國民基本教育實施計畫。臺北市：作者。

梁淑坤（2017）。共舞數學：親子牽手跨越學習障礙。載於詹士宜、楊淑蘭（主編），突破數學學習困難：理論與實務（頁253-284）。新北市：心理。

陳仁輝、楊德清（2010）。臺灣、美國與新加坡七年級代數教材之比較研究。科學教育學刊，18（1），43-61。

單維彰（2014）。數學教育的罪與罰。科學月刊，531，172-174。

游自達、林素卿（2014）。整合學習共同體於差異化教學的改革。師資培育與教師專業發展期刊，7（1），23-45。doi:10.3966/207136492014060701002

黃敏雄（2013）。臺灣學生在「突飛猛進」的同時「差距驟增」：跨國與跨年級比較同屆學生的數學表現。2016 年 4 月 22 日，取自 http://www.ea.sinica.edu.tw/Forum/doc/edu.pdf

楊坤堂（2007）。數學學習障礙。臺北市：五南。

楊德清、鄭婷芸（2015）。臺灣、美國與新加坡國中階段幾何教材內容之分析比較。教育科學研究期刊，60（1），33-72。

詹士宜（2017）。數學學習困難學生的補救教學：以替換式數學教學為例。載於詹士宜、楊淑蘭（主編），突破數學學習困難：理論與實務（頁195-226）。新北市：心理。

詹士宜、李鴻亮、吳惠如（2004）。園遊會策畫。國民小學數學學習領域教學光碟系列。行政院國家科學委員會專案研究（91-2413-H-024-011-）。臺南市：國立臺南大學。

詹士宜、李鴻亮、李宜學（2004）。開生日 party。國民小學數學學習領域教學光碟系列。行政院國家科學委員會專案研究（91-2413-H-024-011-）。臺南市：國立臺南大學。

詹士宜、李鴻亮、李貞慧（2004）。歡樂派對。國民小學數學學習領域教學光碟系列。行政院國家科學委員會專案研究（91-2413-H-024-011-）。臺南市：國立臺南大學。

詹士宜、李鴻亮、陳柏如（2004）。看電影。國民小學數學學習領域

教學光碟系列。行政院國家科學委員會專案研究（91-2413-H-024-011-）。臺南市：國立臺南大學。

甄曉蘭（2007）。偏遠國中教育機會不均等問題與相關教育政策初探。**教育研究集刊**，53（3），1-35。

臺灣 PISA 國家研究中心（2014）。**臺灣 PISA 2012 精簡報告**。引自 http://pisa.nutn.edu.tw/download/data/TaiwanPISA2012ShortReport.PDF.

潘文福、蔡敏潔（2014）。運用強化錨式教學改善數學低成就學生文字題解題能力之研究。**課程與教學**，17（2），141-165。

鄭章華、林佳慧（2012）。數學教育的公平議題：學習成就落差初探。**臺灣數學教師電子期刊**，29，24-36。

聯合報（2015 年 6 月 16 日）。**臺灣前後段學生落差　世界第一**。取自 http://vision.udn.com/vision/story/8253/995855

龔心怡（2016）。因應差異化教學的評量方式：多元評量停、看、聽。**臺灣教育評論月刊**，5（1），211-215。

英文部分

Bottge, B. A., Heinrichs, M., Chan, S.-Y., & Serlin, R. C. (2001). Anchoring adolescents' understanding of math concepts in rich problem-solving environments. *Remedial & Special Education, 22*(5), 299-314.

Bottge, B. A., Toland, M. D., Gassaway, L., Butler, M., Choo, S., Griffen, A. K., & Ma, X. (2015). Impact of enhanced anchored instruction in inclusive math classrooms. *Exceptional Children, 81*(2), 158-175. doi: 10.1177/0014402914551742

Cognition & Technology Group at Vanderbilt [CTGV] (1997). *The Jasper project: Lessons in curriculum, instruction, assessment, and professional development*. Mahwah, NJ: Lawrence Erlbaum Associates.

Lappan, G. (1998, October). Reflections on curriculum change. *NCTM News Bulletin*.

Mullis, I. V. S., Martin, M. O., Foy, P., & Arora, A. (2012). *TIMSS 2011 international results in mathematics*. Chestnut Hill, MA: TIMSS & PIRLS International Study Center.

National Council of Teachers of Mathematics [NCTM] (2000). *Principles and standards for school mathematics*. Reston, VA: Author.

Schwartz, D. L., Lindgren, R., & Lewis, S. (2009). Constructivism in an age of non-constructivist assessments. In S. Tobias & T. M. Duffy (Eds.), *Constructivist instruction: Success or failure*? (pp. 32-61). New York, NY: Routledge.

Tobias, S., & Duffy, T. M. (2009). *Constructivist instruction: Success or failure*? New York, NY: Routledge.

van den Heuvel-Panhuizen, M. (2008). *Children learn mathematics: A learning-teaching trajectory with intermediate attainment targets for calculation with whole numbers in primary school*. Rotterdam, The Netherlands: Sense Publishers.

Verschaffel, L. (2015, June 3-7). Panel on special needs. *In Proceedings of International Commission for Mathematical Instruction* (pp. 619-624). Macau, China: University of Macau.

Vygotsky, L. S. (1978). *Mind in society: The development of higher psychological processes*. Cambridge, MA: Harvard University Press.

評量與教學
論述篇

第六章

數學學習障礙學生的鑑定

洪儷瑜、連文宏

　　數學學習障礙在學習障礙領域中，不論於研究或鑑定的工作上，和閱讀障礙相比一直都較少受到重視。本章說明數學學習障礙鑑定工作之取向，和鑑定相關議題，並提供研究數據討論，最後提出鑑定之建議。

第一節　鑑定的取向

　　數學學習障礙是學習障礙的亞型之一，在表 6-1 的各項學習障礙定義中，可以看到針對此亞型所提出的數學能力或數學計算之學習有困難，並由非智力或感官等缺陷或其他因素所造成。只是在數學困難的部分，定義有包括大範圍的數學能力（American Psychiatric Association [APA], 1994）和特定範圍的計算（教育部，2012；EHA, 1975; IDEA, 2004），也包括美國精神醫學會（APA）的最新版本《精神疾病診斷與統計手冊》（第五版）（*Diagnostic and Statistical Manual of Mental Disorders,* 5th ed., DSM-5）中，更把數學學習障礙的困難細分為二：數感、數學事實或計算，以及數學推理（包括利用概念、事實和程序去解決問題）（APA, 2013）。雖然 DSM-5 將數學能力增加成分，但仍比一般數學成就所涵蓋的範圍小很多。因此，數學學習障礙是指整個數學學習有困難，或是指數學特定能力有困難，將是鑑定數學學習障礙很重要的一個關鍵。美國官方和臺灣的學習障礙定義中都指向數學計算之特定能力，但是 DSM 卻從廣泛的數學能力縮小到數

表 6-1　各類學習障礙之定義

出處	定義內容
《身心障礙者教育法》（IDEA）（EHA, 1975）	特定學習障礙指理解或運用口語或書面語言的基本心理歷程有一種或一種以上的異常，以致在聽講、思考、說話、閱讀、書寫，或數學計算等方面顯現能力不足的現象。這些異常包括知覺障礙、腦傷、輕微腦功能受損、失讀症，以及發展性失語症等情形。此一詞並不包括以視覺、聽覺，或動作障礙、智能不足、情緒困擾，或環境、文化、經濟等不利因素所直接造成的學習問題。
《精神疾病診斷與統計手冊》（第四版）（DSM-IV）（APA, 1994）	A：在標準化個人測驗中，數學能力顯著低於預期應有程度。此預期乃衡量此人之生理年齡、測量得到的智能，以及與其年齡相稱之教育而判定。 B：準則 A 之障礙顯著妨害其學業成就或日常生活需要數學能力的活動。 C：若有一種感官缺陷，此數學能力的困難也遠超過此缺陷通常影響之所及。
《身心障礙及資賦優異學生鑑定辦法》（教育部，2012）	……學習障礙，統稱神經心理功能異常而顯現出注意、記憶、理解、知覺、知覺動作、推理等能力有問題，致在聽、說、讀、寫或算等學習上有顯著困難者；其障礙並非因感官、智能、情緒等障礙因素或文化刺激不足、教學不當等環境因素所直接造成之結果。 前項所定學習障礙，其鑑定基準依下列各款規定： 一、智力正常或在正常程度以上。 二、個人內在能力有顯著差異。 三、聽覺理解、口語表達、識字、閱讀理解、書寫、數學運算等學習表現有顯著困難，且經確定一般教育所提供之介入，仍難有效改善。
《精神疾病診斷與統計手冊》（第五版）（DSM-5）（APA, 2013）	學習學業技能有困難，出現如下任一症狀超過六個月，即使對這些困難有提供介入： …… 5. 難以學會數感、數學事實或計算。 6. 難以數學推理，利用數學概念、事實、程序去解決問題。 B. 這些困難出現顯出低於其就讀年級所有之水準，且顯著影響其學校學業和工作相關活動的表現。

感、計算和推理等兩組特定能力。

一、成就差距取向

　　決定數學困難的範圍之外，還須討論如何決定數學困難。前述之定義都指出這個困難並非智力、感官或學習等因素所致，此即是學習障礙的排他標準；另也指出這些困難會顯著影響學業，亦即是困難對學業功能影響的程度。如何決定數學學習困難就跟其他學習障礙亞型一樣，常見的有成就與能力差距，以及能力切截兩種方式。國內最早在 1989 年時，林秀柔即利用差距標準探討數學學習障礙的鑑定方式。她以語文和非語文智力測驗，來和數學成就測驗之分數進行差距標準的檢驗，以北、中、南三所國小的小三學生（共計 1,617 位）為研究對象，利用兩種差距標準的計算方式進行比較。差距標準的計算方式之一是標準分數法，即是將智力和成就分數換算成 Z 分數，篩選出智商與成就差距在負 1.5 個標準差者；另一種計算方式是迴歸分析法，利用智商與數學成就測驗成績進行迴歸，取得智力預估成就的迴歸方程式，用以篩選出實際成就低於智力預期成就得分在負 2 個標準誤以上者。最後再根據其自編的「數學學習障礙檢核表」篩選出 T 分數低於 34 分者，此即視為數學學習障礙。結果顯示：以標準分數法，其智商均在 69 以上，依據語文與非語文智商之不同，符合篩選標準者分別為 54、51 人，占總施測人數之 3.33%、3.15%。同樣資料採用迴歸分析法，符合數學學習困難標準，依據語文與非語文智商不同者各有 108、117 人，其中智商低於 69 者有 6、8 人，約占總施測人數之 6.67%、7.23%。如果刪除智力低於 69 者，其篩選比率約 6.31%、6.74%。林秀柔將這些符合數學學習困難的學生進一步採用教師評量的「數學學習障礙檢核表」低於 T 分數 34 者，作為確定為數學學習障礙的標準。Z 分數法在不同智商各得 18 人，出現率約 1.11%；迴歸分析法在不同智商各得 40、49 人，出現率約 2.47%、3.03%。上述數據摘要如表 6-2 所示。

表 6-2　林秀柔採用 Z 分數和迴歸分析符合數學困難之人數

方式	智商	68 以下	69 ~84	85 ~100	101 ~116	117 ~132	132 以上	小計	鑑定
Z 分數	語文	0	7	14	7	20	6	54 3.33%	18
	非語文	0	3	14	17	12	5	51 3.15%	18
迴歸	語文	6	35	43	10	14	0	108 6.67%	40
	非語文	8	20	34	35	16	4	117 7.23%	49

資料來源：林秀柔（1989，頁 62-67）

　　蔡文標、許天威、蕭金土（2003）同樣採用團體智力測驗和數學成就測驗之迴歸分析法，在國小五年級利用差距標準來篩選數學低成就學生，八所學校的所得結果為 6.39~9.35%，平均約 7.72%，與林秀柔所得之百分比差不多。可見以迴歸分析法來篩選數學學習困難的學生，在小三和小五的比率都差不多在 7% 左右。

　　林秀柔的研究另將教師評量的「數學學習障礙檢核表」作為決定數學學習障礙的確認工具。該檢核表主要評量的項目包括注意力、記憶、理解、知覺組織（形象背景、固著）、動作等，最後結論提出數學學習障礙之主要困難因素在於注意力問題。然而，這樣的鑑定方式似乎把數學學習障礙之數學困難歸因於注意力等因素所導致，這表示數學學習困難應該是上述各種成因之結果，而非關鍵的數學核心能力問題。這也是有些學者對於數學學習障礙的詮釋，是指數學學習成就表現低下，其成因可能是因為注意、記憶、理解、知覺組織等因素所造成，在這樣的詮釋下，數學困難就不只限於數學計算核心能力，而是配合數學課程目標所編製的數學成就測驗之表現不佳者。

二、核心能力缺陷之切截取向

鑑定的另一種取向是接近 DSM-5 的定義，也是心理學家長期關注的計算障礙（dyscalculia）。計算障礙是指，兒童在學習數學時出現計算的困難，又被稱為發展性計算障礙（developmental dyscalculia, DD），相對的名詞是後天腦傷因素所致的失算症（alcalculia）。所謂的發展性計算障礙是指，兒童因為認知核心能力的缺損，導致在學習計算時出現嚴重的困難。這個名詞到了 DSM 之後被更名為 mathematic learning disabilities/disorders（MLD）（Ardila & Rosselli, 2002），中文稱之為數學障礙或數學學習障礙。Ardila 與 Rosselli 指出，計算障礙者會出現以下特徵：(1)無法知道數字名字的意義；(2)視覺空間的缺陷；(3)無法記住數學事實和正確運用；(4)數學思考（了解計算程序）或是數字的概念出現如下問題：(a)無法立即將數字與數量連結；(b)無法了解數字位置和不同數字符號的系統；(c)無法了解數字和其他數字的關係；(d)無法了解數字符號和語言表徵的關係。這些行為特徵被認為主要的關鍵是在數感能力的異常，即是英國研究數學障礙著名的學者 Butterworth（2005）所提出的數量概念（numerosity）和法國學者 Dehaene（1997）所提出的數感（number sense）。數感或數量概念被認為是計算能力的基礎，計算障礙學生因為數感能力的異常，導致數量概念和計算的學習產生問題，而較少是閱讀理解或書寫的問題所引起（引自 Ardila & Rosselli, 2002）。

Jordan 與 Hanich（2003）認為，鑑定工作於篩選數學困難或數學低成就之際，一般數學成就測驗所包括的測驗項目繁雜，很多數學核心能力之缺陷容易被掩蓋而予以忽略。美國長期研究數學障礙的學者 Geary（2004）認為，目前常用的學習障礙鑑定方式，包括智力一成就差距、內在能力間差距或介入無效〔treat resistance，也就是 2014 年後使用的介入反應模式（response to intervention）〕等，其所找出來的數學學習障礙之數學困難可能都有閱讀或注意力缺陷過動症（ADHD）的共病問題，可見 Geary 在提醒篩選數學學習障礙時，應該是在數學低成就或數學學習困難中，而非注意力或語文閱讀能力困難所導致者，如果鑑定工作希望篩選出這群計算障礙學生，應該針對數學的核心能力進行評量。

國內常用的「基礎數學概念評量」（柯華葳，1999），就是依據數學核心能力缺陷所設計的評量工具。柯華葳係依據 Kosc（1974）以及 Greary

（2003, 2004）的數學學習障礙系列研究，編製最能區分發展性計算障礙的數學項目，包括：比大、比小、不進位加法、進位加法、不借位減法、借位減法（1、2、6）、九九乘法、三則運算、空格運算，以及應用問題等十二個分測驗。該測驗為計時測驗，因此每個分測驗都有兩種計分方式：一種是「答對／全部」，即是在限時時間內完成多少題，可以代表速度；另一種是「答對／做完」，即是代表學生在能做到的題目中之答對比率，可以代表正確率。利用這兩個指標，以切截分數篩選出數學學習障礙學生。由於數學解題有多種方式，學生不一定要用有效率的解題方法，若學生運用不成熟的策略也能正確答對；如果沒有限制時間而只看答對與否，可能很難評量出數學障礙的一項關鍵行為特徵，亦即計算速度緩慢及其所表現出來的不成熟策略（如劃記點數、手指點數、口語點數、橫式轉直式筆算等）。在正確率和速度的兩種分數共用下，才能明確地篩選出學生在數感、數學事實提取或計算程序上的困難。

柯華葳（2005）利用「特殊需求轉介表」在嘉義市國小進行學習障礙學生的篩選研究，利用「瑞文氏彩色圖形智力測驗」、「修訂畢保德圖畫詞彙測驗」、「中文年級認字量表」、「閱讀理解困難篩選測驗」，以及「基礎數學概念評量」等工具，篩選出 593 位學習障礙學生，約占 3.18%。其中，單純的閱讀障礙（識字或理解測驗低於切截）占學習障礙之 28%，單純的數學障礙占 12%，數學和閱讀共病的學習障礙居大宗，有六成之多。此研究與後來國內使用「基礎數學概念評量」的計算核心成分來篩選數學學習障礙學生類似，也就是核心能力缺陷採取切截點的鑑定取向。

上述的能力—成就差距標準和核心能力缺陷之兩種鑑定取向，呈現出對數學障礙的定義和理念之不同。前者僅以實際數學學習成就低於預期水準進行篩選，認為數學困難是其他能力所衍生的問題（secondary problem），而不強調數學障礙的核心能力缺陷；後者則以數學障礙的數感、數學事實提取困難、計算程序等之核心缺陷進行篩選，其假設數學障礙是一種原生能力的問題（primary problem），學習障礙的亞型應該針對這群人的特殊需求。根據國內研究結果顯示：林秀柔的研究如果不扣除認知能力檢核的結果，利用差距標準篩選出之數學學習障礙出現率約 7%；柯華葳用數學核心能力篩選出之數學學習障礙出現率約 3%；而美國推估計算障礙約 5～8%（Geary, 2003）。

三、不同取向之評量工具

國內有很多評量工具被推薦運用在數學障礙鑑定工作上，而成就差距取向的工具就多以評量數學成就為主，其包括的範圍幾乎跟數學課程綱要的範疇一樣，如數與量、幾何、代數、統計機率等，例如：秦麗花、吳裕益（1996）編製的「國小低年級數學診斷測驗」、郭靜姿、許慧如、劉貞宜、張馨仁、范成芳（2001）編製的「基本數學能力診斷測驗」，以及周台傑（2010）編製的「國民中學數學能力測驗系列」，其內容如表 6-3 所示。另一種取向的測驗則有柯華葳（1999）編製的「基礎數學概念評量」、謝如山（2014）編製的「學童數學成就測驗」，以及洪儷瑜、連文宏（2015）編製的「基本數學核心能力測驗」，如表 6-3 所示。

表 6-3　不同取向的數學困難評量測驗之簡介

	測驗名稱	編製者	測驗內容
成就取向	「國小低年級數學診斷測驗」	秦麗花、吳裕益（1996）	數與計算、量與實測、圖形與空間、統計圖表、數量關係、術語與符號。
	「基本數學能力診斷測驗」	郭靜姿等人（2001）	整數、小數、分數、四則運算、比大小、解題、單位換算、幾何、比、統計圖、概數、速率、座標。
	「國民中學數學能力測驗系列」	周台傑（2010）	數與量、幾何、代數、統計與機率等四大領域，內容涵蓋加減乘除、四則混合、推理，以及金錢、測量、時間、統計圖表和情境推理等範疇。
核心能力	「基礎數學概念評量」	柯華葳（1999）	比大、比小、不進位加法、進位加法、不借位減法、借位減法（1、2、6）、九九乘法、三則運算、空格運算、應用問題。
	「學童數學成就測驗」	謝如山（2014）	直覺數學、數數法則、零的概念、加法概念、進位概念與加減法、減法概念、乘法概念、除法概念、心算數線。
	「基本數學核心能力測驗」	洪儷瑜、連文宏（2015）	數字概念、估算、簡單計算、複雜計算、應用題。

第二節 兩種取向的比較

　　筆者基於鑑定的兩種取向在國內各地都有被採用，在科技部補助的專案研究中探討數學低成就篩選與數學核心能力切截的關係，並試圖建立可行的數學障礙鑑定模式。說明如下。

一、低成就的篩選

　　數學的學習範疇是複雜的，其主張有二：其一是 Chiappe 認為數學是門複雜的學科，且學科內容多樣，數學障礙不應該是單一內容的問題所致（Chiappe, 2005; Jordan & Hanich, 2003）；其二是 Rourke 與 Conway（1997）認為，數學的語言包括內在、接受性和表達性等三種層面，學生首先將數學經驗同化並與非語文經驗統整，然後結合數字符號和非語文經驗，最後以數學語言來表達數學內涵中的數量、空間和程序等知識或思想。學生的數學困難，可能是因上述三種語言的任一層面，或數學的三種語言層面與非語文經驗之統整，甚至是以數學語言表達概念及其關聯上產生問題。因此，Jordan 與 Hanich（2003）指出，一般數學成就測驗可能因測驗項目繁雜，使其測驗的穩定性可能不佳，所以很多學者建議要篩選數學低成就學生，不應該用單一次的測驗結果，而應該採多次的數學成就測驗，且找出穩定低成就者（Geary, 2004; Jordan & Hanich, 2003; Mazzocco & Myers, 2003）。

　　篩選數學學習困難（mathematics difficulty）或低成就者，根據美國三組團隊之研究經驗，包括：密蘇里大學（University of Missouri）的 Geary、Hamson 與 Hoard（2000），德拉威大學（University of Delaware）的 Jordan、Hanich 與 Kaplan（2003）之系列研究，以及在馬利蘭州進行追蹤研究的 Mazzocco 與 Myers（2003），對於數學學習障礙之數學低成就篩選可歸納出下列建議：

1. 數學學習成就的不穩定是多篇研究所肯定的，所以數學低成就的決定不宜以單一資料點決定。Mazzocco 與 Myers 警告（2003），要小

心使用單一點的測量資料，數學成就僅有 65%穩定；Jordan 等人（2003）的系列研究也發現類似的問題。

2. 由於數學成就不穩定，可參考多測驗點之篩選，多數研究篩選低成就都以 PR35 為標準，宜放寬篩選標準。

3. 數學困難的問題由於太過複雜，必須與閱讀困難一起比較才能釐清問題。Jordan 等人（2003）的系列研究與 Geary 的研究均發現：單純數學障礙（MD-only）、數學合併閱讀障礙（MDRD）與單純閱讀障礙（RD-only）、正常組（normal achievement, NA）的配對，可以釐清數學學習障礙的核心問題。

誠如前文，數學成就測驗可能不穩定，研究者（洪儷瑜、洪碧霞、秦麗花、李俊仁，2008，2009）曾經在科技部補助的專案研究中，為複製國外研究對於數學障礙鑑定之結果，特於臺灣北、南、東三區分別依據不同條件取樣八所學校，每所依據學校學生人數之多寡進行不同樣本數的抽樣，並在小一、小三各 1～2 班級，共取樣 549 位學生，其中小一 253 位，小三 291 位。各地區的學生數量和學生家庭背景都與全國比率做比較，試圖取得最接近全國學生特性之樣本。

所有研究對象接受研究者自編的數學成就測驗三次，包括小一和小三的上、下學期各一次，以及下一個學年的上學期一次。以低年級的小一而言，單一次低於 PR35 者高達 114 人，約占 45%。針對前兩次的比較，在第一次符合低成就的 95 人中，僅有 66 人在第二次仍繼續留在低成就組，其穩定度約 69%，比 Mazzocco 等人的研究略高；此外，數學成就的篩選連續兩次 PR35 以下者，約占全部學生的 24%；連續三次均低於 PR35 者，則降低為 8%。就篩選角度而言，所得人數過低，此標準可能是過於嚴格，而造成太多的偽陰性之危險。

考慮 Chiappe（2005）以及 Jordan 等人（2003）的理由，數學學科內容的差異大所造成的低成就不穩定，因此建議不要以單一測驗點做篩選。然而，篩選數學低成就學生須追蹤幾次才合理？該研究指出：如果追蹤兩次，兩次都呈現低成就，約 24%的機率應該算合理；但如果追蹤三次，連續三次都要求低於 PR35，則可能太嚴；甚至可以採多次但不一定要求連續的標準，以免遺漏一些可能的數學障礙。

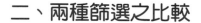

二、兩種篩選之比較

　　數學困難的篩選除了評量的連續次數外，也應該考慮 Jordan 等人（2003）的提醒，數學成就測驗可能因為涵蓋的課程內容繁多，重要的關鍵能力在此評量容易被稀釋，而造成有數學障礙但在數學成就表現上卻高於 PR35 或篩選標準。研究者（洪儷瑜等人，2008，2009）在科技部的追蹤研究之所得結果確實證實了這個現象。該研究在數學成就追蹤三次之後，實施柯華葳（1999）編製的「基礎數學概念評量」，結果發現在低年級（小二）受試者符合標準之 36 人中，其中 5 人出現三次成就測驗都在 PR35 以上，甚至有 2 人的三次數學成就測驗都在 PR45 以上。表 6-4 呈現「基礎數學概念評量」之各分測驗符合切截標準的人數在數學成就得分之分布情形。由於符合分測驗切截分數的人數不一，七個分測驗都符合者有 1 人，僅有一個分測驗符合者有 23 人，所以表內的總人數超過 36 人。就任一次數學成就評量低於PR35 的 114 人中，有 31 人在「基礎數學概念評量」中低於標

表 6-4　低年級（小二）數學成就測驗的三次追蹤與「基礎數學概念評量」之結果比較　　　　　　　　　　　　　　　　（n = 204）

		PR < 35 (n = 114)			PR35～45 (n = 28)			PR > 45 (n = 62)
		ALL	任二	任一	ALL	任二	任一	ALL
比大	人數	2	3					1
比小	人數	2	4	2				
不進位加	人數	3						1
進位加	人數	1	1	2			1	
不借位減	人數	2	1					
減法（1）	人數	6	4	2		1	1	
減法（2）	人數	3	2	1			1	2
減法（6）	人數	5	5	2			2	3

註：因追蹤時間流失受試者，受試者低於原樣本數。

準。換言之，數學成就測驗所篩選出來的低成就學生當中，出現數感或計算能力有問題者僅有 27%，這兩個測驗在數學困難篩選的一致性有 56.8%，而且低成就次數愈多者，在「基礎數學概念評量」上出現困難之機率也愈高。

在相同的程序下，中年級學生在「基礎數學概念評量」篩選出符合標準的 139 人中，其中 28 人出現三次成就測驗都在 PR35 以上，甚至有 90 人的三次數學成就測驗都在 PR45 以上。表 6-5 呈現「基礎數學概念評量」之各分測驗符合切截標準的人數在數學成就得分之分布情形。就任一次數學成就評量低於 PR35 的 38 人中，有 21 人在「基礎數學概念評量」得分低於標準。換言之，出現數感或計算能力有問題者約 55%，兩個測驗在數學困難篩選的一致性有 21%，可見中年級學生的數學核心能力問題在數學低成就之篩選率並不理想。

表 6-5 中年級數學成就測驗三次的追蹤與「基礎數學概念評量」之結果比較 （n = 173）

| | | PR < 35 (n = 38) | | | PR35～45 (n = 28) | | | PR > 45 (n = 107) |
		ALL	任二	任一	ALL	任二	任一	ALL
減法（1）	人數	4	1	2		1	2	17
減法（2）	人數	7	1	4		2	1	30
減法（6）	人數	4	3	2		1	2	27
乘法	人數							3
空格	人數	12	13	12		3	8	49
應用	人數	11	7	12	1	4	7	41

註：因追蹤時間流失受試者，受試者低於原樣本數。

綜合兩個年級在兩種測驗的篩選方式之比較，可看到數學障礙之核心能力缺陷在低年級之數學低成就的檢出率較高，而在中年級僅有 19%具有數學障礙核心能力缺陷的學生會出現數學成就低於 PR35，可見兩者之一致性會隨著年級增加而降低，此有可能跟數學科目的內容隨著年級增加而變得複雜有關，反而降低篩選數學障礙核心能力缺陷的功能。

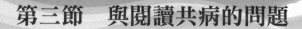

<h1>第三節　與閱讀共病的問題</h1>

在鑑定數學障礙時，一般會建議研究探討數學障礙與閱讀障礙的共病問題，因此在上述科技部的研究中（洪儷瑜等人，2008，2009），對低、中年級受試者除了施測上述兩項數學相關測驗外，亦施測柯華葳編製的「閱讀理解困難篩選測驗」以及洪儷瑜等人編製的「常見字流暢性測驗」，且在「瑞文氏圖形推理測驗」排除智力低下的問題，再經流失樣本調整比率，結果顯示：低年級數學障礙學生有 21 位，占 8.5%，中年級學生有 38 位，調整之比率為 13%；低年級閱讀障礙（包括識字或理解困難）學生有 24 位，調整之比率為 9.7%，中年級學生有 27 位，調整之比率為 9.3%；低年級數學障礙伴有閱讀障礙學生之比率為 52.8%，中年級學生之比率為 31.6%。反之，小二閱讀障礙伴有數學障礙學生之比率為 45.8%，小四學生之比率為 44.4%。總之，數學障礙在低、中年級之出現率和共病率並不穩定，低年級出現率低於中年級，但共病率高於中年級；相較之下，閱讀障礙的出現率和共病率較為穩定，不因年級而有明顯變化，如表 6-6 所示。

表 6-6　兩個年級樣本所篩選出之數學障礙及其共病

	低年級（小二） （n = 253）	中年級（小四） （n = 291）
數學障礙	$10^1 / 21^2$	$26^1 / 38^2$
閱讀障礙	$13^3 / 24^4$	$15^3 / 27^4$
數學障礙合併閱讀障礙	11	12

註：1.僅有數學障礙，沒有閱讀障礙。

　　2.所有出現數學障礙之人數，包括數學障礙兼閱讀障礙。

　　3.僅有閱讀障礙，沒有數學障礙。

　　4.所有出現閱讀障礙之人數，包括數學障礙兼閱讀障礙。

進一步區分單純數學障礙（MD-only）、數學合併閱讀障礙（MDRD）和單純閱讀障礙（RD-only）等三組學生在數學表現的特徵，將三組學生在

「基礎數學概念評量」低於篩選標準項目分布整理如表 6-7 所示。小二之分測驗僅有數量比較和計算項目，而小四未做前面的數量比較以及沒有數學障礙在乘法計算低於切截點，因此上欄未列出所有分測驗。就低年級而言，MDRD 學生在計算低於切截之人數高於 MD-only 學生，但兼有數量比較和計算問題者，則 MD-only 學生多於 MDRD 學生。在中年級則發現，MD-only 學生在合併多種數學基礎能力困難者之人數比 MDRD 學生多，此結果在兩個年級的樣本都未出現學者所提到的：MDRD 學生因同時具有兩種缺陷，而在數學表現上會較差的特徵，尤其是中年級樣本顯現，MD-only 學生在數學基礎能力的表現比 MDRD 學生更差。

表 6-7　不同組別數學障礙學生在「基礎數學概念評量」低於切截點之比例

	數	計算	空格	數＋計算	計算＋空格	空格＋應用	計＋空＋應
小二							
數學障礙（10 人）	3	9	—	3	—	—	—
數學障礙合併閱讀障礙（11 人）	1	11	—	1	—	—	—
數學障礙＋數學障礙合併閱讀障礙（21 人）	4	20	—	4	—	—	—
小四							
數學障礙（26 人）	—	2	2	—	7	5	9
數學障礙合併閱讀障礙（12 人）	—	1	2	—	1	3	4
數學障礙＋數學障礙合併閱讀障礙（38 人）	—	3	4	—	8	8	13

另外，參考 Geary 編製的「數字組合測驗」作為評量數學事實提取能力的指標之一（Geary, Bailey, & Hoard, 2009），研究者編製數字合成 5 和 9 兩個測驗，即是將 2 或 3 個數字組合讓學生判斷是否為 5 或 9。該研究將學生分為四組，分別為單純數學障礙（MD-only）、單純閱讀障礙（RD-only）、數學障礙合併閱讀障礙（MDRD），以及一般正常同儕（NA）

（即同班但沒有數學、閱讀問題且智力正常者）。每個測驗就答題率（做完題數百分比）、流暢性（做對／全部）、正確性（做對／做完）分別進行計分。結果顯示：小二的數學障礙兩組學童（MD-only 和 MDRD）在數字 9 的組合測驗，其答題率和流暢性分數顯著低於其他兩組，而在數字 5 的組合測驗之三種計分和兩個數字之組合測驗的正確性計分，兩組數學障礙與沒有數學障礙的同儕之間的差異就不顯著。中年級的數學障礙學童在「數字組合測驗」的表現似乎有趕上沒有數學障礙組別（RD-only 和 NA）之學童，就答題率、流暢性和正確性計分而言，僅 MDRD 學童在數字 9 的組合測驗之流暢性仍顯著低於其他三組。由此結果可以推論，數學障礙學童在數學事實提取上確實表現低於其他沒有數學障礙的同儕，但在小數字 5 的組合上並不明顯；而在較大數字 9 的組合上，小二學童雖然明顯低於其他同儕，但隨著年級增加，數學能力會逐漸趕上，兩組數學障礙在正確性上均能追上同儕，但在計算速度的流暢性方面，雙重障礙的 MDRD 學童確實比 MD-only 學童的發展較慢。由此資料也可以看到數學障礙學童的數學事實提取雖表現不理想，其正確率會隨著年級逐漸發展，但其數學事實提取的流暢性則隨著年級增加仍處於發展遲緩狀態，如表 6-8 所示。

表 6-8　不同障礙類型之學童與一般同儕在數字組合之表現

	答題率	答題率	做對／全部	做對／全部	做對／做完	做對／做完
小二	合成五	合成九	合成五	合成九	合成五	合成九
MD	1.00	0.46	0.988	0.451	0.988	0.986
RD	1.00	0.79	0.996	0.791	0.996	0.997
MRD	0.98	0.46	0.958	0.383	0.983	0.841
N	1.00	0.76	0.981	0.735	0.981	0.968
小四	合成五	合成九	合成五	合成九	合成五	合成九
MD	1.00	0.88	0.994	0.861	0.994	0.884
RD	1.00	0.88	0.998	0.874	0.998	0.881
MRD	1.00	0.82	0.957	0.778	0.957	0.861
N	1.00	0.94	0.999	0.937	0.999	0.945

第四節 數學學習障礙鑑定之建議

一、鑑定流程

數學學習障礙的鑑定如依據〈學習障礙學生鑑定辦法說明〉（洪儷瑜，2013）一文，可分為五個階段：篩選與轉介、轉介前介入、篩選與排除（評估排除因素）、診斷評量，以及鑑定安置，分述如下。

（一）第一階段：篩選與轉介

篩選數學學習障礙之高危險群學生可多利用學校現有的資料，例如：長期學業成績或國民及學前教育署所辦理之「補救教學方案科技化評量」（PRIORI），後者以國小一至九年級為施測樣本，主要是依據教育部頒布之基本學習內容，亦即為了課程綱要簡化的目標所編製，未能通過此評量所訂標準之學生，即符合接受教育部補助之攜手計畫或補救教學方案資格，學校得依據這些資料向教育局（處）申請補救教學之相關補救。如果具有高危險之病因，且特徵明顯非補救教學之需，應該轉介到相關醫療單位診斷介入。

基於數學成就之不穩定，建議不要僅就一次測驗成績而決定，最好參考至少兩次結果來判斷。只是有些數學障礙學生不一定在數學成就評量出現困難，尤其是高年級學生的數學成績可能仍高於切截。建議對於具有數學障礙特徵或者具數感或計算學習困難之發展史，且對補救教學反應不佳的學生，可以開放彈性讓他們進入下一個階段的鑑定程序。

（二）第二階段：轉介前介入

此階段主要是確定學生確實不是因為學習或教學等環境因素所導致之學習障礙。教育部已於 2011 年制訂《國民小學及國民中學補救教學實施方案》，明文表示未通過基本學習內容的學生須持續追蹤且有資格參加補救教學。惟國內之數學補救教學多採計算練習，數學學習障礙雖然問題在計

算，但傳統的計算練習之補救並未能有效改善其計算困難。柯華葳（2005）針對數學障礙學生給予補救教學，結果發現其困難仍難改善，此現象也被國外學者提出，可見數學學習障礙之關鍵問題不易被補救之事實，但其數學成績（未計時）可能會提升（連文宏、洪儷瑜，出版中；Geary, Hoard, Byrd-Craven, & DeSoto, 2004; Mazzocco, Devlin, & McKeney, 2008; Ostad, 1997）。上述中年級數學障礙學生有多數之數學成就在篩選標準之上，可能是國內的數學補習盛行，或師長積極採用大量做練習題的方式，讓他們的學業學習雖然不錯，但其核心缺陷卻仍低於水準。當然也可能還有其他原因，如數學課程不一定都是數量或計算，所以補救教學的目標和內容可能也是決定補救教學成效之參考資訊。

（三）第三階段：篩選與排除（評估排除因素）

　　此階段分兩個重點：一是篩選數學困難確實具有數學核心能力缺陷，建議用「基礎數學概念評量」作為數學障礙的篩選，任一分測驗之流暢性和正確性有問題都可視為高危險群；此外，也建議實施閱讀篩選測驗，作為釐清數學困難診斷之參考。但為了避免其他因素干擾數學學習困難的評估，例如：有注意力、知動協調、視聽感官等問題時，建議先進行醫學診斷和必要的矯治，以免誤判或耽擱學生的真正困難被發現和補救的時間。

（四）第四階段：診斷評量

　　此階段之診斷評量主要是利用標準化測驗個別施測，進行測驗資料、施測行為觀察等之蒐集。在實施個別智力測驗與可以證明學生在數學核心能力有顯著困難之相關測驗時，建議針對前面之數學成就或「基礎數學概念評量」所發現的問題，進一步個別化實施數學診斷，例如：謝如山的「學童數學成就測驗」或洪儷瑜等人編製的「基本數學核心能力測驗」，施測時觀察學生的作答情形，必要時訪談了解學生作答之策略，並將學生作答之錯誤類型等綜合分析，以決定其是否有數學學習障礙。如果可以，建議進一步診斷常見的共病、數學障礙之核心缺陷和亞型，將有助於提供學生很好的教育計畫和生涯規劃。

（五）第五階段：鑑定安置

在第四階段診斷確定是數學學習障礙時，鑑定工作人員應依據學習障礙鑑定基準做出綜合研判，經由鑑定安置會議決定之後，提供安置之建議，並根據其困難、優勢和年級學習目標（亦即發展階段）等提出其特殊教育需求，包括：教學調整、作業、評量、學習輔具或補救教學等，以作為擬定 IEP 之參考。對於有計算障礙之高年級學生，建議在解文字題或高層次的數學題時，可提供小數字調整題或允許使用計算機，讓學生得以在輔助下充分發揮其潛力和享受學習成就。

二、鑑定工作之建議

（一）依據評量目標選擇工具

上述之鑑定階段主要是依據核心缺陷取向所做之建議程序。核心缺陷取向可以將成就測驗做為篩選之依據，只是篩選低成就不一定要實施標準化工具，可運用學校現有的補救教學科技化評量或學校長期學習評量資料，畢竟第三階段還會針對核心能力做篩選。但是，如果數學學習障礙是其他障礙的衍生問題，數學成就測驗可能就是鑑定的重要資料，實施標準化數學成就測驗就是必要的，僅是成就測驗與智力測驗的迴歸分析以及非同樣本之誤差等問題，可能都必須要小心使用。另外，若將數學學習障礙視為其他障礙之衍生問題，數學的補救概念可能與前者不同，有可能較不重視學生的數學核心能力之問題的診斷與補救。

（二）參考多元資料綜合研判

數學的表現一直被呼籲是複雜的，單一種測驗成績可能難以確認學生是否有困難，因此在成就或核心能力的評估上，建議參考觀察資料、學生作答分析，其正確性、流暢性、錯誤類型都很重要，不論在篩選和診斷評量階段，建議施測者蒐集多元資料，並能做綜合資料分析之研判。

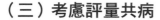

（三）考慮評量共病

數學障礙基於數學學習的複雜，常見的共病問題、閱讀能力或知覺動作的評估，都有助於對數學問題診斷之釐清，建議鑑定時考慮共病所需資料的評量。

（四）考慮年級之差異

前文所述的種種數學困難之表現會因年級而異，例如：數學成就評量可能在不同年級課程所涵蓋的內容不同、數學核心能力可能因學童發展而逐漸在簡單數字上趕上、國內學生參與數學補習多等，所以，數學困難的評估應該在年級和學生學習經驗的背景下解釋，不應單就分數做關鍵的決定。

（五）注意核心能力在不同年級之成長和特徵表現

數學核心能力因成長和學習經驗會出現不同的行為表現。傳統上的數感、數學事實提取、計算等在各年級之表現和定義範圍可能有所不同（洪儷瑜、連文宏，2015；連文宏、洪儷瑜，出版中），建議診斷者能閱讀相關文獻或測驗手冊說明，以能正確篩選需要特殊教育的數學障礙學生。

（六）數學推理之評量尚待開發與研究

DSM-5 在數學障礙之核心缺陷提出數學推理，即是「利用數學概念、事實、程序去解決問題」，有人誤以為是解題，因此國內數學障礙之研究有相當比率放在文字題解題，但文字題解題不一定是符合上述數學推理之評量，國內未來在這部分的評量以及運用在數學障礙的鑑定，將有待進一步研究和開發。

真理只有一個，數學學習障礙之真相也應該只有一個，因學習障礙僅是人為的概念，它當年想將長期被忽略的各類隱性障礙集合成一個概念納入特殊教育的服務範圍而創（洪儷瑜，1995）。美國學習障礙學者Kavale、Spaulding 與 Beam（2009）提醒，所有操作性的定義和程序之目標應該放在這個真正的概念被了解和目標達成，期待所有數學學習障礙的鑑定工作也都應該以找出真正需要被診斷與提供特殊教育的數學障礙學生。

參考文獻

中文部分

周台傑（2010）。**國民中學數學能力測驗系列**。臺北市：中國行為科學社。

林秀柔（1989）。**國小數學學習障礙兒童鑑定方式之研究**（未出版之碩士論文）。國立臺灣教育學院，彰化市。

柯華葳（1999）。**基礎數學概念評量：四、五、六年級題本**。臺北市：行政院國家科學委員會特殊教育工作小組。

柯華葳（2005）。數學學習障礙之診斷與確認。**特殊教育學刊，29**，13-126。

洪儷瑜（1995）。**學習障礙者教育**。臺北市：心理。

洪儷瑜（2013）。**學習障礙學生鑑定辦法說明**。取自 http://www.spe.ntnu.edu.tw/weurl.php? class=105

洪儷瑜、洪碧霞、秦麗花、李俊仁（2008）。**發展性計算障礙診斷與亞型研究：教育和腦科學的整合研究——子計畫一：國小數學低成就學生的亞型和追蹤研究**。行政院國家科學委員會專題研究報告第一年期中報告，（NSC 96-2511-S-003-007-MY2）。

洪儷瑜、洪碧霞、秦麗花、李俊仁（2009）。**發展性計算障礙診斷與亞型研究：教育和腦科學的整合研究——子計畫一：國小數學低成就學生的亞型和追蹤研究**。行政院國家科學委員會專題研究報告第二年成果報告（NSC 96-2511-S-003-007-MY2）。

洪儷瑜、連文宏（2015）。**基本數學核心能力測驗**。臺北市：中國行為科學社。

秦麗花、吳裕益（1996）。**國民小學低年級數學診斷測驗**。臺北市：心理。

教育部（2012）。**身心障礙暨資賦優異學生鑑定辦法**。臺北市：作者。

連文宏、洪儷瑜（出版中）。數學學障與數學合併閱讀障礙國中生計
　　算能力表現之特徵及其差異分析。**臺灣數學教育期刊**。

郭靜姿、許慧如、劉貞宜、張馨仁、范成芳（2001）。數學學習障礙
　　之鑑定工具發展與應用研究。**特殊教育研究學刊**，21，135-163。

蔡文標、許天威、蕭金土（2003）。影響國小數學低成就學生數學成
　　就的相關因素之研究。**特殊教育學報**，17，1-37。

謝如山（2014）。**學童數學成就測驗**。臺北市：心理。

英文部分

American Psychiatric Association [APA] (1994). *Diagnostic and statistical manual of mental disorders* (4th ed.) (DSM-IV). Arlington, VA: Author.

American Psychiatric Association [APA] (2013). *Diagnostic and statistical manual of mental disorders* (5th ed.) (DSM-5). Arlington, VA: Author.

Ardila, A., & Rosselli, M. (2002). Acalculia and dyscalculia. *Neuropsychology Review, 12*, 179-231.

Butterworth, B. (2005). Developmental dyscalculia. In J. I. D. Campbell (Ed.), *The handbook of mathematical cognition* (pp. 455-468). New York, NY: Psychology Press.

Chiappe, P. (2005). How reading research can inform mathematics difficulties: The search for the core deficit. *Journal of Learning Disabilities, 38*, 313-317.

Dehaene, S. (1997). *The number sense.* New York, NY: Oxford University Press.

Geary, D. C. (2003). Learning disabilities in arithmetic: Problem solving differences and cognitive deficits. In H. L. Swanson, K. Harris, & S. Graham (Eds.), *Handbook of learning disabilities* (pp. 199-212). New York, NY: Guilford Press.

Geary, D. C. (2004). Mathematics and learning disabilities. *Journal of Learning Disabilities, 37*, 4-15.

Geary, D. C., Bailey, D. H., & Hoard, M. K. (2009). Predicting mathematical achievement and mathematical learning disability with a simple screening tool: The Number Sets Test. *Journal of Psychoeducational Assessment, 27*, 265-279.

Geary, D. C., Hamson, C. O., & Hoard, M. K. (2000). Numerical and arithmetical cognition: A longitudinal study of process and concept deficits in children with learning disabilities. *Journal of Experimental Child Psychology, 77*, 236-263.

Geary, D. C., Hoard, M. K., Byrd-Craven, J., & Desoto, M. (2004). Strategy choices in simple and complex addition: Contributions of working memory and counting knowledge for children with mathematical disability. *Journal of Experimental Child Psychology, 88*, 121-151.

Individuals with Disabilities Education Improvement Act (IDEA) of 2004, PL 108-446, 20 U.S.C. §§ 1400 et seq.1

Jordan, N. C., Hanich, L. B., & Kaplan, D. (2003). A longitudinal study of mathematical competencies in children with specific mathematics difficulties versus children with comorbid mathematics and reading difficulties. *Child Development, 74*, 834-850.

Jordan, N., & Hanich, L. B. (2003). Characteristics of children with moderate mathematics deficiencies: A longitudinal perspective. *Learning Disabilities Research and Practice, 18*, 213-221.

Kavale, K., Spaulding, L. S., & Beam, A. P. (2009). A time to define: Making the specific learning disability definition prescribe specific learning disability. *Learning Disabilities Quarterly, 32*, 39-40.

Kosc, L. (1974). Developmental dyscalculia. *Journal of Learning Disabilities, 7*, 164-177.

Mazzocco, M. M. M., Devlin, K. T., & McKenney, S. L. (2008). Is it a fact? Timed arithmetic performance of children with mathematical learning disabilities (MLD) varies as a function of how MLD is defined [Special

Issue]. *Developmental Neuropsychology, 33*, 318-344.

Mazzocco, M. M., & Myers, G. (2003). Complexities in identifying and defining mathematics learning disabilities in primary school-age years. *Annals of Dyslexia, 53*, 218-253.

Ostad, S. A. (1997). Developmental differences in addition strategies: A comparison of mathematically disabled and mathematically normal children. *British Journal of Educational Psychology, 67*, 345-357.

Public Law 94-142, *Education for All Handicapped Children Act of 1975*, November 28, 1975

Rourke, B. P., & Conway, J. A. (1997). Disabilities of arithmetic and mathematical reasoning: Perspectives from neurology and neuropsychology. *Journal of Learning Disabilities, 30*, 34-46.

第七章

早期數學概念評量

林月仙

第一節　前言

　　在日常生活中，無論是成人間或成人與幼兒之間的對話，均包含相當多的數學概念，例如：「你幾歲？」、「我們來數數看有幾個？」、「比比看，誰比較高？」、「現在幾點？」、「你要圓的？還是方的？」大多數幼兒在日常生活經驗中，有許多機會接觸數學，從中習得數學概念（Broody & Wilkins, 1999）。Broody 與 Wilkins 綜合多篇研究指出，有些小孩兩歲時就會像唸童謠一樣唱數 1、2、3……；兒童入小學之前，除了會唱數，也會點數、以手指頭表徵來比較數的大小、有基礎數感、能估計小數量集合的多寡、會解決實際生活中簡單的加減甚至平分等問題。除了數概念，學前兒童也具有幾何和空間概念（Clements, Sarama, & Liu, 2008）。

　　Duncan 等人（2007）分析六個縱貫研究資料，探討學童入學準備能力與其入學後的學業成就之關聯性，結果顯示：兒童之早期數學能力對其入學後學業表現的預測力最高，解釋力高於閱讀和注意技巧。Geary（2013）透過文獻回顧數學學習障礙相關研究指出，基礎數學能力缺陷者是數學學習障礙的高危險群，建議了解幼兒的基礎數學能力缺陷情形，以發展適當的介入計畫。

　　我國「幼兒園教保活動課程大綱」（教育部，2016）的認知領域也將

蒐集與整理生活環境中的數學訊息列為課程目標，並根據課程目標列出多項學習指標。臺灣地區學前兒童之數學概念如何？國內正式出版用來評量學前兒童數學能力的測驗，僅有許惠欣修訂（1996）的「幼兒數學能力測驗」（Test of Early Mathematics Ability，以下簡稱 TEMA）和謝如山（2014）參考 TEMA 編製的「學童數學成就測驗」，這兩套測驗評量的內容均聚焦於「數與計算」。為較全面說明學前幼兒數學能力的評量，本章參考國內外幼兒數學能力相關文獻，以及筆者的教學與研究經驗，依序說明學前幼兒之「數與計算」、「量與實測」和「幾何圖形與空間」等數學概念的評量。

第二節　數與計算

　　國內正式出版的「幼兒數學能力測驗」（許惠欣修訂，1996）和「學童數學成就測驗」（謝如山，2014），都將幼兒數學能力分為日常生活中習得的「非正式數學」和學校教育系統教導的「正式數學」，然因現今學前教育普及，難以區辨學前幼兒具備之數學概念係源自日常生活經驗抑或是學校教師教導，乃參考張麗芬（2013a）的分類方式，將學前兒童在「數與計算」領域的評量，分為「數字系統知識」、「數量關係」和「應用問題與計算」等三類，分別說明如下。

一、數字系統知識

　　以下依序就唱數、跳數、認讀與書寫數字、數字大小、數線概念等五項能力，說明幼兒數字系統概念之評量。

（一）唱數

　　有些幼兒兩歲左右就會依序唸出數字。幼兒從 1 唸到 10，甚至 20，可能如同唱兒歌一般，來自背誦或順口唸唸，未必具備點數能力與數字概念（Broody & Wilkins, 1999）。但能依序順向或逆向唸出數字是數字概念與解題的基礎，因此多數幼兒數學能力測驗均有唱數或數字接龍的項目，例

如：「幼兒數與運算測驗」（張麗芬，2013a）、「學童數學成就測驗」
（謝如山，2014）、「研究本位早期數學評量」（Research-Based Early Math
Assessment, REMA）（Clements et al., 2008）、「幼兒數學能力測驗」
（TEMA）（Ginsburg & Baroody, 2003）等。若幼兒能從任一個數字開始順
向唱數，遇到個位數字 9 後，均能正確在十位數字增加 1，繼續正確唱數，
可推測其具備順向數序概念。

　　要了解幼兒是否具備順向數序概念，除了讓幼兒從 1 開始唱數外，也可
以請幼兒從某一個數字開始唱數，例如：「我們來唸數字，21、22、23，你
繼續唸。」若時間有限，則可採數字接龍的方式評量學前兒童的數序概
念，先評量沒有進位的數字接龍，再評量有進位的，例如：「我說兩個數
字，你說出後面兩個數字，如果我說：『1、2』，你要說『3、4』。『15、
16』後面的數字是多少？『28、29』後面的數字是多少？」

　　在日常生活中也有由多到少逆向唱數的情境，例如：比賽開始之前，
發號施令者會說：「5、4、3、2、1，開始」，或跨年秒數倒數：「60 秒、
59 秒……3 秒、2 秒、1 秒」等。相較於順向唱數，逆向唱數是比較難的，
特別是包含退位數列時，例如：「我們來倒著唸數字，從 23 開始，23、
22、21，再來是多少呢？請你繼續唸。」

　　前述依序先說幾個數字後，請幼兒繼續順向或逆向說出數字，屬比較
正式的評量。在日常生活中，父母可以和幼兒輪流依序各唸出一個或兩個
數字，藉由接龍遊戲完成某一數列；也可變化輪流唱數的程序，例如：約
定父母或幼兒帶領唸一個數字，其他人就依序唸下一個數字，如果帶領者
依序唸兩個數字，其他人就要依序唸兩個數字。將唱數遊戲化，增加趣味
性，除可避免幼兒將唱數視為無聊的背誦，同時有助於幼兒發現數序規
則。家長偶爾可故意唸錯，藉以檢視幼兒對數序的偵錯能力與專注力。

（二）跳數

　　前述兩人輪流依序各唸一個數字時，對數字較為敏感的幼兒可能會發
現某一位唸的是「1、3、5、……」，另一位唸的是「2、4、6……」。如果
幼兒未能主動發現，可以試著引導：「我們唸數字的時候，每次都跳過一
個不唸出來，試試看。」如果幼兒無法理解，不要勉強，可直接帶著幼兒
跳數和「1、2、3……」結構相近的「10、20、30、……100」。幼兒跳數和

唱數一樣，會跳數未必了解數字意義，若幼兒能應用跳數來點數實物，應可確認他了解跳數的意義。除了常見的 2、5、10 倍數構成的「2、4、6、8……」、「5、10、15……」、「10、20、30、……」等跳數數列外，也有少數幼兒會發現「跳數」的規則，自行創造跳數數列，例如：「1、4、7、10、13……」或其他間距的數列，是真正了解跳數概念的孩子，切勿因這些數列與常見的 2、5、10 倍數所組成的跳數數列不同而否定幼兒的創意。

（三）認讀與書寫數字

日常生活環境中有許多數字，各自代表不同的意義，例如：門牌號碼、住家樓層、公車號碼、物品數量、汽機車車牌號碼、物品價錢、日期等。對數字比較敏感的幼兒，可能會自動習得與他生活關係密切的數字，例如：家住 9 樓的幼兒會指著電梯按鈕說 9，看到其他的數字也可能會主動讀出來或詢問。如同唱數一般，能認讀不同數字，未必了解數字所代表的數量或意義。數字認讀與書寫也是學習數學的基礎能力之一，不少幼兒數學能力測驗將它列為評量的項目之一，例如：「幼兒數與運算測驗」（張麗芬，2013a）、「學童數學成就測驗」（謝如山，2014）、「研究本位早期數學評量」（REMA）（Clements et al., 2008）、「幼兒數學能力測驗」（TEMA）（Ginsburg & Baroody, 2003）等。

幼教老師或父母可以請幼兒在生活環境中，找出某一個或某幾個數字，引導幼兒留意生活中的數字。當幼兒無法正確回答時，可隨機教學，之後再繼續找出環境中的數字及其意義，例如：超商物品貼 9 元標籤，表示買這樣東西要給 9 元；電子鐘顯示 9：00，表示九點鐘；包裝食品有效期限 2017 年 9 月 29 日，表示這項食物盡可能在 2017 年 9 月 29 日之前食用完畢；球賽計分板顯示 8：9，表示兩隊得分分別為 8 分和 9 分等。

幼兒在日常生活中也有需要書寫數字的情境，例如：記錄遊戲得分、自己的座號、同學家的電話或住址等，有些幼兒會自行模仿「畫出」或「寫出」阿拉伯數字（Broody & Wilkins, 1999）。部分幼兒可能受限於手眼協調和精細動作，寫出來的數字與制式的數字有落差，絕大多數幼兒會隨著認知與動作發展而調整，教師或家長不需急著要求幼兒更正。到了幼兒園大班或國小一年級，老師教導正確的數字書寫方式後，幼兒仍會出現左右或上下相反情況時，才需提醒修正或提供記憶的策略。

（四）數字大小

　　對幼兒來說，沒有和量結合的數字大小是抽象的。有些家長或老師會教幼兒唱數時先唸到的數字比較小，後唸到的數字比較大。這樣的學習策略對學前幼兒而言，可能只是記憶，未必理解數字大小的意義。當幼兒具備數字與具體物對應的能力時，評量其「數字大小」的概念才具有意義，例如：知道阿拉伯數字「3」和「5」分別代表 3 個蘋果和 5 個蘋果，5 個蘋果比 3 個蘋果多，表示「5」這個數字比「3」這個數字大。比較數字大小是學習數學的基礎，亦是多數幼兒數學能力測驗的項目之一，例如：「幼兒數與運算測驗」（張麗芬，2013a）、「學童數學成就測驗」（謝如山，2014）、「研究本位早期數學評量」（REMA）（Clements et al., 2008）、「幼兒數學能力測驗」（TEMA）（Ginsburg & Baroody, 2003）等。

　　在日常生活中，也可以透過遊戲進行數字大小的教學與評量，例如：依幼兒認知能力選擇 5 以內或 10 以內的撲克牌，參與遊戲者各抽一張牌後比大小；也可以先發幾張牌給參與遊戲者，每人每次拿出一張牌來比大小，撲克牌數字比較大的贏，即可收下每個人拿出的牌，所有的牌都比完後，再計算誰有比較多張牌。考量幼兒的記憶容量和注意廣度，參與比大小撲克牌遊戲的人數，建議從兩人開始，先比較兩個數字的大小，確認幼兒能比較兩個數字的大小後，再增加人數，比較多個數字的大小。家長或幼教師可以透過遊戲的過程，評量幼兒是否具備比較數字大小的能力；幼兒在遊戲的過程中除了習得數字大小，也可能發展出如何贏牌的策略之後設認知能力。

（五）數線概念

　　數線概念在學齡前階段，主要是數字之間的相對大小及距離遠近的概念。數線概念也是多數幼兒數學能力測驗評量的項目之一，例如：「學童數學成就測驗」（謝如山，2014）、「研究本位早期數學評量」（REMA）（Clements et al., 2008）、「幼兒數學能力測驗」（TEMA）（Ginsburg & Baroody, 2003）等。

　　數線對學前幼兒而言是比較抽象的。謝如山（2014）在「學童數學成就測驗」指導手冊中提到：「臺灣兒童於此部分的接觸較少，普遍較有困

難」，但從指導手冊無法得知各年齡幼兒之作答正確率為何。林月仙（2016）研究 4 歲（N ＝ 442）和 5 歲幼兒（N ＝ 473）在「4、1、5」三張數字卡從少排到多的表現，各有 45%和 74%獨立完成；6 歲兒童（N ＝ 457）有 66%獨立完成「33、29、35」三張數字卡從少排到多的題目；「1 比較靠近 4，還是 5 比較靠近 4？」5 歲和 6 歲兒童各有 80%和 88%正確作答；「10 比較靠近 12，還是 15 比較靠近 12？」5 歲和 6 歲兒童各有 58%和 75%正確作答，4 至 6 歲幼兒超過半數能獨立正確回答數線概念相關試題。

　　當幼兒具備唱數和數字大小的概念時，可以使用撲克牌或數字卡請幼兒將數字卡從少排到多或從多排到少，確認正確後，就他排出來的「數列」，詢問哪兩個數的間距比較小或比較大，例如：「1 比較靠近 4，還是 5 比較靠近 4？」、「3 比較靠近 5，還是 9 比較靠近 5？」也可以請幼兒將不連貫的數字依大小順序排列，排好之後再問哪兩個數的間距比較大或比較小，對幼兒而言，是屬於比較抽象且困難的數線概念，例如：能將 5、1、7、4 的數字卡，從左至右依序排出 1、4、5、7，再詢問：「4 比較靠近 5，還是 7 比較靠近 5？」

二、數量關係

　　以下依序就直覺數感、點數與基數、聽數取物、數字與具體物配對等四項，說明數量關係的評量。

（一）直覺數感

　　直覺數感（subitizing）是指個體對數字的概念或對數字的理解，它能幫助個體進行有效的估算與判斷（陳英娥、陳彥廷、柳嘉玲譯，2006）。幼兒的直覺數感包括感覺數字的大小、估計集合的數量與區辨數量多寡：

　　1. 感覺數字的大小：數字大小的感覺會隨幼兒生活經驗的擴充而改變。對剛進幼兒園的幼兒而言，10 是大數字，經驗較豐富的幼兒則認為 100 才是大數字。幼兒對數字大小的感覺，係透過日常生活和學習活動應用數字的經驗而漸進建立（Broody & Wilkins, 1999）。

　　2. 估計集合的數量：係指不經點數估計具體物或半具體物集合的數量。若幼兒生活經驗中缺乏集合數量的參考基準，要他估計數量超

過 5 的集合是有困難的（Broody & Wilkins, 1999）。Broody 與 Gatzke（1991，引自 Broody & Wilkins, 1999, pp. 56-57）的研究發現，多數就讀幼兒園潛能資優方案（program for the potential gifted）的幼兒無法正確估計數量 15 至 30 的集合，部分幼兒甚至估計數量 8 的集合也有困難。

3. 區辨數量多寡：Broody 根據心理學家研究 6 個月大的嬰兒能分辨小數量集合間的差異，以及沒上過學的 3 歲小孩不需計算，就能很快地從兩個集合中選出較大的那一個等現象，主張數概念是天生的，一個小孩子如果無法以直覺方式區辨小數量集合的大小，可能是數學學習障礙的高危險群（桂冠前瞻教育叢書編譯組譯，2000）。陳埩淑（2007）以平均年齡 5.5 歲的夏威夷和臺灣幼兒為對象的研究，發現物件大小及排列面積會影響幼兒對數量多寡的判斷：「物件大、數量少」和「物件小、數量多」的比較，錯誤率偏高；當物品數量的比例愈接近，答對率愈低，以及幼兒數量的推理容易受物件陳列的稠密度干擾。

多數幼兒數學能力測驗，會以兩個具體物或以圖片呈現兩個半具體物集合的比較，來評量幼兒的直覺數感，例如：「幼兒數與運算測驗」（張麗芬，2013a）、「學童數學成就測驗」（謝如山，2014）、「研究本位早期數學評量」（REMA）（Clements et al., 2008）、「幼兒數學能力測驗」（TEMA）（Ginsburg & Baroody , 2003）；也有些測驗會在短時間（例如：2 秒）內呈現具體物或圖片，要幼兒回答具體物或圖片的數量，例如：「學前兒童數學實作評量」（林月仙，2016）、「研究本位早期數學評量」（REMA）（Clements et al., 2008）。

直覺數感好的人，對數量相關訊息的敏感度高，不需計算即可察覺數量多寡與判斷數字的合理性和計算的正確性。家長或幼教老師可在日常生活中請幼兒先估計數量，再點數驗證估計與點數的差距，做為下一次估計的參考基準，藉以提升幼兒的直覺數感，例如：「猜猜看這包巧克力有幾個？」、「猜猜看你要吃幾個水餃才會吃飽？」

（二）點數與基數

點數係指幼兒從 1 開始，會用手逐一指著物件並說出對應的數字。當幼

兒被問及某一堆物品「有多少？」時，會以點數集合物中對應最後一個物品的數字回答問題，可推測他具有基數的概念。點數技能與基數概念也是學習數學的基礎，因此，多數幼兒數學能力測驗也都會納入此項目，例如：「幼兒數與運算測驗」（張麗芬，2013a）、「學童數學成就測驗」（謝如山，2014）、「研究本位早期數學評量」（REMA）（Clements et al., 2008）、「幼兒數學能力測驗」（TEMA）（Ginsburg & Baroody, 2003）。

家長或幼教師可以使用具體物或圖片呈現的半具體物評量幼兒是否具備點數能力。在點數初期，大多數幼兒會用手指頭指著具體物或撥動具體物，逐一點數。當他比較熟悉點數技能後，會出現眼看具體物或半具體物，以點頭或在心中默數後，回答某一集合的數量。以圖片呈現的半具體物又可分為排列整齊與凌亂兩種情形，實徵研究結果顯示 3 至 6 歲幼兒點數排列整齊的半具體物之正確率，均顯著高於排列凌亂的半具體物（林月仙，2016）。另外，研究顯示會一對一點數，未必具備基數的概念，無論是具體物、排列整齊或凌亂半具體物，3 歲和 4 歲幼兒點數的正確率均顯著高於基數，但 5 歲和 6 歲幼兒點數與基數的正確率就沒有顯著差異了（林月仙，2016）。

（三）聽數取物

在居家生活或幼兒園內有許多「聽數取物」的情境，家長或幼教師隨時可以評量幼兒聽數取物的能力，例如：「拿 2 包餅乾放桌上。」、「拿 3 張色紙給老師。」等。也有正式測驗將「聽數取物」列為評量的項目之一，例如：「學前兒童數學實作評量」（林月仙，2016）、「幼兒數與運算測驗」（張麗芬，2013a）、「幼兒數學能力測驗」（TEMA）（Ginsburg & Baroody, 2003）。

（四）數字與具體物配對

數字與具體物配對包含「認讀數字」與「聽數取物」兩種能力，幼教師或家長可以寫某個數字或拿數字卡對幼兒說：「請你拿和這個數字一樣多的筆。」或其他任何物品，用以評量幼兒是否具備數字與具體物配對的能力。將此列為評量項目的幼兒數學能力測驗，例如：「學前兒童數學實作評量」（林月仙，2016）、「研究本位早期數學評量」（REMA）（Clements et al., 2008）。

三、應用問題與計算

　　國外研究顯示，學前幼兒解決簡單應用問題的能力最能預測國小一年級期末的數學成就（Jordan, Kaplan, Locuniak, & Ramineni, 2007）。數學應用問題通常以文字或口語描述問題。解題時，必須了解問題的概念架構與重要特徵，才能正確解題（張麗芬、林毓芬，2012）。幼兒數學能力測驗通常會包含幾個評量解題能力的試題，其被加數、被減數、加數、減數、和、差通常是一位數，不涉及進位和退位概念，例如：「學童數學成就測驗」（謝如山，2014）、「幼兒數學能力測驗」（TEMA）（Ginsburg & Baroody, 2003）；也有部分幼兒數學能力測驗將「和」或「被減數」數字稍微放大，探討幼兒解題及進位加法和退位減法的計算能力，例如：「學前兒童數學實作評量」（林月仙，2016），結果顯示 6 歲幼兒在不涉及進位或退位應用問題的答對率介於81%至86%之間，在進位加法和退位減法應用問題的答對率，比不涉及進位和退位應用問題略低，介於 72%至 85%之間。

　　學齡前幼兒如何解數學應用問題？張麗芬（2013b）透過微發生學設計，探討幼兒在遊戲和課業兩種情境的加法計算策略，大致分為五類：(1)具體實物策略：幼兒拿取與被加數和加數相等數量的花片，用手指逐一點數；(2)手指策略：幼兒使用手指協助計算，包括全部計數、從被加數往上數、從加數往上數、從大數往上數、手指辨識等策略；(3)畫圖策略：幼兒畫圈、愛心、人或應用問題內提到的物品，或不完整的算式輔助計算；(4)抽象策略：包括口頭計數和衍生策略；(5)提取策略：幼兒不經運算，直接從記憶中快速提取答案，這可能來自他人教導、重複練習，使基本的加減數字組合形成長期記憶，需要時即可快速且自動化的提取。研究結果頗耐人尋味——幼兒在不同情境使用的策略有顯著的差異，手指策略在遊戲情境出現較多，畫圖策略在課業情境出現較多。此外，張麗芬、張毓芬（2012）根據他們分析大班幼兒數學解題圖畫的研究結果，指出圖像式意象能幫助幼兒記錄數量，減輕工作記憶負擔，可提升幼兒解題能力，幼教師和家長可以看出幼兒的數學思考和解題策略。

　　謝如山（2014）歸納文獻指出幼兒面對減法問題時，會藉助實物操

作、加法與減法互補等策略，例如：「弟弟有 6 個草莓，吃了 2 個以後，還有幾個草莓？」幼兒可能會出現下列幾個解題方式：(1)用 6 個積木代表 6 個草莓，將其中 2 個拿開表示吃了，再數剩下的積木，回答還有 4 個草莓；(2)先數吃掉的 2 個，繼續往上數 3、4、5、6，有些幼兒會同時使用手指協助算出「還有 4 個」；(3)畫 6 個草莓或其他表徵符號，用手遮住 2 個表示吃掉，再算剩下的部分；(4)從原來的 6 往下數，6、5、4、3，最後 2 個是吃掉的不數。Baroody（1987，引自謝如山，2014，頁 7）提到，往下數用的是逆向唱數，相較於加法的順向唱數是比較困難的。林月仙（2016）的研究卻發現減法應用問題與加法應用問題的答對率相當，某些減法應用問題的答對率甚至顯著高於加法應用問題，摘要如表 7-1 所示，推測可能與國內幼兒不是用逆向唱數解決減法應用問題有關。

　　如前述文獻，幼兒解題過程需透過操作具體實物、點數手指、口頭計數、畫圖、嘗試錯誤等策略進行思考與運算，逐步發展出快速有效的解題與運算策略。卻有部分家長或教師對幼兒能自行解題的信心不足，當幼兒出現非正式數學行為時得到的支持並不多（張麗芬，2010），而是直接教導幼兒依應用問題的關鍵字使用加法或減法及「一加一等於二」、「五減二等於三」等快速計算方式，透過重複練習以達運算精熟。當幼兒面對學過或類似的應用問題時，藉由「提取策略」「快速且正確」回答問題，而不是自行思考如何解題，導致面對沒學過的應用問題時，不知如何思考與解題。這也是許多家長、老師甚至學生本人感到困擾的——計算能力沒問題，但不知如何思考與解題。或許是數字計算可以透過重複練習達到精熟，對幼兒、幼教師和家長來說都比較容易有成就感。筆者觀察發現不少親子以數字計算進行互動，也有不少幼兒園提供幼兒練習加減計算。事實上，計算只是解題的過程之一，重點應是如何思考與解題，而不是機械化的計算練習。

　　幼兒在日常生活中，會自發出現數學應用問題的情境與對話，例如：「我有 3 枝筆，弟弟有 2 枝筆，猜猜看我們兩個人加起來有幾枝筆？」、「不公平，妹妹有 6 個餅乾比我多！」等。老師和家長可透過對話、實物操作或圖畫表徵等方式，評量幼兒的思考和解題策略，特別是幼兒未能正確解題時，應分析其實物操作、圖畫與對話內容，以了解幼兒是否理解題意？是否有迷思概念？還是解題策略不適當？再引導正確的解題思考方

表 7-1 4 至 6 歲幼兒獨立回答加法和減法應用問題之正確百分比對照

題型	題目內容	4 歲 （N = 442）	5 歲 （N = 473）	6 歲 （N = 457）
A[1]	•妹妹有 3 個蘋果，媽媽又給她 2 個蘋果，現在妹妹有幾個蘋果？	35.5	65.3	※[2]
	•弟弟有 5 個草莓，吃了 1 個以後還有幾個草莓？	57.0	79.7	※
B	•妹妹有 4 個蘋果，媽媽又給她 3 個蘋果，現在妹妹有幾個蘋果？	※	61.5	81.0
	•弟弟有 8 個草莓，吃了 4 個以後還有幾個草莓？	※	60.7	86.2
C	•哥哥有 6 個熊寶寶，弟弟有 5 個熊寶寶，兩個人加起來有幾個熊寶寶？	※	※	83.2
	•哥哥有 12 個大象娃娃，送給弟弟 3 個以後，哥哥還有幾個大象娃娃？	※	※	84.7

註：1. 題型 A 和 B 分別為「和」與「被減數」在 5 以內及 10 以內，不需進位或退位；題型 C 為個位數相加的進位加法，以及被減數介於 11 至 19 之間，「減數」和「差」均為個位數的退位減法。

2. ※表未施測，因該測驗編製者考量受試者的認知能力差異與專注時間有限，不同年齡組之試題略有不同。

向。當幼兒自發出現數學相關對話，可先回答以維持對話，再以遊戲方式輪流交互出題「考」對方，或故意說錯誤的答案，看看幼兒是否能發現錯誤及如何糾正，在解題遊戲中評量幼兒之數學解題概念。

本節分數字系統知識、數量關係、應用問題與計算等三方面，說明幼兒數與計算概念之評量。除了介紹正式出版的測驗與為研究目的而設計的評量方法外，筆者另就個人教學與研究經驗說明如何在日常生活中評量幼兒的數與計算概念，期待幼教師和家長能藉由對話、遊戲、購物、實物操作等兼具生活化與趣味性的活動，評量幼兒之早期數與計算概念。

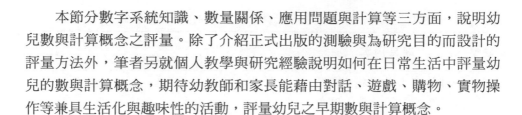

第三節　量與實測

雖然多數幼兒數學能力測驗未將錢幣、重量、長度和時間等數學概念納入評量項目，考量它們是幼兒日常生活經常接觸的數學概念，也是學習數學的基礎，本節依序說明學前幼兒之金錢、重量、長度和時間等四類量與實測概念的評量。

一、金錢概念

多數學前幼兒有到商店購買東西或玩買賣遊戲的經驗，在買賣過程中需認識錢幣名稱和幣值，但將金錢概念與使用納入幼兒數學能力評量項目的測驗相當有限。國內有關幼兒金錢概念與使用的研究相當少，筆者搜尋國內期刊，僅有鍾志從、洪淑蘭、趙威（1999）探討幼兒的金錢概念與使用能力及其父母金錢教養之影響。鍾志從等人為了解幼兒的金錢概念使用能力，編製了「幼兒金錢概念量表」和「幼兒金錢使用概念量表」，前者包括現行流通之七種錢幣的辨認與幣值比較；後者是透過買賣遊戲評量幼兒是否會依照銷售物品的標價付錢，包括一對一配對付現、轉換付現和加法付現三類題型。研究結果顯示：我國5歲兒童能依據施測者的要求指認錢幣與說出錢幣名稱、能正確比較幣值大小，也能以1元、5元和10元硬幣進行等值付現的買賣遊戲。

金錢使用是生活中重要的一環。家長可以每天給學前幼兒5元或10元零用錢，鼓勵幼兒用零用錢購買想要的東西。帶幼兒上街時，可問他「有多少錢？」、「想買什麼？」、「這東西要多少錢？」、「你的錢夠不夠？」如果不夠，可再問「還要再存幾天才能買？」除了可評量幼兒的金

錢概念，幼兒同時能學習如何使用金錢和數學應用問題，還可透過延宕滿足的歷程學習等待，一舉數得。

二、重量概念

　　「輕」與「重」並不是幼兒常用的語彙。幼兒描述物體的特徵時，使用的詞彙多數為顏色、大小、形狀、質感（例如：毛毛的、軟軟的、硬硬的）、溫度（例如：冰冰的），即便物體有明顯的重量特徵時，「輕重」亦非首要提到的詞彙，而用「他好大」、「他很壯」取代，特別是 3 歲以前的幼兒，容易發生「大」與「重」二詞誤用的狀況（莊麗娟，2007）。有趣的是，莊麗娟的研究卻發現，不涉及輕重詞彙的運用時，即便是 3 歲幼兒，已能正確辨識物體的輕重，且了解物體輕重所產生的效應並做簡單預測。該研究也發現 3 歲幼兒對「比較重」這個詞有初步理解，但僅限於兩物體都重時，若要 3 歲幼兒比較兩個都很輕（5 公克以下）的物體，例如：問幼兒：「哪一個比較重？」幼兒的回答是：「沒有誰比較重，一樣輕！」若問：「哪一個比較輕？」幼兒卻能正確指認比較輕的物體。5 歲以後，「比較重」詞彙的理解與應用就較為成熟了。

　　國內外探討重量概念發展的研究大多以「保留概念」為主。重量保留概念的研究主要源自於 Piaget 與 Inhelder（1974，引自莊麗娟，2004，頁163）運用「變形」（例如：將球體壓成扁平狀）、「分割」（例如：將黏土一分為二）、「溶解」等方式來檢視兒童的重量保留概念。Piaget 與 Inhelde 的研究結果指出，兒童大約到了 9 歲後，具可逆思考能力，才能了解重量保留概念。莊麗娟（2004）設計「3～6 歲幼兒重量概念個別晤談表」，探討物質的重量特性以及重量保留推理，研究結果顯示：5 歲以前的多數幼兒主要以「外觀顏色」來辨識物質，大約 6 歲幼兒能以重量特性做為區辨物質的線索；「重量保留推理」大約 4 歲開始萌發，多數幼兒對重量的推測，仍受「離地高度」、「擴展與壓縮」、「變形與分割」、「溶解」和「冷熱效應」等因素干擾，部分早慧兒童具有同一、補償和可逆思考，能自發採用輔助線索進行成熟的重量保留推理，遠比 Piaget 與 Inhelder 認定的 9 歲早。

　　幼兒對重量概念的認知始於拿、舉、搬、推等觸覺經驗，建立主觀重

量（subjective weight）概念，認為重量就是感覺很重，接著逐漸關注物體本質特性，發展為客觀重量（objective weight）概念（莊麗娟，2007；Galili & Bar, 1997）。在安全且不違背規矩的情形下，幼教師和家長可鼓勵幼兒「用手拿看看，輕還是重？大約有多重？」、「比比看，哪一個比較重？」藉以評量幼兒對重量的概念，同時提升幼兒對重量的「量感」。

三、長度概念

長度是物體的屬性之一。在日常生活中，幼兒可以透過視覺或觸覺等感官察覺物體的長度。卻僅有少數幼兒數學能力測驗將長度概念納入評量項目，例如：「學前兒童數學實作評量」（林月仙，2016）、「研究本位早期數學評量」（REMA）（Clements et al., 2008）。國內探討長度概念與測量的研究多以國小以上學生為對象，以幼兒為對象者相當少，筆者查詢僅有三篇，摘述如下：

1. 臺中市愛彌兒教育機構、林意紅（2001）探討幼兒如何測量甘蔗及其他物品長度的歷程。幼兒起初先以身體部位做為測量單位，發現身體部位長度因人而異，導致測量不一致，接著改用連環扣、吸管、書本等變異較小的非標準化單位，再到標準化單位的歷程。

2. 林月仙（2016）使用「學前兒童數學實作評量」探討 3 至 6 歲幼兒對長短和高矮的區辨、長度估測與實測能力，研究結果顯示：3 歲幼兒即可以視覺區辨長短和高矮，5 歲和 6 歲幼兒分別有 85% 和 95% 能使用非標準化單位進行實測，但各僅有 21% 和 34% 的幼兒能正確估測。

3. 張乃云（2007）探討大班幼兒的長度測量概念，主要結果有下述四項：(1)幼兒能指出物品或身體部位的長度，且知道長度的起迄點，並能以線段、箭頭或連接線畫出物品或身體部位的長度，但只看到直線部分，易忽略曲線部分；(2)在長度的直接比較和排序方面，知道一端對齊後比較另一端的長短、知道比較長度需要拉直、知道比較長度的終點是物品的末端、會以視覺直接比較長短、會以遞移的概念比較三者以上的長度和排序；(3)在間接測量方面，知道以柔軟可彎曲的繩子或捲尺測量頭圍和腰圍等曲線；(4)幼兒能依據待測物

的長度選擇適合的長度測量單位、會在心裡先把物體分成幾個相等的測量單位，再估測物品的長度，但六名研究對象中僅一人估測正確。

「長度」是比較具體的概念，大多數幼兒能藉由視覺區辨不同物品的高矮和長短、能使用不同的測量工具／單位進行實測，而獲得物品粗略的長度，但長度估測的正確率偏低。筆者觀察臺灣地區成人對長度估測的描述正確性亦欠佳，可能是我們的社會不重視估測能力所致。長度估測為「量感」能力之一，平時幼教師或家長可以和幼兒玩長度猜猜看遊戲，再藉由實測檢視誰估測的比較準確，透過遊戲建立長度量感概念，例如：「桌子的長度和幾枝原子筆接起來一樣長？」、「手機的長度大約幾公分？」、「妹妹的頭髮大約幾公分？」

四、時間概念

傳統上，多藉由報讀鐘面時刻和撥動長短針來評量受試者的時間概念。現今電子鐘／錶普遍，直接報讀數字即可知道當下時刻。比較重要的是在適當的時間做適當的事。因時間具有看不到、摸不著的抽象特性，需透過各種生活事件與引導，幼兒才能感受它。因此，建議幼教師和家長可在日常生活中引導幼兒以時鐘指針為參照，學習時間管理，例如：幼兒打開電視時，指著時鐘請他看長針指的數字（例如：1），當長針移到某個數字（例如：6）時就要關電視；幼兒玩玩具前，先預告短針走到 6 長針走到 12 時要吃飯；短針走到 9 長針走到 12 時媽媽要說故事；長針走到 6 就要睡覺等。

若想對幼兒時間概念有更完整的評量，則可參考陳埒淑（2010）為探討幼兒時間概念教學成效，而設計 5 至 6 歲幼兒適用的「時間概念實作檢核表」。該檢核表包括報時、時間順序、時間週期、期間和時間量等五個向度，其評量方式如下：(1)報時：由主試老師撥教學用時鐘讓幼兒報時，或請幼兒依據主試老師的要求撥至整點或半點；(2)時間順序：主試者呈現一天作息的圖片，請幼兒依時間的先後順序排列並說明排序的理由；(3)時間週期：以白晝與黑夜輪替、每個星期上一次的課程、每個月舉辦一次的活動，以及一年過一次生日等活動，評量幼兒對天、星期、月和年的週期概

念；(4)期間：主試者詢問幼兒「從現在到回家要多久？」、「在遊戲場可以玩多久？」由幼兒口頭回答；(5)時間量：主試者詢問幼兒「施測」這個遊戲和某個遊戲哪個時間長，以及上課到回家的時間有多長，以評量幼兒對時間量的概念。

本節參考幼兒量與實測相關研究及筆者個人教學與研究經驗，說明與幼兒日常生活經驗相關之金錢、重量、長度和時間等四項量與實測概念的評量，期待家長和幼教師能透過日常生活之各項活動，評量與提升幼兒對金錢、重量、長度和時間等量之估測與實測概念。

第四節 幾何圖形與空間

幾何圖形及空間概念與個體對生活周遭環境的認識和使用關係密切，雖然僅有少數幼兒數學能力測驗將它納入評量項目，為能對幼兒數學能力有較為多元且全面性的了解，以下依序說明幾何圖形和空間概念的評量。

一、幾何圖形

形狀是物體的特徵之一，幼兒在日常生活周遭可以看到各種形狀的物品。部分幼兒數學能力測驗將幾何圖形的辨識、命名、分類、組合與建構等納入評量項目，例如：「學前兒童數學實作評量」（林月仙，2016）、「研究本位早期數學評量」（REMA）（Clements et al., 2008）。也有配合研究需要而編製幾何圖形相關測驗者，說明如下：

1. 張靜文、張麗芬（2014）為了解幼兒對幾何圖形之辨識能力，編製了「幾何圖形辨識任務」，包括圓形、正方形、長方形和三角形等四張任務圖形，每一張幾何圖形均包含典型圖形、非典型圖形、開放圖形和類似圖形等四類十一個圖形，先請幼兒就紙上的十一個圖形，圈選目標圖形，不是目標圖形則打叉。接著，再針對目標圖形進行晤談，藉以了解幼兒選擇某個圖形是目標圖形及不選某個圖形為目標圖形的理由。

2. 李文貞、鍾志從（2006）為探討幼兒的幾何形體概念，考量幼兒的身心發展階段及參與動機，編製具有故事性的遊戲活動「幼兒幾何形體概念評量表」，包括四個活動：(1)「小蜜蜂奇遇記」：用來評量幼兒描述球體、四角錐、橢圓體、正方體、三角柱、三角錐、圓柱體、圓錐、長方體等立體幾何所使用的詞彙和分類；(2)「恐龍生病了」：用來評量幼兒看到圓形、正方形、三角形、長方形、橢圓形、菱形、梯形等平面幾何時，描述形狀使用的詞彙和分類表現；(3)「神秘寶物」：用來了解幼兒分別觸摸前述九個立體幾何後，是否能從照片中選出與所觸摸之立體幾何適配的照片；(4)「小朋友眼睛照過來」：用來了解幼兒是否能透過平行正投影，以視覺抽離立體幾何組中的平面幾何。

3. 洪文東、沈宴竹（2011）編製的「幼兒幾何圖形測驗」，包括七個題目：(1)分別詢問幼兒蘋果、三明治、衛生紙……各是什麼形狀；(2)主試者呈現一張圖後，問幼兒這張圖裡有幾個圓形、三角形、正方形和長方形；(3)主試者呈現一張圖後，問幼兒哪些是開放圖形？哪些是封閉圖形；(4)給一張圖後，詢問幼兒開口的方向；(5)給幼兒三十張圖片，請幼兒依編號次序分辨何者是正方形？何者不是正方形？何者是三角形？何者不是三角形；(6)呈現一張有垂直線、右上左下斜線、S 形曲線、水平線、左上右下各五條的圖形一張，請幼兒仿畫；(7)呈現一張有圓形、正方形、長方形、三角形和菱形的圖後，請幼兒依主試者之指示仿畫圖形。

學前幼兒的幾何圖形概念評量，大致包含辨認、命名、分類和建構等四類。幼教師和家長可利用生活周遭環境中自然與人為的物件，讓幼兒從中辨認不同尺寸、角度和傾斜程度之典型和非典型幾何圖形並加以命名與分類；也可以請幼兒利用鉛筆、筷子、吸管、七巧板、積木等各類物品，組合與建構幾何圖形，或用數學語言和非數學語言描述幾何形狀，例如：書本像一個長方體、立方體像一個盒子等，在生活中評量幼兒的幾何圖形概念。

二、空間概念

空間概念包含空間關係與空間定位。空間關係包含位置、方向和距離；空間定位則是在一定空間中安排或建構周圍的物體（陳塏淑，2005）。陳塏淑為探討幼兒空間概念教學方案之成效，設計了「幼兒空間概念實作評量」，以幼兒熟悉的建築物描述方向和位置，給予情境，再由幼兒操作實物設定空間位置，或應用空間概念解決問題。該評量將內外、上下、前後、左右等概念做為評量內容，例如：評量者與幼兒面對面，伸出手和幼兒握手，再問幼兒：「握手的這一隻是你的左手還是右手？」、「我跟你握手的是右手還是左手？」或是要求幼兒移動某一物品放在櫃子的某一個方位等。

洪文東（2011）為探討空間主題教學活動對幼兒空間概念學習與認知之影響，設計了「幼兒空間概念半結構式晤談」，內容包含方向、立體、速度和平面等概念。以圖片呈現題目後，問幼兒答案並說明為什麼？例如：評量者呈現一張由左至右依序為葡萄、香蕉、蘋果、西瓜和櫻桃的圖片後，問幼兒「在最中間的是什麼？為什麼？」用來評量幼兒的「方向」概念；或是評量者呈現一張有機車和腳踏車的圖片，請幼兒分辨跑得快和慢，並請幼兒說明判斷的原因。

空間概念與幼兒每天的生活能力有關，幼教師在平時就可觀察並評量幼兒的空間概念。若幼兒要某一物品時，幼教師或家長可以口頭描述該物品的位置、請幼兒將物品放在某個位置、出門前先畫簡要地圖或寫出路名和方向，讓孩子看地圖或說明找路，例如：「巧克力在冰箱『裡面』，自己拿。」、「請你把書包放在書桌旁邊的櫃子上。」、「走出家門口，右轉，第二個紅綠燈再右轉，第三個路口左轉，左邊第三間。」

本節參考圖形與空間相關研究及筆者教學與研究經驗，說明幼兒幾何圖形與空間概念之評量。期待家長和幼教師能善用環境中各式各樣的幾何圖形及空間相關之活動和對話，評量與提升幼兒的幾何圖形與空間概念。

第五節　結論

　　一般幼兒數學能力評量大多聚焦於「數與計算」，國內正式出版的幼兒數學能力測驗也不例外。考量金錢、重量、長度、時間、幾何圖形和空間等概念，也是學習數學的基礎且與幼兒日常生活關係密切，因此，本章就「數與計算」、「量與實測」、「幾何圖形與空間」等三個數學領域說明早期數學概念的評量，從比較多元的觀點評量早期數學概念，察覺不足之處，也發掘相對優勢能力。

　　囿於幼兒的讀寫能力與專注時間，早期數學概念的評量宜透過操作、繪圖、晤談、遊戲等實作方式進行。本章除了介紹各項早期數學概念之正式評量，也說明幼教師和家長在日常生活中如何透過遊戲與活動和幼兒進行數學互動，並對幼兒出現的數學相關言行予以回應和支持，在生活中、操作性和趣味性的互動過程評量幼兒的數學概念。

參考文獻

中文部分

李文貞、鍾志從（2006）。幼兒幾何形體概念發展研究。人類發展與家庭學報，8，1-29。

林月仙（2016）。學前兒童數學實作評量跨城鄉與族群之DIF及測量不變性分析。科技部補助專題研究計畫期末報告（MOST 104-2511-S-003-057 -）。臺北市：國立臺灣師範大學特殊教育中心。

洪文東（2011）。空間主題教學活動對幼兒空間概念學習與認知之影響。美和學報，30（1），125-146。

洪文東、沈宴竹（2011）。幼兒幾何圖形測驗編製與施測。幼兒保育學刊，9，61-76。

桂冠前瞻教育叢書編譯組（譯）（2000）。兒童的數學思考（原作者：A. J. Broody）。臺北市：桂冠。

張乃云（2007）。幼兒長度測量概念之研究（未出版之碩士論文）。國立臺南大學，臺南市。

張靜文、張麗芬（2014）。幼兒幾何圖形辨識之研究。教育研究學報，48（2），101-126。

張麗芬（2010）。幼兒非正式數學經驗蒐集方法之比較。幼兒教育，297，41-60。

張麗芬（2013a）。學前幼兒數學能力發展與成長之長期研究（第二年）。行政院國家科學委員會專題研究期末報告（NSC 100-2410-H-024-019-MY2）。臺南市：國立臺南大學幼兒教育學系。

張麗芬（2013b）。不同情境中學前幼兒加法計算策略之分析：微發生學設計。教育研究學報，47（2），99-126。doi:10.3966/199044282013104702005

張麗芬、林毓芬（2012）。幼兒數學圖畫表徵之研究。屏東教育大學學報教育類，39，1-34。

教育部（2016）。**幼兒園教保活動課程大綱**。臺北市：作者。

莊麗娟（2004）。三～六歲幼兒對重量概念的認知：本質認知與保留推理。**科 學 教 育 學 刊**，12（2），159-182。doi:10.6173/CJSE. 2004.1202.02

莊麗娟（2007）。三～六歲幼兒對重量概念的認知：基礎認知與現象推理。**科 學 教 育 學 刊**，15（1），73-97。doi:10.6173/CJSE. 2007.1501.04

許惠欣（修訂）（1996）。**幼兒數學能力測驗**（原作者：H. P. Ginsburg & A. J. Baroody）。臺北市：心理。

陳英娥、陳彥廷、柳嘉玲（譯）（2006）。**幼兒數學教材教法**（原作者：R. Charlesworth）。臺北市：湯姆生。

陳埩淑（2005）。教小一辨左右前空間概念教學之研究。**臺中教育大學學報：數理科技類**，19（2），53-68。

陳埩淑（2007）。幼童數量知多少？不同族群幼童數量推理發展之研究。**臺中教育大學學報：數理科技類**，21（1），43-64。

陳埩淑（2010）。幼兒時間概念教學之研究。**屏東教育大學學報：教育類**，34，35-66。

臺中市愛彌兒教育機構、林意紅（2001）。**甘蔗有多高：幼兒測量概念的學習**。臺北市：信誼。

謝如山（2014）。**學童數學成就測驗**。臺北市：心理。

鍾志從、洪淑蘭、趙威（1999）。幼兒金錢概念、金錢使用能力及其父母金錢教養之影響。**家政教育學報**，2，90-110。

英文部分

Broody, A. J., & Wilkins, J. L. M. (1999). The development of informal counting, number, and arithmetic skills and concept. In J. V. Copley (Ed.), *Mathematics in the early years* (pp. 48-65). Washington, DC: National Association for the Education of Young Children.

Clements, D. H., Sarama, J. H., & Liu, X. H. (2008). Development of a measure of early mathematics achievement using the Rasch model: The Research-Based Early Maths Assessment. *Educational Psychology: An International Journal of Experimental Educational Psychology, 28*, 457-482. doi:10.1080/01443410701777272

Duncan, G. J., Dowsett, C. J., Claessens, A., Magnuson, K., Huston, A. C., Klebanov, P., ⋯ Japel, C. (2007). School readiness and later achievement. *Developmental Psychology, 43*, 1428-1446.

Galili, I., & Bar, V. (1997). Children's operational knowledge about weight. *International Journal of Science Education, 19*, 317-340. doi:10.1080/0950069970190305

Geary, D. C. (2013). Early foundations for mathematics learning and their relations to learning disabilities. *Current Directions in Psychological Science, 22*, 23-27.

Ginsburg, H. P., & Baroody, A. J. (2003). *Test of Early Mathematics Ability* (3rd ed.). Austin, TX: Pro-ed.

Jordan, N. C., Kaplan, D., Locuniak, M. N., & Ramineni, C. (2007). Predicting first-grade math achievement from developmental number sense trajectories. *Disabilities Research and Practice, 22*, 36-46.

第八章

行動數學課程本位測量：
診斷兒童數學能力的利器

崔夢萍

第一節　前言

　　數學能力持續降低的現象是教師長期以來關注的問題。根據美國的研究顯示，約有三分之一的學生在學校的學習適應產生問題，31%的學生在數學方面之表現低於基本能力（Braswell et al., 2001）。Badian 與 Ghublikian（1983）以及 Fleishner 與 Marzola（1988）的研究皆指出，小學階段數學學習障礙學生的出現率為 6.4%；從教育部特殊教育通報網及中華民國統計資訊網的人口靜態統計資料顯示，2015 年國小學習障礙人數為 13,169 人（特殊教育通報網，2016），占該年國小學生人數的 1.12%。雖然國內的學障出現率似乎較國外為低，但受到文化因素之影響，我國仍有許多學生為潛在學習障礙，或因家長因素未列入學習障礙學生。因此，及早發現學生之數學學習問題為實施有效教學介入的重要關鍵。

　　隨著學習障礙鑑定派典由傳統的差距標準到介入反應模式（response to intervention, RTI），Fuchs 提出介入反應模式的四階段來發現與教學介入特殊學生之程序：階段一為追蹤普通班全體學生的學習成長速度；階段二是

從階段一的資料中，找出班上學習明顯落後的高危險群學生；階段三則是對於階段二的學生採取普通教學調整措施，並持續觀察學生在調整的狀況下，其學習成效是否有明顯改善；階段四則是在上述普通教育階層的介入之後，確定仍需要特殊教育協助的學生（引自洪儷瑜、何淑玫，2010）。在介入反應模式中，以評量診斷作為資料本位為基礎（data-based driven）的系統化歷程扮演重要的角色，學校必須從形成性評量資料中，提供經常性與即時的學生學習表現資訊，作為篩選特殊學生與監控學生學習之依據，以作為教學調整的指標。

課程本位測量（curriculum-based measurement, CBM）即是以資料本位改進方案（data-based program modification, DBPM）所發展的有效形成性評量方式（Deno & Mirkin, 1997），是目前最好的監控學生進步情形之評量模式，亦為介入反應模式的最佳評量工具（Fuchs & Fuchs, 1998; Tindal & Marston, 1990）。經過三十多年來持續在運用課程本位測量於特殊及普通班兒童之研究已有相當豐富的基礎，皆支持課程本位測量在心理計量層面上的適當性，並能有效的影響教師教學計畫的研擬與調整，進而增進學生在各學科領域的學習成效，例如：閱讀（Stecker & Fuchs, 2000）、數學（崔夢萍，2004；Foegen & Deno, 2001; Fuchs, Fuchs, Hamlett, & Stecker, 1991; Tsuei, 2008）、寫作（Tindal & Paker, 1989），以及拼字（Fuchs et al., 1991）等方面的學習。

第二節　課程本位測量

一、課程本位測量的定義與內涵

課程本位測量為一標準化、短時間且能經常實施的系統化評量歷程，評量結果能敏銳的反映學生在學科領域表現之指標（Shinn, 1998），以作為評鑑教師教學方案成效的依據。CBM 乃由美國 University of Minnesota 的 Deno 教授及其研究團隊於 1986 年所發展，目標在 DBPM 資料蒐集的過程中，建立具有信效度的標準化程序（Deno, 1986）。以資料本位為基礎的改

進方案之主要目的，在於以形成性評量方式來長期監控特殊學生學習，以作為教學介入方案之依據，因此評量工具必須能在短時間、簡單、容易實施，且評量內容必須與學科領域相關。Gickling 於 1981 年首次提出課程本位評量（curriculum-based assessment, CBA）模式的定義：任何評量方式以學生正在學習的課程內容作為評量，並直接觀察與記錄學生在目前課程內容學習的持續表現，評量結果作為決定學生個別化教學需求。CBA 的發展目的在為改進特殊教育過分依賴標準化測驗等常模參照測驗之結果，來作為分類與安置特殊學生決定的現象，因常模參照測驗缺乏與課程內容的重疊性，內容效度較低，且無法敏銳反映學生些微的進步情形，測驗結果對於教學設計方案無太大助益（Shinn, 1998）。

　　課程本位評量（CBA）即以形成性評量替代標準化測驗，而作為監控學生學習進步（Foegen, Jiban, & Deno, 2007），以及安置特殊學生進入適當層級的教學群體（Buysse & Peisner-Feinberg, 2010）。CBA 的發展主要具有下列幾個特徵：(1)評量內容以學生學習的教材為範圍；(2)測驗實施時間較短、能夠重複施測、測驗結果能夠反映學生學習的優弱點。依據 CBA 概念而陸續發展出許多評量模式，課程本位測量（CBM）即為課程本位評量（CBA）模式之一，是受到最多實徵研究支持，也是最廣為使用的一種模式（Taylor, 2000）。

　　課程本位測量模式的主要發展目的為：(1)提供教師在班級中持續實施評量的方式；(2)能提供準確、有意義資訊，能指出學生的學習表現與成長進步情形；(3)能作為教師教學計畫與學生學習成長評估之依據；(4)提供改進教學與調整教學計畫之訊息（Deno, 1985）。課程本位測量是美國目前廣泛應用於低成就與特殊需求學生的一種評量方式（Idol, Nevin, & Paolcci-Whitcomb, 1996），更可以在普通班進行全班性的實施（Tsuei, 2008）。

二、課程本位測量的特徵

（一）評量內容與學生學習的課程內容緊密連結

　　課程本位測量為一具有高度內容效度與課程效度的評量工具，乃針對特定學科內容，持續監控個別學生在現有課程內容之學習表現，作有系統

的流暢性持續評量。每一次的評量內容包含該學期（年）課程中的每一學習技能層面，每一次重複施測之 CBM 評量卷皆為測驗複本，因此具有一致性的難易度與內容構念。

（二）施測時間短，重複施測結果作為學習動態指標

CBM 以流暢性作為評量模式。流暢性代表兒童在解題或測驗過程中的解碼（decode）能力，即測量學生在固定時間內問題解決的能力，得分愈高者，能力愈好。流暢性評量之結果常為兒童學習能力的重要指標（Wright, 1999），因此課程本位測量係針對學生的基本能力實施短時間之流暢性評量，能提供教師有關學生特定學科的學習速率。

CBM 以重複施測有效的形成性評量，以及動態（dynamic）方式反映出學生學習的進步情形，此動態結果在評量上具有兩層重要意義（Shinn, 1998）：(1)動態指標可對照常模成長，以作為個別學生之間相對的能力比較。常模成長數據為學區、學校或大規模蒐集分析學生在 CBM 測驗每週成長的進步速率，教師可將特殊學生在 CBM 的成長分數與常模成長分數進行比較，即可作為反應介入模式中，區辨學生多層次介入之依據，例如：須接受一般教學（層次一）、小組特別協助（層次二），或是個別深入補救教學（層次三）（Ginsburg, Lee, & Pappas, 2016）；(2)提供個別學生在階段時間內的能力變化情形：重複施測方式能敏銳並即時反映學生學習的成長情況，並能比較學習的改變部分。

（三）評量內容以課程長期目標為範圍

課程本位測量以長期學習目標與監控作為評量範圍，而非以短期學習目標進行評量。CBM 以一學期或一學年的學生學習長期目標為施測內容，每一份 CBM 測驗卷皆從目前學習的教材中依照特定隨機選題機制來選題，使得每一份測驗卷都包含長期學習目標的固定比例。因此，每一道題目皆能代表某一特定的長期學習目標或問題型態。

傳統上，教師習慣於短期學習目標的評量，因易於了解學生在某單元（階段）的精熟情形，教師可據此直接引導教學步驟（Fuchs, Wesson, Tindal, Mirkin, & Deno, 1982）。若以短期目標為評量內容時，學習障礙或低成就兒童可能因尚未發展學習遷移能力（transferring skills）（Anderson-Inman,

Walker, & Purcell, 1984; White, 1984），而無法在短時間內將目前的學習能力與下階段的學習能力作連結。因此，教師在評量後，常認為學生已經精熟某單元學習之短期目標，因而將教學內容與測驗內容同時轉移到下一個學習目標，極易導致學生在學習上的困難，因學生的學習表現與長期學習目標的評量未能一致（Fuchs & Fuchs, 1986）。

因此，CBM 以長期學習目標為評量的內容，評量學生的學習能力，並強調教師將教學著重於學生學習之維持及類化（generalization）（Fuchs & Fuchs, 1986）。

（四）具有信效度測驗，評量結果可作為區域常模，為鑑定學習障礙學生之依據

CBM 具有信效度，實施過程標準化，評量結果可產生豐富的學生學習資訊，用以作為檢視教學介入之成效。縣市政府單位可蒐集班級、年級或學區的常模，以作為鑑定學習障礙兒童的依據（Deno, 1985）。

綜合上述，課程本位評量（CBA）與課程本位測量（CBM）皆以學生學習的課程為範圍，目的在於找出學生學習的問題，作為教學改進依據，但在測量的主要目標、實施方式及評量結果的運用上仍有差異存在（如表 8-1 所示）。

表 8-1　課程本位測量（CBM）與課程本位評量（CBA）的差異比較

項目	CBM	CBA
評量範圍	長期目標	短期或特定目標
測驗內容的標準化	有	無
測量方式	流暢性	標準參照或其他標準
施測時間	固定時間	不固定或依照教師指定
常模對照	有	無
測驗結果	綜合的	推論的

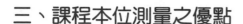

三、課程本位測量之優點

根據研究結果顯示，課程本位測量之優點如下（引自崔夢萍，2004）：

1. 因課程本位測量的測驗內容係針對全學年的課程並定期對學生加以施測，所得數據可繪製成曲線圖，對每一學生全學年形成性的進步情形，提供清晰、簡潔的描述（Fuchs & Fuchs, 1996）。

2. 課程本位測量能對學生在某一特定概念或技能上的表現，提供豐富且詳細的資料，因此可用於診斷學習問題的所在，教師並可根據每次學生成就評量的結果，決定如何改進教學方案（Fuchs & Fuchs, 1996）。

3. 課程本位測量的數據極易呈現學生在短期中的成長，能使老師有效的評量學生，並解決學生的學科成就問題（Deno, 1985）。

4. 課程本位測量可用普通班學生的能力表現作樣本，以求得班級、年級、學區、地區的常模，並可直接評量學生在某一學科領域（如國語科、數學科）的表現（Deno, 1985），用以作為鑑定學習障礙兒童的依據。

課程本位測量所具之優點可有效解決前述常模參照與標準參照測驗的問題，使其能客觀的評量學生學習改變之情形。經由經常性的施測，對於學生些微的成長具有敏感度，且其數據資料的蒐集是以個別參照來決定其成長情形，如此便與常模群體的特徵無關（Mehren & Clarizio, 1993）。

第三節　數學課程本位測量（CBM-M）的實施程序

數學課程本位測量乃以數學教材內容為評量範圍，來進行監控學生數學學習進步情形的方式。依據 Ysseldyke（1978）資料本位的決定模式，評量為資料蒐集的歷程，其目的在於篩選、介入方案，以及進步監控。Deno（1985）以此做為依據，發展出 CBM 評量模式。表 8-2 為 CBM-M 對應資料本位決定的實施步驟。說明如下。

表 8-2　資料本位決定步驟與 CBM-M 實施步驟對照表

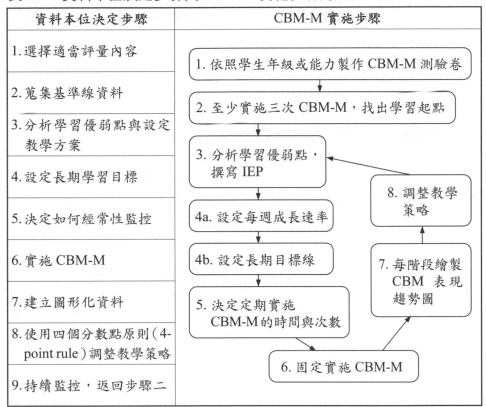

資料本位決定步驟	CBM-M 實施步驟
1.選擇適當評量內容	1. 依照學生年級或能力製作 CBM-M 測驗卷
2.蒐集基準線資料	2. 至少實施三次 CBM-M，找出學習起點
3.分析學習優弱點與設定教學方案	3. 分析學習優弱點，撰寫 IEP
4.設定長期學習目標	4a. 設定每週成長速率
5.決定如何經常性監控	4b. 設定長期目標線
6.實施 CBM-M	5. 決定定期實施 CBM-M 的時間與次數
7.建立圖形化資料	6. 固定實施 CBM-M
8.使用四個分數點原則（4-point rule）調整教學策略	7. 每階段繪製 CBM 表現趨勢圖
9.持續監控，返回步驟二	8. 調整教學策略

一、步驟一：選擇適當評量內容，製作 CBM-M 測驗卷

一般而言，CBM 的評量內容乃依照學生年級，但對於學習困難或學習障礙學生而言，係以對應他的學習能力作為評量內容，例如：國小四年級學生，但其數學能力為國小二年級，則以國小二年級數學 CBM 為評量內容。

CBM-M 測驗卷的編製方式如下（崔夢萍，2004；Deno & Fuchs, 1987）：

1. 分析特定年級數學課程中的問題型態，分為計算題、概念與應用題。

2. 依據每一種問題型態，編製題目，依照計算題、概念與應用題兩類排列。

3. 每一份 CBM-M 測驗卷須包含相同的問題型態，每一型態隨機選擇 1 題，放在複本測驗卷，教師可於開學初製作整學期的測驗卷 30～40 份。

4. 預試。

5. 修正試題。

二、步驟二：蒐集基準線資料

在教學介入前，必須建立學生的數學學習起點資料，因此以 CBM-M 在開學一週內實施 CBM-M 測驗卷三次以上，並以分數的中數（median score）為學生的學習起點。

三、步驟三：分析學習優弱點與設定教學方案

以步驟二蒐集得到的 CBM-M 資訊分析學生在數學能力的優弱點，並將未達到精熟的能力寫入 IEP。此時，教師必須確定在本階段內所採用的教學策略。

四、步驟四：設定長期學習目標

教師可參照學校或學區普通班學生數學進步的常模，設定每一週個別學生數學成長進步速率（growth rate）的參照值，並以整學期為目標，設定個別學生在學期結束時應達到的數學表現。

根據 Tsuei（2008）以紙本 CBM-M 測驗卷針對國小三、四年級普通班學生各三個班級，每週進行兩次 CBM 測驗，持續一年，其研究結果顯示：國小普通班三、四年級學生的數學成長進步速率為 2 分／週，各年級成長進步速率因教材難易度而不同。

期望目標分數的計算方式如下：

> 期望目標分數＝基準線中數＋成長進步速率×學期剩餘週數

例如：某一位國小四年級學生的基準線於學期第一週進行三次，CBM-

M 的數位計分之得分中數為 8 分，若一學期為 20 週，則教師可設定該生期末預期 CBM-M 的得分為 46 分（8 ＋ 2×19）。經由經常性的 CBM-M 測驗卷，可以比較學生實際表現與預期目標的差距，作為教學調整依據。

五、步驟五：決定如何經常性監控

經常性監控學習情形必須經常性施測，教師須定期實施 CBM-M 測驗卷，以評估學生數學進步、比較數學成長進步速率，以及比較各階段內的學生學習是否達到學習目標。經常性實施 CBM-M 以每週實施二次為原則（崔夢萍，2004; Fuchs et al., 1991; Tsuei, 2008）。

六、步驟六：實施 CBM-M

1. 施測時間：教師每次實施 CBM-M 測驗卷時，必須以固定的短時間進行流暢性評量，CBM-M 評量時間必須以該年級學生學習後完成一份 CBM-M 的常模時間作為標準。先前研究以「紙本」方式進行 CBM-M 測驗卷，國小三年級學生的每次作答時間為 7 分，四年級為 6 分 30 秒進行施測（崔夢萍，2004；Tsuei, 2008）。

2. CBM-M 計分：教師批改學生 CBM-M 測驗卷以數位計分方式（digital scoring）進行（Shinn, 1989; Wright, 1999），數位計分即是計算在各答案位置上的正確數字。有別於傳統數學分數以整題對錯計分，數位計分具有兩項重要的意義：(1)當學生答題錯誤時，能夠以快速與科學的方式呈現部分給分的概念，此概念符合數學重視建構學習過程之理論（Ellicott & Fuchs, 1997; Fuchs & Fuchs, 1996）；(2)每一題目的數位總分並不相同，能反映每一個題目的難易程度，當學生答對時，亦能顯示學生在該題目上努力的程度；國外電腦化 CBM 系統僅計算最後答案的數位分數，其餘皆不予計算（Fuchs & Fuchs, 1998），然而此方式未能完全符合 CBM-M 的評分精神（崔夢萍，2004）。

崔夢萍（2004）修改國外數學數位計分方式，以適用於國內的數學教學與學習方式，指出數位計分的原則與舉例如下：

1. 在正確位置上寫出正確數字得 1 分。

2. 數字反轉算入得分：國小學生容易將數字寫成左右相反，例如：3、6 等，此部分與計算能力無關，因此仍算答對。

3. 運算符號（包含小數點與分數橫線）：若為計算題，原有題目即包含運算符號，則不再計分（如圖 8-1 之範例 1、2），若為學生自行填寫則需計分。

4. 應用題計算過程：應用題計算過程多元，每一題的算法有多種，因此數位計分僅計算答案的數字及單位量。

5. 應用題的答案單位給 1 分。

6. 若為選項題，填寫答案處僅有一空格填寫，則為 1 分。若須選在選項上，則為選項數的分數，亦即學生若選對的項目，表示其亦了解其他項目是錯誤的，因此也必須計分（如圖 8-1 之範例 3）。

```
┌──────────────────────────────────────────────────────────────┐
│  範例 1              範例 2              範例 3                  │
│                                                                │
│    3 3 6              4 6 7      選選看 90 度的角叫做什麼?       │
│  ×   3             － 1 2 3     (1)直角    (2)圓角   (3)鈍角    │
│  ─────             ───────                                     │
│  1 0 0 8             3 2 4          √         √        √        │
│  √ √ √ √             √ × √                                     │
│                                                                │
│（數位得分＝4）    （數位得分＝2）    （數位得分＝3）            │
└──────────────────────────────────────────────────────────────┘
```

圖 8-1　範例

七、步驟七：建立圖形化資料

CBM 的主要特色即是以清晰的分析數據建立圖形化資料，以分析學生表現，並從學障兒童之 CBM 測驗結果，找出數學學習問題，作為評估教學決定的依據。Deno（1992）指出，教師可從基準線建立長期目標線，每週定期實施 CBM-M，並從分數算出數學的成長進步速率，據此了解在調整教學前後的學生學習速率變化。

值得注意的是，教師在繪製圖形化資料或是計算成長進步速率時，乃是以學生的原始數位計分來計算，不須轉換成百分比分數，因 CBM 是以學

生能力作為比較，每份 CBM 測驗總分並不相同，學生在每一答案空格的處理運算能力皆視為其數學能力，若轉換為百分比分數，則會將每個概念在該 CBM 測驗上給予均化的評定，且在每份 CBM 測驗上，各答案的能力比較就成為不相等，因此容易造成比較上的偏頗，這也是目前國內外研究對於 CBM 測驗的得分仍以數位計分方式處理的原因。

　　圖 8-2 為某學生之CBM得分趨勢圖。學生在基準線接受三次CBM-M測驗後，教師設定本學期學生的預期目標線（G），並實施每週二次CBM-M；教師於每八次 CBM 評量後，參照學生在 CBM-M 的得分趨勢，作為階段調整教學策略之依據。因此，CBM-M 進步趨勢圖可提供教師以下資訊：

1. 監控學生目前正在學習內容的持續表現。
2. 評估學生表現與預期目標的差距。
3. 如果教學策略維持不變，可預測各階段或學期長期目標，學生達成預期目標之可能性，以作為預測學生學習表現之依據。
4. 評估各階段教學策略的有效性，決定是否需要調整教學策略，並進行下一階段的教學策略決定。

　　因此，教師可運用課程本位測量的施測結果，發現兒童的數學學習問題，據此發展教學策略。

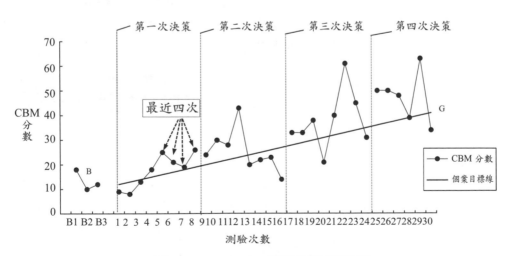

圖 8-2　CBM-M 表現趨勢圖範例

八、步驟八：使用四個分數點原則調整教學策略

　　根據資料本位決定原則（Lembke & Stecker, 2007），教師至少需蒐集六次學生的 CBM-M 測驗後，以最後連續四次的成績作為教學決定的依據。

　　如果所有的四個成績點皆落在目標線之上，顯示學生的學習表現高於預期目標，教師應調整學期長期目標，讓學生學習具有挑戰性。但：

1. 如果所有的四個成績點皆落在目標線之下，顯示學生學習表現低於目標，目前的教學策略無法有效提升學習，此時教師應修正教學策略。

2. 如果有些成績點在目標線上，有些成績點在目標線之下，則必須再蒐集更多的成績資料，持續觀察，直到四個成績資料點的表現是一致的。

　　以圖 8-2 為例，教師在第一次教學決定時，可使用最近四次的 CBM-M 成績點做為評估之依據，顯示該生成績皆在預期目標之上，因此可調高成長進步速率（2 分／週），例如：2.2 分。該生在第二次教學決策時顯示，最近四次成績點落在設定的目標線之下，因此教師應調回原來的成長進步速率（2 分／週）。在第三次教學決策之最後四次的成績仍不穩定，教師應繼續觀察與持續評量，進入第四次教學決策時，還是不穩定狀態，因此該生於下學期仍須持續監控其數學學習表現。

第四節　網路數學課程本位測量及相關研究

　　課程本位測量雖然具有高度的實用性與學術性，但在教師實務上卻受到一些限制，包含經常性評量準備CBM測驗卷需時較久（Goo, Watt, Park, & Hosp, 2012）、運用數位計分繁複且程序有時產生不一致現象（Tsuei, 2008）、教師反映對於分析學生資料的工作負荷大（Fuchs, Fuchs, & Hamlett, 1994）。因此，為協助教師有效實施課程本位測量，電腦化課程本位測量系統之發展有其必要性。

　　在 CBM-M 方面，國外發展的網路課程本位測量系統至少有九套（Goo,

Watt, Park, & Hosp, 2012），例如：Aimsweb、DIBELS Next、easyCBM、Edcheckup 等，可分為付費與免費系統，且皆包含三大主要功能：測驗卷內容、施測管理（如學生名單、成績處理等），以及成績表現分析。

根據 Fuchs、Hamlett、Fuchs、Stecker 與 Ferguson（1988）的研究顯示，特教教師使用電腦化課程本位測量時，每次可以節省至少五個小時，大幅提升教師實施 CBM 的意願。

然而，國內在使用上述 CBM 系統之數學課程本位測量時，具有以下三大限制：

1. 數學課程問題：國外的課程本位測量評量卷為固定內容，意即須先將課程本位測量內容事先編好測驗卷，其優點是容易建立難度與鑑別度等資訊，但缺點是國外的數學課程內容無法適用於國內教材，即使翻譯為中文版本，但礙於國內長期以來教師仍以教科書作為教學內容，教師接受度低。

2. CBM-M 測驗的數學問題型態之問題：依據 Fuchs 與 Fuchs（1998）所編製的 CBM-M 測驗卷，分別為計算（computation）題型 CBM 測驗卷、概念（concept）和應用（word-problem）題型 CBM 測驗卷，每一題型皆包含 30 份數學測驗卷，且為固定的內容。崔夢萍（2004）的研究顯示，國內教師認為 CBM-M 測驗卷分開題型的評量方式，無法反映普通班一般的數學測驗，低成就或學習障礙學生回到普通班接受施測時，仍感到困難。

3. 評分限制：國外系統目前的線上評分皆只能讓學生或教師將最後答案輸入電腦，而無法完全符合前述的數位計分方式，將計算歷程列入計分。但因國內教師十分重視學生的解題歷程，僅有以答案計算數位計分的方式，教師接受度低。

有鑑於上述國外的數學課程本位測量系統在國內實施的問題，崔夢萍（2002，2004）發展建置了遠距數學課程本位測量系統（electronic curriculum-based measurement system, ECBM），並發展了一套數學概念能力編碼表，以診斷學生數學概念學習之優弱點（崔夢萍，2004）。ECBM 信度介於 .63～.76 之間（$p < .01$），效度介於 .40～.84 之間（Tsuei, 2008）。

Tsuei（2008）的實徵研究係以臺北市兩所國小資源班的六位學習障礙兒童，於一學期中持續實施 14 週、每週兩次 CBM 評量，研究共進行 88 天。

研究結果發現：六位學習障礙兒童經過 88 天 CBM 的持續監控與評量，其 CBM 數位得分皆表現出明顯增加之趨勢，學生之 CBM 平均分數介於 18～38 分之間。學障兒童經過 CBM 實驗介入教學後，進步趨勢皆顯著高於對照組學障兒童。實驗組學障兒童每星期 CBM 得分的進步速率介於 2.02～2.97 分，皆高於先前之普通班學生的進步速率常模（2 分／週）。

雖然 ECBM 系統已能在國內提供給教師使用，但由於數位計分十分複雜，故仍採紙本測驗，教師以數位計分後，將數位分數輸入電腦，以分析學生的數學進步趨勢。可惜的是，國內教師在實施 CBM 監控學生進步情形並不普遍，Tsuei（2012）推論可能原因在於國內特教教師的工作負荷大，認為數位計分程序是一大負擔，而降低使用意願。

有鑑於此，因行動載具等資訊科技日新月異，若兒童進行線上 CBM 測驗，即可解決上述問題。崔夢萍（2014）持續發展以平板載具作為線上課程本位測量系統施測工具，學生從平板上進行 CBM-M 測驗，系統可自動評分，並整合原有 ECBM 系統之測驗卷與學生表現分析，達到整合 ECBM 與雲端概念之整合系統——行動數學課程本位測量整合系統 iCBM，此為國內外首次以雲端 App 實施線上 CBM 測驗與自動批改之整合系統（Tsuei, 2012, 2013）。

第五節　行動數學課程本位測量整合系統 iCBM 的介紹

iCBM 係由 Tsuei（2012）所發展的學生使用之 App，與教師使用 ECBM 系統（崔夢萍，2004；Tsuei, 2008）整合，目的在於促進國內教師採用數學課程本位測量模式。iCBM 系統經由研究顯示具有良好之信效度，國小三年級 iCBM 測驗之複本信度為 r = .40～.53（$p < .05$）、四年級為 r = .52～.54（$p < .01$）。效度分析以數學月考成就測驗為效標，iCBM 測驗與月考相關在三年級的係數介於 .40～.50 之間（$p < .01$），四年級為 .40～.46（$p < .01$）（崔夢萍，2014）。以下介紹 iCBM 整合系統，分為教師端 ECBM 與學生端，系統架構如圖 8-3 所示，說明如下。

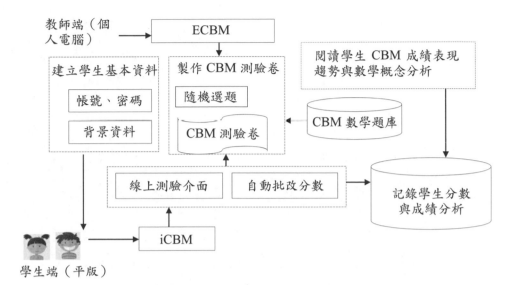

圖 8-3　行動數學課程本位測量整合系統的架構圖

一、教師端使用的 ECBM 系統

　　教師須先申請 ECBM 系統之帳號、密碼（此部分請洽筆者），以進行 CBM-M 施測。

　　1. 步驟一：使用 ECBM 自動編製 CBM-M 測驗卷。

　　　(1)CBM 題庫：教師使用 CBM 題庫系統編製 CBM-M 測驗卷。CBM 題庫系統目前係依照數學版本建置國小中年級數學題庫，題目來源為數學課本及習作之題目，依照單元、單元目標、單元活動、問題形態（計算題、概念題、應用題）等資料建立題庫。

　　　(2)自動編製數學混合題型 CBM-M 測驗卷：為符合 Fuchs 等人（1991）所提出編製 CBM 評量卷的方式，以使每份課程本位測量卷的題目都包含該學期（年）課程中所包括的問題型態總數之特定比例，CBM 的自動選題機制如圖 8-4 所示。ECBM 可自動編製混合題型之數學 CBM-M 測驗卷，計算題 3 題、應用題 2 題、概念題 5 題。當編製完成，系統會給予每一 CBM-M 編號。每一份 CBM-M 測驗卷即為複本測驗，內容來自整學期的課程範圍，

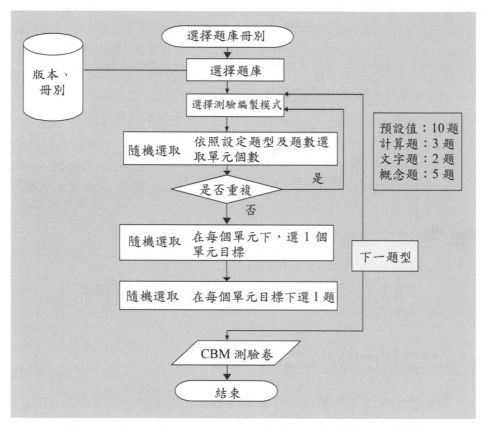

圖 8-4　ECBM 課程本位測量題庫系統的隨機選題機制

　　且單元內容、題型、題數固定，因此具有高度的內容效度。

2. 步驟二：建立學生基本資料。教師必須設定學生使用 iCBM 測驗時的帳號、密碼，帳號為系統自動給予，密碼建議使用數字，避免學生鍵盤轉換問題。

3. 步驟三：實施 CBM-M 測驗。教師必須告知學生本次 CBM-M 的測驗卷編號，學生以平板電腦之 iCBM App 進行測驗（此部分見下段 iCBM 系統說明）。

4. 步驟四：查看學生的 CBM-M 成績。教師從 ECBM 系統即可查看學生在 iCBM 進行測驗之結果，各題之數位計分與百分比得分。

5. 步驟五：分析學生的 CBM 成績表現趨勢與數學概念，以發展教學

策略。ECBM 系統會自動計算與繪製個別學生的 CBM 成績表現趨勢圖，包含：基準線、學習目標預測趨勢線、CBM 成績表現趨勢線、成長趨勢線，並運用統計分析學生的數學成長直線預測方程式等數據。先前的研究結果發現，教師使用 ECBM，並據此發展教學策略，能有效提升學生數學的進步速率（崔夢萍，2004；Tsuei, 2008）。

二、學生端使用的 iCBM 系統

iCBM 系統乃以 Adobe Air、Flash 5.5 Action Scripts、ASP.NET C#程式所發展，目前有兩個版本，發布於 Android 平板電腦之 App「數小子」，或是電腦版 App 可供學生下載使用。經分析國小三、四年級的數學教材，iCBM 的數學作答方式共分為九種類型（請參照崔夢萍，2014；Tsuei, 2012, 2013），以下為使用步驟：

1. 步驟一：若使用平板進行測驗，須至 Google Play 下載「數小子」App（如圖 8-5 所示）。最好安裝於 10 吋平板，其螢幕大小較適合國小學生操作與閱讀。另外，平板必須連上網路。

圖 8-5　Google Play iCBM App 畫面

2. 步驟二：學生登入 iCBM 系統。學生以上述 ECBM 步驟二教師所設定的帳號、密碼登入，即可選擇本次測驗卷或查看本學期成績圖。此時，教師必須告知學生本次測驗的 CBM-M 測驗卷編號（ECBM 步驟三所編製）。

3. 步驟三：學生以平板開始進行CBM-M測驗：圖 8-6 為 iCBM 的學生作答介面，畫面分為題號區（①）、題目區（②）、列式區

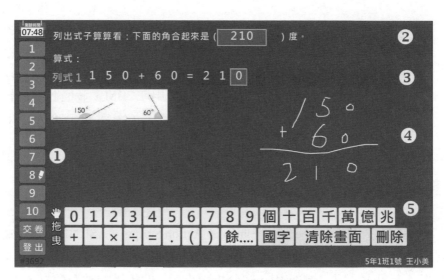

圖 8-6　iCBM 使用介面

（③）；作答區（④）為解題區，學生可運用觸控功能手寫計算過程；數學小鍵盤（⑤），係為降低學生輸入數學的問題與困難，其提供數字、國字、運算符號、分數格式、餘數等按鍵，應用題更有不同單位量的詞句可供答案輸入使用。

4. 步驟四：限時完成作答。iCBM 線上施測與紙本相同，皆採用流暢性評量模式，經研究顯示（崔夢萍，2014），三年級的常模作答時間為 10 分鐘，四年級為 15 分鐘。畫面左上角有倒數計時器，提醒學生作答時間，若在時間內完成，學生可按交卷，在限定時間到時，系統即自動交卷。凡學生繳交之前，皆可檢視與修正各題答案。

5. 步驟五：顯示 CBM-M 成績。測驗結束後，系統自動批改分數，係採數位計分方式。系統會將學生得分傳回 ECBM 系統，學生可即時看到分數。因國小學生對於數位得分不易理解，且教師進行詮釋上的困難（崔夢萍，2004），因此學生在平板上的 CBM-M 得分顯示，改以百分比分數呈現，將每題分數得分除以該題數位總分×10分（如圖 8-7 所示）。教師端以 ECBM 系統查看學生在 CBM-M 的得分，可看到各題的數位計分分數以及百分比計分分數。

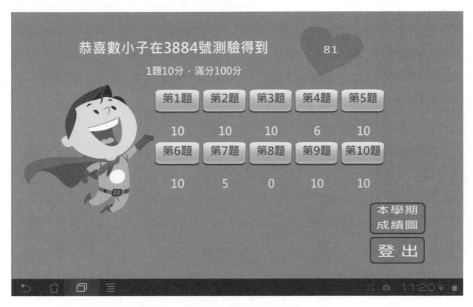

圖 8-7　iCBM 顯示學生得分介面

第六節　如何運用數學 CBM-M 學習分析進行教學調整

　　ECBM 系統提供教師各次 CBM-M 的測驗結果，更提供教師有關個別學生 CBM 數學表現分析資料，包含 CBM-M 學習表現趨勢分析圖以及數學概念診斷分析圖，教師可運用分析結果發展教學策略，並可評估教學策略的有效性。以下以某位學習障礙兒童 CBM-M 的結果作為分析之範例。

一、運用數學學習趨勢分析結果，決定教學目標

　　ECBM 會自動繪製個別學生 CBM-M 表現趨勢圖，如圖 8-8 為某一位學習障礙學生在十五次 CBM-M 所繪製的表現趨勢圖，此分析結果包含：基準線（base line）、學習期望目標線（goal line）、實際得分線（CBM score）、以及分數趨勢線（trend line）。

　　1. 基準線：系統自動以CBM-M的前三次成績繪製而成（如圖8-8的粗

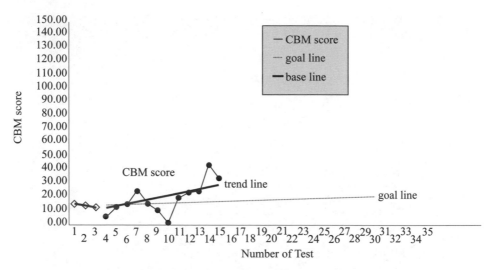

圖 8-8　學習障礙學生的 CBM-M 數學學習表現趨勢分析圖

線），建議教師在開學之初的一週內進行施測，以做為學習起點依
據。

2. 學習期望目標線：ECBM 系統係以常模數據做為期望目標線作為繪
   製的依據。先前研究 iCBM 的測驗結果，普通班學生每週的進步速
   率常模為 0.5 分／週（崔夢萍，2014）。因此，ECBM 系統以基準
   線的中數為學習起點，每次加上進步速率常模，並以三十次 CBM
   測驗（建議教師每週實施二次 CBM-M 測驗）作為一整個學期的學
   習期望目標線之繪製區間（如圖 8-8 的虛線）。學習期望目標分數
   的公式如下：

學習期望目標分數＝基準線中數＋（整學期正式CBM 實施次數－ 1）
×常模進步速率（0.5 分／週）

　　以圖 8-8 為例，該生的基準線中數為 14 分，正式CBM 實施次數為二十
六次（30 － 3 － 1 ＝ 26），學習期望目標分數為 14 ＋ 6.5 ＝ 20.5（分）。
學習期望目標線可作為兩個指標參考之用：

　　(1)比較特定 CBM-M 測驗的實際表現與期望分數之差距：在學期
　　　中，教師可定期檢視學生 CBM-M 的表現，以作為教學參考依

據。圖 8-8 顯示，學生在第七次 CBM 測驗時，預期得分為 14.75
分，而實際表現為 25 分，該生表現優於預期，教師可持續朝向
IEP 的教學目標進行教學，或調高教學目標。但在第九與第十
次，學生 CBM 的實際表現低於目標線，教師應做教學調整，以
提升學生學習。

(2)作為回歸普通班之參考依據：學期結束時，教師可比較學生的實
際表現與學期期望目標是否達成，以作為學生下學期是否回歸普
通班學習之依據。

3. 實際得分線：此為各次學生CBM-M的實際得分表現（如圖 8-8 的細
線）。

4. 分數趨勢線：系統會自動將學生的實際得分以最小平方迴歸算出直
線迴歸方程式。圖 8-8 顯示，學生的直線迴歸方程式為 Y = 7.77 +
0.43X，進步速率為 0.43 分／天或 3.02 分／週，可明顯看出該生的
實際進步速率明顯高於普通班學生的常模進步速率 0.5 ／週。因
此，教師可調高學生學習內容之難易度，並可參照數學概念分析
圖，以做為決定學生下學期是否回歸普通班上課之依據。

二、運用數學概念診斷分析圖，決定數學教學策略，作為擬定 IEP 內容之依據

　　為診斷學生在數學各概念領域的學習，ECBM 系統會將題庫中的每一
題目進行概念分析，並以概念技能編碼表記錄之。崔夢萍（2004）參照數
學能力指標發展了一套適用於國小四年級以下的數學概念技能編碼表
（Mathematics Concept Skill Codes），共 303 項，分屬 18 項概念領域：整數
運算、分數運算、小數運算、數與數量關係（整數、分數、小數）、概
數、量與實測（周長與面積、長度、體積、重量、容量、時間、錢幣）、
統計圖表、幾何圖形與空間、計算器、估算等，據此分析數學課程教材中
的每一題數學問題之概念。

　　數學概念技能診斷將不同數學課程版本的數學問題，轉化為數學概念
編碼，不受限於版本的問題。再者，雖然數學能力指標能用以評量學生在
數學學習的成效，但因其敘述繁多且向度不夠精細，並無法敏銳與深入診

斷學障學生的錯誤概念所在。

ECBM 以簡潔之圖形符號介面（彩色或黑白）顯示學生在特定概念之精熟度，並呈現學生在每一教學決策階段的數學概念學習之診斷結果，以作為錯誤概念分析與監控數學學習之依據。ECBM系統預設決策階段為三次 CBM-M 的測驗結果，教師亦可自行設定。

概念診斷分析圖係以圖示表示概念之精熟程度，分為黑白與彩色版，教師可自由選擇，依據學生 CBM-M 各題概念之數位得分，計算成百分比後，將精熟程度分為五個等級，分別為未具備（＜20%）、未精熟（20～39%）、部分精熟（40～59%）、接近精熟（60～79%），以及已精熟（80～100%）。分析圖中亦標示個別學生在每一教學階段內的 CBM 概念技能得分，若學生某概念技能得分為 3/12，即為該教學決策階段內所有 CBM 評量卷的題目之數位總分為 12，該生在此概念的累計得分為 3 分，圖形以紅色顯示未精熟（25%）；若此階段的 CBM 評量卷題目中無包含此概念，則以三角形記號標示。

以下以某國小資源班學障學生的 CBM-M 數學概念分析結果（如圖 8-9 所示），說明各階段教學決策依據的教學進度，範例如下。

（一）第一階段教學決策（第一至三次測驗）

該生原班級的數學教學進度為：第 1 單元「億以內的數」、第 2 單元「公里」，因此先分析與該課程進度相關之概念（如表 8-3 所示）。

1. 整數運算、數與量的關係：學生在 M5「乘法為 2 位數不進位」的概念已精熟，但在需進位的乘法計算 M6 及 M10 未精熟與部分精熟；除法與減法為部分精熟與未具備，教學策略決定先教乘法進 1 位的運算；數與量的關係在本次階段未選到 NC、NV 概念。教學策略以數與量的概念先複習位名為主。

2. 量與實測——長度：此階段未評量此概念，教學策略以建立公里、公尺換算的概念。

CBM 數學概念學習分析圖　　ECBM

↶返回　🖨列印

姓名　　　　數學概念學習分析圖
Mathematics Concept-Skill Profile

Score <20 ○　Score:20-39　Score:40-59　Score:60-79　Score:80-100 ●

數學概念領域 Mathematics Domains	概念技能 Skill Codes	說明 Concepts	Test: 1-3	Test: 4-6	Test: 7-9	Test: 10-12	Test: 13-15
整數運算	M10	乘數為3位數(以上)進1位	9/24	5/5	0/0	0/0	0/0
	M5	乘數為2位數不進位	3/3	0/0	4/4	3/3	11/11
	M6	乘數為2位數進1位	2/4	0/0	4/4	0/11	0/0
	D14	除數為4位數(以上)商為2位數以上(餘數=0)	0/0	0/0	0/0	13/16	0/0
	D6	除數為2位數商為2位數以上(餘數=0)	1/2	0/3	0/0	0/0	2/2
	D8	除數為2位數商為2位數以上(餘數>0)	0/0	6/13	0/0	0/0	0/0
	D9	除數為3位數商為1位數(餘數=0)					
	S2	減法借1位	3/22	0/0	0/0	0/7	0/0
	CM1	2種運算符號以上之計算	0/0	1/4	2/2	4/5	5/5
	CM2	3種以上混合運算符號計算（+, -, x, ÷）	0/0	0/2	0/0	0/0	0/0
分數運算	F1-2	除式轉換為分數，或分數轉為除式, 例 3÷5 寫成分數	3/3	0/0	0/0	2/4	10/14
小數運算	PM2	需進位	3/26	0/0	4/21	0/0	0/0
	PM4	需進位	0/0	11/13	0/0	0/0	0/0
	PM6	需進位	2/20	0/0	0/0	1/11	10/16
數與量的關係—整數	NV	數的位名（個位、十位、百位、千位、萬位）、寫數字（二進位）	0/0	0/0	0/0	0/0	11/11
	NC	數的位值的關係、大小、量	0/0	3/4	0/0	1/4	0/4

圖 8-9　學習障礙學生的 CBM-M 數學概念技能分析圖

類別	代碼	概念技能					
數與量的關係—分數	FC3	部分與全部的分數關係（全部>1）。例：一箱飲料24罐，小龍拿4罐(或1/6)，小民拿5罐(5/24)或兩人共拿（　）箱	0/0 ▲	1/10 ○	0/4 ○	7/12 ◐	1/3 ◔
	FR0	等值分數或分數與整數關係，例如 3/6 =1/2, 3/3=1	1/1 ●	0/0 ▲	0/0 ▲	0/0 ▲	0/0 ▲
	FP	同分母分數大小比較-真分數	0/9 ○	0/0 ▲	0/0 ▲	0/0 ▲	0/0 ▲
	FP2	異分母分數大小比較-真分數	0/0 ▲	0/0 ▲	1/3 ◐	0/0 ▲	0/0 ▲
數與量的關係—小數	DA	小數與10的倍數計算	0/0 ▲	0/4 ○	1/3 ◐	0/4 ○	0/0 ▲
	DC1	單位小數的概念，例0.06是?個0.01	0/5 ○	0/0 ▲	0/0 ▲	0/0 ▲	0/0 ▲
	DC2	單位與全部的小數關係，一塊pizza平分給5人，每人分得0.2個	0/0 ▲	0/4 ○	0/0 ▲	0/0 ▲	13/13 ●
	DF	小數與分數換算	0/0 ▲	0/0 ▲	0/0 ▲	0/0 ▲	5/5 ●
	DI	整數除法轉為小數	0/0 ▲	0/0 ▲	3/4 ◐	5/17 ◔	0/0 ▲
概數	AP	大小、比較	4/4 ●	0/0 ▲	6/8 ◐	0/5 ○	0/0 ▲
量與實測—周長與面積	MA3	正方形周長與面積計算	0/0 ▲	0/0 ▲	13/14 ●	3/3 ●	1/4 ◔
	MA4	長方形周長面積計算	0/0 ▲	0/5 ○	0/4 ○	0/0 ▲	9/9 ●
	MA1	平方公尺-平方公分互換	0/0 ▲	0/0 ▲	0/0 ▲	0/7 ○	0/0 ▲
	MA2	實際測量或運用單位量估算面積或運用估算比較大小	0/0 ▲	0/19 ○	0/2 ○	0/0 ▲	0/0 ▲
	MAP	認識（計算）邊長、周長、周界概念	4/4 ●	0/0 ▲	0/0 ▲	0/4 ○	0/0 ▲
量與實測—長度	ML10	毫米-厘米-公分單位互換	0/0 ▲	0/0 ▲	0/0 ▲	0/0 ▲	1/4 ◔
	ML11	公分-公尺單位互換	0/0 ▲	0/0 ▲	0/5 ○	0/0 ▲	

圖 8-9　學習障礙學生的 CBM-M 數學概念技能分析圖（續）

領域	代號	技能					
量與實測—重量	MW1	公斤、公克等單位互換	0/0 ▲	0/0 ▲	0/0 ▲	3/3 ●	0/0 ▲
量與實測—時間	MT3	時間大小、比較、時間日常生活使用（時刻、時間概念）	0/0 ▲	0/0 ▲	0/0 ▲	0/1 ○	15/25 ◐
	MT4	計算間隔時間(需計算)	1/6 ○	2/5 ◐	0/2 ▲	0/14 ○	0/0 ▲
	MT5	時間的合成-兩段時間以上的加總	0/0 ▲	0/9 ○	0/0 ▲	0/0 ▲	4/9 ◐
	MT12	分秒時	0/0 ▲	0/0 ▲	0/5 ○	0/0 ▲	0/0 ▲
	MT13	分秒時天	0/0 ▲	0/0 ▲	0/3 ○	0/0 ▲	0/0 ▲
統計圖表	MGL3	比較大小、最大最小值	0/0 ▲	0/2 ○	0/0 ▲	0/0 ▲	0/5 ○
	MGBB1	堆疊長條圖各軸意義、標題、刻度、資料讀取	0/0 ▲	0/0 ▲	0/2 ○	0/0 ▲	0/0 ▲
	MGB3	比較大小、最大最小值	0/5 ○	2/5 ◐	0/0 ▲	0/4 ○	4/6 ◐
	MGB1	長條圖各軸意義、標題、刻度、資料讀取	0/0 ▲	0/0 ▲	0/2 ○	0/3 ○	0/0 ▲
	MGP3	比較大小、最大最小值	0/4 ○	0/0 ▲	3/4 ◐	0/0 ▲	0/0 ▲
	MGP1	圓形圖各扇型代表意義、標題、資料讀取(若為比較則為MGP3)	1/1 ●	0/0 ▲	0/0 ▲	0/0 ▲	0/0 ▲
幾何圖形與空間	GPT2	找出圖形中的角、邊、頂點等(若為找出三角、四邊形中的直角，則包含GPR)	0/0 ▲	0/1 ○	0/0 ▲	0/0 ▲	0/0 ▲
	GPT1	三角形、等腰三角形、直角、正三角形、鈍角、銳角三角形	0/0 ▲	0/0 ▲	0/2 ○	0/2 ○	0/0 ▲
	GPS12	平行四邊形	0/0 ▲	0/5 ○	0/0 ▲	3/3 ●	0/0 ▲
	GPS13	長方形	0/0 ▲	0/0 ▲	0/0 ▲	0/0 ▲	0/0 ○
	GPS14	正方形	0/0 ▲	0/5 ○	0/0 ▲	0/0 ▲	1/2 ◐
	GPS15	梯形	0/2 ○	0/0 ▲	0/0 ▲	0/0 ▲	0/0 ▲
	GPR	平行、垂直、平角(180度)、周角(360度)	0/2 ○	0/0 ▲	0/0 ▲	0/0 ▲	0/2 ○
	GPR4	全等圖形	1/2 ◐	0/0 ▲	1/4 ○	0/0 ▲	0/2 ○
數與量的關係-代數	AG1	代數，例：30+( )=46, 30+a =46	0/0 ▲	0/4 ○	0/3 ○		0/6 ○
	AG2	代數，3*( )=24	1/12 ○	1/3 ◐	2/2 ●	0/0 ▲	0/0 ▲
	AG4	代數，36/( )=6	0/5 ○	0/0 ▲	0/0 ▲	0/5 ○	0/6 ○
	AG3	代數，35-( )=40, 35-a=40	2/2 ●	2/6 ◐	6/10 ◐	0/7 ○	0/4 ○

圖 8-9　學習障礙學生的 CBM-M 數學概念技能分析圖（續）

表 8-3　第一階段教學決策之學習成效檢視表

教學決策	階段間比較	成效
1.整數運算、數與量的關係	乘法運算 M10 從未精熟到已精熟。	（＋）
	D6 從部分精熟到未具備，D8 部分精熟。	（－）
	NC 未評量，NV 數的大小為接近精熟。	
2.量與實測——長度	未評量。	

（二）第二階段教學決策（第四至六次測驗）

1. 檢視第一階段教學決策之學習成效：第一階段教學決策所擬的兩項教學策略能提升對學障兒童在整數乘法進位的運算，此顯示介入教學策略之有效性；但在除法的運算部分仍是未精熟。因此，列入下一階段教學重點。

2. 第二階段內的數學概念診斷與教學策略：第二階段內的教學進度為第 3 單元「角度」、第 4 單元「整數四則運算」、第 5 單元「乘法」（如表 8-4 所示）。

   (1) 整數運算：依據前一階段檢視結果 1，教學策略決定運用學生已學會的加減法概念來教導除法。先教加減兩種運算符號混合計算。

   (2) 幾何圖形與空間：只有 GPR4 全等圖形具有部分概念，其餘的角度基本概念（GPT2）、平行（GPR）、正方形（GPS14）、平行四邊形（GPS12）、梯形（GPS15）等概念皆未具備。教學策略為使用實物建立角度概念到認識各種基本形狀，以及在日常生活形狀的應用。

   (3) 整數四則運算：CM1、CM2 兩種以上符合混合運算為未精熟與未具備。

表 8-4　第二階段教學決策之學習成效

教學決策	階段間比較	成效
1.整數運算	除法：持續觀察。 乘法 M5、M6：從部分精熟進步至已精熟。	（＋）
2.幾何圖形與空間	GPT1 三角形概念未具備，GPR4 全等圖形從部分精熟下降至未精熟。	（－）
3.整數四則運算	CM1 兩種符號混合運算從未精熟進步至已精熟。 CM2 持續觀察。	（＋）

（三）第三階段教學決策（第七至九次測驗）

1. 檢視第二階段教學決策之學習成效（如表 8-4 所示）：第二階段教學決策所擬的三項教學策略，其中兩項能提升學障兒童數學概念的學習，支持介入教學策略之有效性，唯在幾何圖形與空間仍需改變教學策略。

2. 第三階段內的數學概念診斷與教學策略：第三階段的教學進度為第 6 單元「除法」以及第 7 單元「分數」（如表 8-5 所示）。

   (1)整數運算：除法概念須持續觀察，維持原有的除法教學策略。

   (2)分數運算、數與量的關係—分數：分數由除式轉為分數（F1-2）為已精熟、分數數與量的關係大部分為未具備（FC3、FB）、異分母大小比較未精熟（FP2）、等值分數大小已精熟。教學策略重點為同分母與異分母的大小比較，教師自製紙本教具，讓學生進行摺紙切割，以比較分數大小。

表 8-5　第三階段教學決策之學習成效

教學決策	階段間比較	成效
1.整數運算	M5 維持已精熟，M6 從已精熟下降至未具備。	（－）
	D14 進步至已精熟。	（＋）
	S2 仍為未具備。	（－）
	CM1 兩種符號混合運算維持已精熟。	（＋）
2.分數運算、數與量的關係—分數	F1-2 從已精熟下降至部分精熟。	（－）
	FC3 從未具備進步至部分精熟。	（＋）

（四）第四階段教學決策（第十至十二次測驗）

1. 檢視第三階段教學決策對學習成效之影響（如表 8-5 所示）：第三階段教學決策所擬定的兩項教學策略中，學生除法教學已有成效，應維持此教學方式；在分數教學上也有些微進步，但 FB、FP2 皆未評量，因此列為下次觀察。

2. 第四階段內的數學概念診斷分析：第四階段的教學進度為第 8 單元「體積」以及第 9 單元「小數」。

    (1) 體積概念：此階段無此概念之評量結果。教學策略為：讓學生玩積木，並在看不到的背面積木放上一個鏡子，並在前方看不見的積木上貼貼紙，再指導運用單位量計算體積。

    (2) 小數概念：小數運算大部分皆為未具備（PM2、PM6），僅有 PM4 需進位計算為已精熟，因此需要再加強熟練度；在數與量的關係—小數之概念上，DA 小數與 10 倍的計算、DI 整數除法轉為小數為未精熟，其餘 DC1、DC2 為未具備。教學策略為小數運算尚須熟練度練習，小數概念與 10 倍的轉換，可以積木進行教學。

（五）學期綜合分析

　　表 8-6 顯示，學障學生在各階段數學概念技能診斷之分析結果。在第一階段中，該生尚未具備的概念達 52.17%，已習得約三分之一（30.43%）的數學概念技能，顯示在教學實驗介入初期，有一半以上未習得或有錯誤概念存在；第二階段未精熟的概念增加（13.64%），其餘變化不大；第三階段接近精熟的概念漸增（16.67%），而尚未具備的概念減少。值得注意的是，第四階段該生的數學概念學習成效呈現兩極化的現象，且對照進步趨勢圖顯示，該生在 CBM 測驗的表現下降，亦即不穩定；經由教學策略調整後，實驗研究結束時，該生表現尚未具備的概念已大幅下降至 30.43%，接近精熟（17.39%）與未精熟的概念增加（13.04%），亦即該生已漸漸建立數學各項概念技能，但仍需下學期持續並維持學生概念的精熟度。此一結果顯示，實驗組資源班教師在處理期的介入教學策略，對學障學生的數學概念技能表現具有提升之成效。

表 8-6　個案的數學概念學習診斷摘要表

統計次數 概念學習診斷結果		決策階段				
		1	2	3	4	5
		次數（%）	次數（%）	次數（%）	次數（%）	次數（%）
尚未具備	◯	12（52.17）	13（59.09）	12（50.00）	15（60.00）	7（30.43）
未精熟	◔	1（4.35）	3（13.64）	3（12.50）	2（8.00）	3（13.04）
部分精熟	◑	3（13.04）	3（13.64）	0（0.00）	2（8.00）	2（8.70）
接近精熟	◕	0（0.00）	1（4.55）	4（16.67）	0（0.00）	4（17.39）
已精熟	●	7（30.43）	2（9.09）	5（20.83）	6（24.00）	7（30.43）
總計次數		23	22	24	25	23

第七節　結論

　　綜合上述，課程本位測量歷經三十多年豐富的研究基礎，並轉化為教師最佳化實務與評量模式。數學課程本位測量藉由網路與科技的快速發展，能協助教師在實施 CBM 過程的程序，教師進而可專注於發展有效教學策略，實施補救教學，以協助數學學習困難及學習障礙兒童。然而，國內目前特殊教育對於運用課程本位測量尚未列入轉介之評量資料，亦未建立長期監控學生數學表現與診斷之觀念，在推廣上仍有很大的努力空間；再者，國內的教育環境常以教育政策導向引導教學，以至於在課程本位測量於實務之應用受到限制。

　　建議各縣市政府教育局（處）能大規模蒐集學生的 CBM 測驗分數，建立精準之 CBM 常模進步分數，以作為篩選與安置數學學習障礙學生之依據，並鼓勵教師以 CBM 資料作為鑑定學生或 IEP 的重要指標，以利真實反映學生的數學學習能力。

　　有鑑於教師在數學鑑定資料與長期評量監控工具之缺少，數學課程本位測量應是目前以資料導向決策（data-driven decision making, DDDM）之最好的評量診斷模式，其不僅能應用於特殊兒童，亦能裨益一般兒童，希冀教師能多加運用此一模式，以協助學生的數學學習。

參考文獻

中文部分

洪儷瑜、何淑玫（2010）。「介入反應」在特殊教育的意義與運用。特殊教育季刊，115，1-13。

特殊教育通報網（2016）。104學年度一般學校各縣市特教類別學生數統計。取自 https://www.set.edu.tw/

崔夢萍（2002）。智慧型遠距數學課程本位評量專家系統之研究：對國小學習障礙學生評量與教學之應用（I）（II）。行政院國家科學委員會結案報告（未出版）。

崔夢萍（2004）。應用網路課程本位測量系統於學障兒童學習之研究。臺北市立師範學院學報，35，43-74。

崔夢萍（2014）。發展課程本位測量應用於低成就兒童行動同儕教導系統之研究。科技部研究計畫結案報告（未出版）。

英文部分

Anderson-Inman, L., Walker, H., & Purcell, J. (1984). Promoting the transfer of skills across settings: Transenvironmental programming for handicapped students in the mainstream. In W. L. Heward (Eds.), *Focus on behavior analysis in education* (pp. 17-37). Columbus, OH: Merrill.

Badian, N. A., & Ghublikian, M. (1983). The personal-social characteristics of children with poor mathematical computing skills. *The Journal of Learning Disabilities, 16*, 145-157.

Braswell, J. S., Lutkus, A. D., & Grigg, W. S. et al. (2001). *The nation's report card: Mathematics 2000*. Washington, DC: National Center for Education Statistics.

Buysse, V., & Peisner-Feinberg, E. (2010). Recognition & response: Response to intervention (RTI) for PreK. *Young Exceptional Children, 13*, 2-13.

Deno, L. S., & Fuchs, L. S. (1987). Developing curriculum-based measurement systems for data-based special education problem solving. *Focus on Exceptional Children, 19*(8), 1-16.

Deno, S. L. (1985). Curriculum-based measurement: The emerging alternatives. *Exceptional Children, 52*(3), 219-232.

Deno, S. L. (1986). Formative evaluation of individual student program: A new role for school psychologists. *School Psychology Review, 15*, 358-374.

Deno, S. L. (1992). The nature and development of curriculum-based measurement. *Preventing School Failure, 36*(2), 5-12.

Deno, S. L., & Mirkin, P. (1977). *Data-based program modification: A manual.* Reston, VA: Council for Exceptional Children.

Ellicott, S. N., & Fuchs, L. S. (1997). The utility of curriculum-based measurement and performance assessment as alternatives to traditional intelligence and achievement tests. *The School Psychology Review, 26*(2), 224-233.

Fleishner, J. E., & Marzola, E. S. (1988). Arithmetic. In K. A. Kavale, S. R. Forness, & M. B. Bender (Eds.), *Handbooks of learning disabilities: Methods and Interventions* (pp. 89-110). Boston, MA: College-Hill Publication.

Foegen, A. M., & Deno, S. L. (2001). Identifying growth indicators for low-achieving students in middle school mathematics. *The Journal of Special Education, 35*, 4-16.

Foegen, A., Jiban, C., & Deno, S. L. (2007). Progress monitoring measures in mathematics: A review of the literature. *The Journal of Special Education, 41*(2), 121-139.

Fuchs, L. S., & Fuchs, D. (1986). Curriculum-based assessment of progress toward long-term and short-term goals. *The Journal of Special Education, 20*(1), 69-82.

Fuchs, L. S., & Fuchs, D. (1996). Combining performance assessment and curriculum-based measurement to strengthen instructional planning. *Learning Disabilities Research & Practice, 11*(3), 183-192.

Fuchs, L. S., & Fuchs, D. (1998). General educator's instructional adaptation for students with learning disabilities. *Learning Disabilities Quarterly, 21*, 23-33.

Fuchs, L. S., Fuchs, D., & Hamlett, C. (1994). Strengthening the connection between assessment and instructional planning with expert systems. *Exceptional Children, 61*(2), 138-146.

Fuchs, L. S., Fuchs, D., Hamlett, C. L., & Stecker, M. P. (1991). Effects of curriculum-based measurement and consultation on teacher planning and student achievement in mathematics operations. *American Educational Research Journal, 28*(3), 617-641.

Fuchs, L. S., Hamlett, C. L., Fuchs, D., Stecker, P. M., & Ferguson, C. (1988). Conducting curriculum-based measurement with computerized data collection: Effects on efficiency and teacher satisfaction. *Journal of Special Education Technology, 11*(2), 73-86.

Fuchs, L. S., Wesson, C., Tindal, G., Mirkin, P. K., & Deno, S. L. (1982). *Instructional changes, student performance, and teacher preferences: The effects of specific measurement and evaluation procedures* (Research Report No. 64). Minneapolis, MN: Institute for Research on Learning Disabilities. (ERIC Document Reproduction Service No. 218849)

Gickling, E. E. (1981). Curriculum-based assessment. In J. A. Tucker (Ed.), *Non-test-based assessment: A training module*. Minneapolis, MN: National School Psychology Inservice Training Network, University of Minnesota.

Ginsburg, H., Lee, Y., & Pappas, S. (2016). Using the clinical interview and curriculum based measurement to examine risk levels. *ZDM mathematics education, 48*(7), 1031-1048.

Goo, M., Watt, S. S., Park, Y., & Hosp, J. (2012). A guide to choosing web-based curriculum-based measurements for the classroom. *Teaching Exceptional Children, 45*(2), 34-40.

Idol, L., Nevin, A., & Paolcci-Whitcomb, P. (1996). *Models of curriculum-based assessment.* Rockville, MD: Aspen Publishers.

Lembke, E. S., & Stecker, P. M. (2007). *Curriculum-based measurement in mathematics: An Evidence-Based Formative Assessment Procedure* (ERIC Number: ED521574). Retrieved October 12, 2016, from http://eric.ed.gov/?id=ED521574

Mehrens, W. A., & Clarizio, H. F. (1993). Curriculum-based measurement: Conceptual and psychometric considerations. *Psychology in Schools, 30*, 241-254.

Shinn, M. R. (1998). *Advanced applications of curriculum-based measurement.* New York, NY: Guilford Press.

Shinn, M. R. (Ed.) (1989). *Curriculum-based measurement: Assessing special children.* New York, NY: Guilford Press.

Stecker, P. M., & Fuchs, L. S. (2000). Effecting superior achievement using curriculum-based measurement: The importance of individual progress monitoring. *Learning Disabilities Research & Practice, 15*(3), 128-134.

Taylor, R. L. (2000). *Assessment of exceptional students: Educational and psychological procedures.* Needham, MA: Pearson.

Tindal, G. A., & Marston, D. B. (1990). *Classroom-based assessment: Evaluating instructional outcomes.* New York, NY: Merrill/Macmillan.

Tindal, G., & Parker, R. (1989). Assessment of written expression for students in compensatory and special education programs. *The Journal of Special Education, 23*, 545-552.

Tsuei, M. (2008). A web-based curriculum-based measurement system for class-wide ongoing assessment. *Journal of Computer Assisted Learning, 24*(1), 47-60.

Tsuei, M. (2012). The mobile mathematics curriculum-based measurement application for elementary students. *Literacy Information and Computer Education Journal, 3*(4), 731-736.

Tsuei, M. (2013, Oct). *Applying computer-based mathematics testing on mobile tablets for elementary students.* The 63rd International Council for Educational Media (ICEM), Nanyang Technological University, Singapore.

White, O. R. (1984). Descriptive analysis of extant research literature concerning skill generation and the severely/profoundly handicapped. In M. Boer (Ed.), *Investigating the problem of skill generalization: Literature Review* (pp. 1-19). Seattle, WA: University of Washington, Washington Research Organization.

Wright, J. (1999). *Curriculum-based measurement: A manual for teachers.* NJ: Syracuse City Schools.

Ysseldyke, J. E. (1978). Who's calling the plays in school psychology? *Psychology in the Schools, 15*, 373-378.

第 九 章

數學學習困難學生的補救教學：以替換式數學教學為例

詹士宜

第一節　前言

對數學學習困難學生而言，數學可能是花費最多時間，但卻很難得到好成績的一門學科。由於數學具有很高的階層性與結構性，因此前一階段的數學概念若沒有學好，就容易阻礙下一階段數學概念的學習。舉例來說，若學生的加法有問題，對減法就會產生問題；若是不進位加法有困難，就不易學會更高一層次的進位加法。數學學習困難學生容易在這種一直跟不上教學進度的過程中，面臨更多數學的挑戰，以致於提早放棄數學的學習。這種情況對學生本身的學習發展非常不利，同時對社會文化發展亦有所影響，因為現今社會需要用到數學的領域太多，而數學能力不佳的學生經常導致其在就學與生涯發展受到極大的限制。因此，教師與家長應盡最大的努力來協助學生，以免讓學生處於數學挫折的困境。

造成學生數學學習困難的原因複雜，包含學生個人本身的問題，例如：智力、認知、數學性向、學習經驗等；同時，也涉及到課程與教材設計、教師教學、家庭與學校的學習環境等因素。因此，單看一個因素往往

無法解決問題，如果這些因素沒有配合好，數學就會產生問題。反之，如果老師能仔細的分析學生能力與教材特質，設計出精緻的教學教材，就能有效的引導學生學習數學。

簡單來說，數學困難的產生就是在於學生能力與課程內容間產生的落差（如圖 9-1 所示），而造成學生無法跟上數學教學的要求，因此對數學學習困難學生的教學就是要想辦法把這兩者的距離拉近。拉近的方法有三種：第一種是降低課程與教材的難度，讓學生可以比較容易的學習數學；第二種就是改變教學的策略，讓學生可以比較有效的學習數學；第三種則是提升學生的能力，讓他們的能力與課程的要求相匹配。但如同 Engelmann 與 Carnine （1991）所言，要直接改變學生的學習並不容易，通常需要藉由教學環境的改變與調整來協助學生學習，進而改變學生的學習表現。而在改變教學環境中，教師最能處理的就是在教材設計與教學策略作調整，讓學生能夠更容易親近（access）數學。

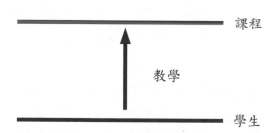

課程

教學

學生

圖 9-1　學生能力與課程內容間的差距以及和教學之間的關係

數學，特別是應用問題部分，經常會讓一些學生感到理解困難；因為除了文字敘述外，還包含了一些數字與單位。而數字會因為存在於句子中的不同位置與單位，而產生不同的意義，解題的方式就會完全不同。在沒有注意到正確的解題線索或是沒有理解題意的情形下，就容易錯誤解題，例如：

A：「小明有 50 元，小明的錢是小英的 2 倍，請問小英有多少錢？」

B：「小明有 50 元，小英的錢是小明的 2 倍，請問小英有多少錢？」

這兩句的數字一樣，文字排列也類似，但結果卻是不同。A 題是小明的錢比較多，但 B 題卻是小英的錢比較多。又如：

> A：「小明有 50 元，<u>小明的錢是小英的 2 倍</u>，請問小英有多少錢？」
>
> C：「<u>小明的錢是小英的 2 倍</u>，小明有 50 元，請問小英有多少錢？」

我們再看 A 題與 C 題，你會覺得這兩題的難度一樣嗎？A 題把小明的錢（已知量，**小明有 50 元**）放在前面，而 C 題則將小明的錢（未知量，**小明的錢是小英的 2 倍**）放在前面，C 題的難度是較高的。這兩題的列式、解題與結果都是相同的，但是思維的歷程卻不相同。有時學生讀完「小明的錢是小英的 2 倍」就會覺得有困難，但如果先問他：「誰的錢比較多？」，他比較能說出小明的錢比較多。

由上述例題顯見應用問題的一些小小改變，都會造成數學解題不同難度的產生。如果學生在解數學應用問題時，未能對整體的數學題目有清楚的了解，就不容易正確解題。若再加上學生對數學詞彙、數學經驗、數學知識、計算能力等有困難時，就更會阻礙學生在數學學習上的效能。替換式數學教學的設計起源，就是來自藉由教材與教學的一點點改變，讓學生從最符合他們學習的起點行為開始，逐步培養學生的數學能力，同時發展學生對學習數學的自信心。

第二節　替換式數學教學的教材設計理念

替換式數學教學教材的教學目標是要能貼近學生的學習能力，讓教材與學生的學習能力相吻合，讓學生不會在挑戰性極大而無法負荷的情況下學習數學。因此，細緻的教材分析與排列是教材設計的一項重要目標。再者，教師要能彈性的運用替換式數學教學教材來進行教學，唯有能同時考量學生、教材與教法，才能創造有利的學習與教學環境（詹士宜，2013，2014，2015）。

一、結合教學理論以契合學生的學習能力

　　替換式數學教學教材設計主要是結合明確教學（Carnine, 2006; Engelmann & Carnine, 1991）、認知負荷理論（Kalyuga, 2015; Sweller, Ayres, & Kalyuga, 2011），以及建構式教學理論（Tobias & Duffy, 2009; Vygotsky, 1978; Wood, Bruner, & Ross, 1976）進行教材與教學設計。明確教學強調教材設計應具有結構與系列階層性，以協助教師掌握數學概念的順承關係；認知負荷理論強調學習內容要能符合學生的認知容量與結合學生的背景知識；而建構式教學理論則強調教學中的情境脈絡與教學引導，以啟發學生的學習動力。藉由三種教學理論的相互結合，希望讓替換式數學教學更能契合學生的學習能力。

　　教師在設計替換式數學教學教材時，也能讓教師對數學教材與概念有更深入的理解。當教師對教材有更深入的理解時，教師在教學過程中，就更能彈性調整教學方式。依據認知負荷理論，如果同時提供太多學習的內容、概念或訊息，而超出學生學習負荷的能力範圍時，就會不利於學生的學習。許多特殊學生在工作記憶的容量比一般學生弱，因此在教材設計上就更需要格外小心。教師應考量學生在一個時間內可以學習的概念數量，並適當調整，以免超過特殊學生工作記憶的認知負荷。

　　認知負荷理論亦提到長期記憶對學習的重要性，長期記憶即是學生的舊經驗或學習過的知識。認知負荷理論指出，由於工作記憶的容量極為有限，如果教學者能妥善的應用學習者長期記憶中的知識，就比較不受工作記憶的限制。因此，在替換式數學教學教材的設計上，必須審慎的處理，經由理解數學概念的結構階層排列，以及配合學生可能的認知負荷與學習背景知識經驗，來設計教材內容，讓教師在充分的理解教材建構下，協助學生學習數學。

　　目前教科書的教材設計受限於篇幅，常常一個概念只用一個題目來介紹，這對數學學習困難學生而言偏難，這些題目間的間隔（gap）如果太大，學生就很不容易跨過去。當學生銜接不上新學習的概念時，就會造成這些學生的學習錯誤與挫折，以致於這些學生無法從一般的教科書教學環境中獲益。替換式數學教學教材架構的設計目的，一方面可提供教師事前

先準備的參考，同時了解數學教學內容的脈絡；另一方面則是在協助學生克服於數學課程上理解與練習的問題。因為如果使用過度困難的數學問題進行練習，就會增加錯誤出現的機會，而造成學生學習的挫折，導致他們不願去接觸數學、學習數學。因此，替換式數學教學由垂直替換題型作為增加題目之概念間的墊腳石（stepping stone），藉以銜接各數學問題，以及利用水平替換題型來增進學生對概念或題型的理解與練習。這二種不同型式的數學問題設計，會在稍後加以說明。

　　替換式數學教學提供一個結構化而動態的教材與教學設計，能幫助學生有效的學習數學必要概念。它不同於傳統的數學教學，也不同於動態評量的教學方式，而是以漸近式教材設計，以及動態教學（dynamic instruction）的方式進行教學。

二、運用系統化分析學生問題，來設計結構化教材

　　數學學習的主要目的在於培養學生對於數學的理解與推理能力，而能運用這種能力去解決日常生活、學習或工作所需要的數學問題，同時培養對問題思考與解決問題的能力。由於目前我國國民中小學教師的數學教學仍非常依賴教科書，同時採用大班級教學的方式，因此教學上常會採用齊一且固定進度的方式教學。這種教學方式會讓數學變得缺乏情境脈絡，並且較少顧及學生的個別需求。大班教學的方式或許能讓多數的學生理解數學，但對於數學學習表現特殊的學生，例如：學習困難／障礙或是資優生，就會顯現適應困難。對前者而言，會因教學的進度相對太快而無法理解教師的說明；對後者而言，則會覺得數學的學習太緩慢而感到無聊。因此，學生的數學表現不佳，並不全然是學生的問題，而是教師的教學過程中，無法符合學生的數學學習需求。教師要注意每一位學生的個別差異，若只依賴單純的練習並無法增進學生的理解。當學習目標遠遠超過學生的學習能力，不僅學生無法達到學習目標，也會讓學習者與教學者的信心喪失。因此，教師應以更積極的態度思考要如何調整數學教材設計，以及改進數學教學策略，以協助學生的數學學習。有效的教學應是教師的教學節奏配合學生的學習節奏，同時讓學生喜歡數學，對數學學習有信心。

　　其實，數學與其他學科的學習相同，在國小階段最好都能與學生的生

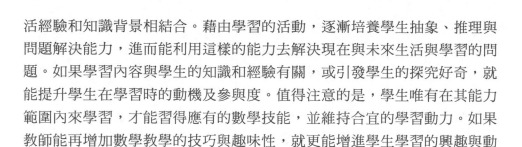

活經驗和知識背景相結合。藉由學習的活動，逐漸培養學生抽象、推理與問題解決能力，進而能利用這樣的能力去解決現在與未來生活與學習的問題。如果學習內容與學生的知識和經驗有關，或引發學生的探究好奇，就能提升學生在學習時的動機及參與度。值得注意的是，學生唯有在其能力範圍內來學習，才能習得應有的數學技能，並維持合宜的學習動力。如果教師能再增加數學教學的技巧與趣味性，就更能增進學生學習的興趣與動機，而提升學習的效果。

替換式數學教學在調整教學的成功關鍵是要能掌握學生的數學能力，並對數學學習困難有所了解，否則教師所提供的協助，充其量只是練習而不是學習。因為有些學生早已學會，即使再多花時間進行教學，並不能提供學生更多的理解。此外，對於學生有特別的困難，但教師卻沒有投入心力去設計適合的教材與教學，也會造成學生數學的學習表現與興趣不彰，影響數學的學習成效。

對於數學困難的介入也是一樣，其關鍵點在於能否了解學生的問題在哪裡，並在設計教材與教學引導時，能有效的提供適當的切入點，才能協助學生解決數學學習上的問題。數學困難產生的原因很多，有些學生是缺乏練習，有些是不會計算，有些是識字或閱讀理解困難，有些則是數量邏輯能力不佳，還有些學生是對數學學習沒有興趣。如果教師對於有計算困難的學生，只針對數學問題理解教學，或是對於數學沒有興趣的學生，要求其拼命做數學練習，都可能因為沒有處理到問題的核心，讓教學的成效大打折扣。因此，唯有了解到學生的問題核心，才能對症下藥。

綜合以上說明，教師必須精準分析學生的問題，才能有效解決學生在解題中所產生的挫折。學生不能完成數學解題的原因很多，教師可由數學困難的原因中找出適切的教學介入，以協助解決學生學習數學的問題。有些學生是無法閱讀應用問題中的文字，或是無法理解應用問題的題意；有些是能理解應用問題的題意，但無法提出正確的解題步驟；有些是可以提出正確的解題步驟，但卻無法正確的進行計算；也有些是可以正確的計算，但卻無法正確解釋計算出來的結果。他們的困難核心是不同的，但他們表現出來的數學成果都是解題錯誤。這些對一般人看似簡單的問題，對數學學習困難學生而言，每一步驟都可能是一堵一堵難以突破的高牆，讓學生望之卻步。如果學生是閱讀理解有問題，教師卻將教學重心放在教導

學生進行計算練習，就不符合學生的需求；如果學生是計算技巧的問題，那再多的讀題分析也不能解決學生解題錯誤的困難。

下列是一道應用問題，學生小松不會解題，你可以列舉出多少原因影響到小松的解題嗎？

> 大華的薪水是小明的 3 倍，也是阿成的 6 倍，
> 若小明的薪水是 48,600 元，請問阿成的薪水是多少元？

1. 對數字大小感到困難：「48,600」數字太大，覺得計算困難而恐懼解題。
2. 對題意理解困難：對應用問題中的語詞理解有困難，像「薪水」、「倍」，不知道其意思。
3. 人物出現太多：有「大華」、「小明」、「阿成」，三人的關係複雜到讓學生感到混淆。
4. 數字出現次數太多：數字出現愈多次，相對要解題的步驟也愈多。這一題中同時有「3 倍」、「6 倍」、「48,600 元」的數字線索，其中「倍」又出現了兩次。
5. 問題的敘述太長：問題的敘述太長造成學生的認知負荷過大，導致數學問題理解困難而無法有效同步處理。
6. 解題的步驟太多：學生對一個步驟的問題較容易解題，但遇到二步驟以上的題目，常常沒有讀完題目就直接放棄解題，因為對這種二步驟以上的題目，十題能算對一題就很不容易了。
7. 計算困難：一些需要用到多步驟的計算能力，特別是進退位值的過程中出現錯誤。
8. 答案的意義：問題是要求什麼？數字所代表的意義是什麼？

這些困難有些是在閱讀問題時產生的，有些是在列式過程中出現問題，另外有些則是在運算過程中顯現問題。因此，教師或家長應該根據學生在解題歷程中出現問題的地方，一步一步的設計方法來協助其克服他們所面臨的問題。

如果學生是某一單項的能力有問題，就可以只針對那一項困難進行教材調整與教學。但若同時存在許多不同的困難，就可能要思考如何安排解決問題的順序。一般而言，可以從下列兩個方向來思考：

　　1. 從最容易改善的部分處理。

　　2. 從解題的歷程順序處理。

　　由下列示例中，你可以列舉出多少調整策略來協助學生呢？

大華的薪水是小明的 3 倍，也是阿成的 6 倍，

若小明的薪水是 48,600 元，請問阿成的薪水是多少元？

　　這一題分析後可以列出下列學生可能遇到的困難，以及可以採用相對應的調整策略。

　　1. 二步驟的解題→先使用一步驟的解題。

　　2. 數值到萬位計算→先用十位或百位的數值。

　　3. 對「倍」的概念感到恐懼→把「倍」的數值先變小。

　　4. 「薪水」可能不是學生熟悉的語彙→改成學生熟悉的語彙，例如：
　　　　零用錢。

　　5. 題意理解困難→調整題型的敘述。

　　所以修改後的題目可能先變成這樣：

題目 A

大華的零用錢是小明的 2 倍，若小明的零用錢是 40 元，

請問大華的零用錢是多少元？

　　但，如果學生還是有困難時，還可以再調整為：

題目 B

小明的零用錢是 40 元，大華的零用錢是小明的 2 倍，

請問大華的零用錢是多少元？

　　大家會不會覺得題目 B 的問題敘述比較簡單？因為題目 B 的敘述比較直接且符合解題的思考順序，先呈現明確的參考值 40 元，再執行 2 倍數值的處理，所以比較簡單。相對的，題目 A 在敘述上就比較複雜與間接。因為學生在讀第一個句子時，並不知道真正的零用錢數量，這樣對學生的認知處理上就會產生較大的負荷。

　　當學生學會解「小明的零用錢是 40 元，大華的零用錢是小明的 2 倍」之問題後，我們再把數字調高，例如：3 倍、5 倍，對學生就相對容易，也

就有較高的意願解更難的問題。接著再將 40 元，調成 400 元、4,000 元、40,000 元，對學生而言，只是再重複其所理解的動作。當學生學會解題目 B 的問題，教師可以再回到題目 A 的問題，引導學生思考或討論題目 A 與題目 B 的問題，他們就會發現，這兩道題目是一樣的，只是敘述的不同而已。

　　等學生學會一步驟的解題時，我們才有辦法進入到二步驟的數學解題。在設計數學教材時，宜先把問題數值變小，再增加為二步驟的問題，例如：先複習原來題目 B 的題型，再調整成題目 C。

題目 B

小明的零用錢是 40 元，大華的零用錢是小明的 2 倍，
請問大華的零用錢是多少元？

↓

題目 C

小明的零用錢是 40 元，大華的零用錢是小明的 2 倍，
大華的零用錢也是阿成的 5 倍，請問阿成的零用錢是多少元？

　　替換式數學教學就是為了反映上述教材設計與教學需求，同時協助教師在引導數學學習困難學生的學習而設計，而研發出在教材上具有系統化與結構化的設計，以及在教學上具有彈性的教學策略。替換式數學教學讓我們重新思考與檢視為何學生對數學感到困難，藉由教材的精緻設計去協助學生面對數學學習的困難，同時也利用彈性的教學來協助學生有效學習數學。

第三節　替換式數學教學教材的設計原則與設計步驟

　　替換式數學教學就好像一張旅行地圖，能帶學生去想要去的地方，可以看到不同的東西，也可以走不同的路線，只要符合學生的興趣與能力，就可以抵達目標。替換式數學教學就是藉由一系列由易而難的題目安排，讓學生可以循序漸進的進行數學學習的理解技巧或概念。以下就替換式數

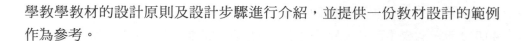

學教學教材的設計原則及設計步驟進行介紹，並提供一份教材設計的範例作為參考。

一、替換式數學教學教材的設計原則

替換式數學教學的教材設計是採用小步驟設計的原則，配合學生能力，將題目所包含的元素進行分析與重組排列。以替換式數學教學問題結構單將數學問題分成兩種題型：水平替換題型（parallel substituted）與垂直替換題型（vertical substituted）。替換式數學教學問題結構單如表 9-1 所示。

表 9-1　替換式數學教學問題結構單

	水替題型 1	水替題型 2	水替題型 3	水替題型 4
垂替題型 1 ⇨	1-1	1-2	1-3	1-4
垂替題型 2 ⇨	2-1	2-2	2-3	2-4
垂替題型 3 ⇨	3-1	3-2	3-3	3-4
垂替題型 4 ⇨	4-1	4-2	4-3	4-4
垂替題型 5 ⇨	5-1	5-2	5-3	5-4

（一）水平替換題型

水平替換題型（簡稱水替題型）係指同一系列相似的概念或技巧的題型呈現。水替題型為相似題目或題型的設計，其用意在於協助學生理解概

念，藉由相似例子與練習獲得概念，並能應用概念在相關的問題上，例如：以表 9-1 為例，問題 1-1 到問題 1-2，再到問題 1-3，此即為水替題型的替換。

當學生對於問題概念能理解、澄清與熟練題目組型時，教師就可以加速進行教學的程序，例如：教師可以略過一些問題練習，而進行下一個垂直替換題型的問題。若學生未能理解時，就需要在水平替換題型上做更精緻的說明講解，同時找出學生的哪些部分出現問題。如果學生還有問題，則需要回到之前的教材設計中，以強化其先備的知識與概念。

（二）垂直替換題型

垂直替換題型（簡稱垂替題型）係指一系列新概念之階層順序組合。垂替題型包含一系列且連貫的垂替題型安排，上一層的數學概念是下一題概念的基礎，學生需要學會前一個垂替題型的概念，才能繼續往另一個新的或更複雜的概念延伸，例如：在表 9-1 中，問題 1-1 到問題 2-1，再到問題 3-1，此即為垂替題型的替換。

由於垂替題型的替換主要是引入新的數學概念、概念進階或概念轉換，因此在進行垂直替換題型的問題教學時，教師的教學要特別注意引導，以了解學生的理解情況；如果學生未能理解，就需要列舉更多的例子進行說明。垂直替換題型的設計能讓教師掌握數學概念的結構順序與層次，並幫助學生進行較為有系統的學習。

二、替換式數學教學教材的設計步驟

替換式數學教學在教學的過程中主要是藉由縝密的教材與學生特性分析，找出適切的教學起點，再設計教材，並進行彈性的教學，來強化學生對數學概念或問題的理解與解題表現。而教學介入則是一個不斷「設計—介入—評估—調整設計—再介入」的過程，所以教學一直持續，而教學調整也一直持續。

在進行替換式數學教學的教材設計時，需要先設定教學目標，而這個教學目標必須是接近學生可以學習的範圍。首先，要以學生目前的學習表現為起點行為，而學生要學會的技能為教學目標。再者，在兩個目標間採

最少距離原則設計問題，並且將問題分成垂直替換題型與水平替換題型，亦即在成分替換間能有清楚明顯的替換連結，讓教師了解教學目標成分的轉換歷程與原則。當學生習得或接近目標概念時，教師可以配合學生的進步情形，進行彈性調整教學步調。若學生很快的跟上進度時，教師就可以彈性選擇題目進行教學，以加快教學的進度。教師可利用這兩項原則來擬訂替換式數學教學的教材設計（如圖 9-2 所示），簡言之，當學生可以學會原題目的解題時，教師就可以進一步的發展出另外的水平型替換題目，以強化學生對數學概念的理解；同時亦可以依此能力，發展更進一步的數學概念學習。

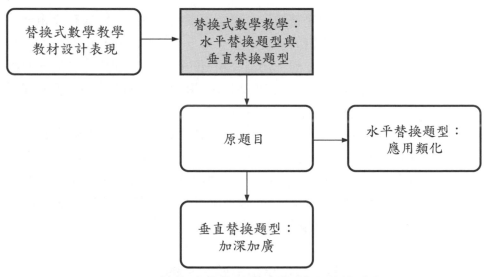

圖 9-2　替換式數學教學之教材設計的流程

三、替換式數學教學的教材設計範例

我們以一個範例說明替換式數學教學的設計與應用。某位老師在替換式數學教學的加法練習中，將原題目「買一本 158 元的故事書，和一枝 29 元的自動鉛筆，共要多少元？」分析出這是一題「百位數＋十位數，需進位」的加法運算應用問題。這位老師在垂直替換題型的題目設計上採用以下設計（如表 9-2 所示）。

表 9-2　替換式數學教學之應用問題設計結構舉例

原題目：「買一本 158 元的故事書，和一枝 29 元的自動鉛筆，共要多少元？」

1. 買一包 5 元的餅乾，和一個 4 元的糖果，共要多少元？（個位數＋個位數，不需進位）

2. 買一包 9 元的餅乾，和一個 5 元的糖果，共要多少元？（個位數＋個位數，需進位）

3. 買一包 12 元的餅乾，和一個 8 元的糖果，共要多少元？（十位數＋個位數，需進位）

4. 買一本 113 元的故事書，和一個 75 元的鉛筆盒，共要多少元？（百位數＋十位數，不需進位）

5. 買一本 272 元的故事書，和 99 元的鉛筆盒，共要多少元？（百位數＋十位數，需進位）

---

6. 第一天你看了 208 頁的故事書，第二天再看了 122 頁的故事書，你總共看了幾頁故事書？（百位數＋百位數，需進位）

7. 第一天你看了 120 頁的故事書，第二天再看了 40 頁的故事書，第三天再看了 35 頁的故事書，你總共看了幾頁故事書？（百位數＋十位數＋十位數，不需進位）

8. 第一天你看了 116 頁的故事書，第二天再看了 80 頁的故事書，第三天再看了 57 頁的故事書，你總共看了幾頁故事書？（百位數＋十位數＋十位數，需進位）

　　上述這樣的題目層次設計如何？教師可以將這樣的排列順序或文字敘述內容再加以調整，讓這個順序安排更符合自己的教學習慣，同時學生也會對於新的教學有所反應。

　　介入反應模式（response to intervention, RTI）是在特殊教育中，常提到學生對學習成效的反應。但我們亦可以反過來想，學生的反應亦是表示教師的教學成效。學生沒有學習的成效，要調整的是教師的教學，而不只是學生的學習。

　　我們將上述的數學問題發展成一份替換式數學教學問題結構單（如表 9-3 所示）。就會包含垂直替換與水平替換的題型，來建構數學的教學。

　　當然教師也可以只是單純聚焦在計算的練習上，來強化學生的計算熟

表 9-3　替換式數學教學問題結構單範例一

原題目：「買一本 158 元的故事書，和一枝 29 元的自動鉛筆，共要多少元？」

	水替題型 1	水替題型 2	水替題型 3	水替題型 4
垂替題型 1： ⇨個位數＋個位數，不需進位	買一包 5 元的餅乾，和一個 4 元的糖果，共要多少元？	買一包 3 元的餅乾，和一個 6 元的糖果，共要多少元？	買一枝 6 元的原子筆，和一枝 2 元的鉛筆，共要多少元？	買一張 2 元的圖畫紙，和一包 7 元的色紙，共要多少元？
垂替題型 2： ⇨個位數＋個位數，需進位	買一包 9 元的餅乾，和一個 5 元的糖果，共要多少元？	買一枝 6 元的原子筆，和一枝 8 元的直尺，共要多少元？	哥哥有 8 元，弟弟有 4 元，兩人共有多少錢？	小明有 7 元，媽媽再給小明 5 元，小明現在有多少錢？
垂替題型 3： ⇨十位數＋個位數，需進位	買一包 19 元的餅乾，和一個 4 元的糖果，共要多少元？	花園有紅花 15 朵，黃花有 6 朵，共有多少朵花？	買口香糖要 18 元，買小餅乾要 4 元，共要花多少錢？	小明有 16 元，媽媽再給小明 8 元，小明現在有多少錢？
垂替題型 4： ⇨百位數＋十位數，不需進位	買一本 113 元的故事書，和一個 75 元的鉛筆盒，共要多少元？	志強原本有 124 元，這一週再存 35 元，他現在有多少錢？	爸爸早上開車開了 172 公里，下午又開了 25 公里，他一共開了多少公里？	遊樂場早上來了 127 位小朋友，下午來了 51 位小朋友，今天一共來了多少位小朋友？
垂替題型 5： ⇨百位數＋十位數，需進位	買一本 125 元的故事書，和一個 36 元的鉛筆盒，共要多少元？	買一瓶 234 元的沙拉油，和一包 28 元的鹽，共要多少元？	買 337 元的魚，和 58 元的菜，共要多少元？	買一本 568 元的故事書，和一枝 29 元的自動鉛筆，共要多少元？

註：橫向題目為水替題型（概念相同題目）；縱向題目為垂替題型（新增概念題目）。

練性。計算練習仍有其必要性，除非學生無法有效發展基本的計算能力，而必須輔以計算機。如果學生能熟練一些基本的計算能力，就能提升學生的數學表現。表 9-4 的計算題是由上述的表 9-2 所轉化而來，表 9-4 的題目變得比較乾淨，這樣的練習讓學生可以很快學會計算，但也容易流於機械式練習。因此，教師在使用計算練習時，應避免學生因為過度練習，而感到無聊。但也可以發現，在表 9-3 中的垂直替換題型 2 與垂直替換題型 3 之間，是否少了一個「十位數＋個位數，不需進位」的行列。因為這是依據

表 9-4　替換式數學教學問題結構單範例二

原題目：「158＋29＝?」（三位數＋二位數，一次進位）

	水替題型 1	水替題型 2	水替題型 3	水替題型 4
垂替題型 1： ⇨個位數＋個位數，不需進位	5＋4	3＋6	6＋2	2＋7
垂替題型 2： ⇨個位數＋個位數，需進位	9＋5	6＋8	8＋4	7＋5
垂替題型 3： ⇨十位數＋個位數，需進位	19＋4	15＋6	18＋4	16＋8
垂替題型 4： ⇨百位數＋十位數，不需進位	113＋75	124＋35	172＋25	127＋51
垂替題型 5： ⇨百位數＋十位數，需進位	125＋36	234＋28	337＋58	568＋29

註：橫向題目為水替題型（概念相同題目）；縱向題目為垂替題型（新增概念題目）。

原題目設計修改，讀者可以試著插入一行列「十位數＋個位數，不需進位」並設計一些題目，看看是否能讓此表變得更為完整。

另外，請比較一下表 9-4 的計算範例，在垂替題型 1 的四個練習題中，哪一個計算是學生比較容易理解的？如果「5 ＋ 4」會比「2 ＋ 7」簡單，就可以把「5 ＋ 4」放在水替題型 1 的位置上。「5 ＋ 4」可能比較容易操作，因為是大數字加小數字，所以學生較容易理解。學生如果能正確的解決「5 ＋ 4」的問題，就會較有動機來做下一個題目。接著，可以再看一下表 9-4 的結構單上，有哪些問題可以再進一步調整的嗎？相同的方式，也可以用這種規則來調整上述表 9-3 的應用問題。在教學過程中，學生的學習表現會反應出教師的數學教材設計與教學策略是否有效。如果成效好，就繼續使用這份替換式數學教學問題結構單；如果效果不佳，就可以依此結構單再次修改，讓教材設計與教學愈來愈進步。

因此，教師在設計替換式數學教學問題結構單時，應該審慎的設計每一個垂直替換問題中的第一題（或稱為關鍵題）。用心的題目設計安排，會讓教師的教學變得更為順暢，而學生也就更容易理解。

第四節　替換式數學教學教材設計的替換向度

替換式數學教學教材設計的替換向度可分為兩個部分：教材元素替換與教學策略替換，以下就這兩方面舉例說明。

一、教材元素替換

替換式數學教學教材可替換的元素非常多元，約略可從六種不同的元素分析：數字、語詞、語句、概念、表徵、情境等。教師可以一次採用一種元素的替換，等學生理解後，再增加其他元素的替換。藉由應用這些數學教學概念或語彙的替換，除了可以增進學生對問題核心概念的理解外，同時也能增加學生練習題目的機會，並提升學生未來解決非規則性問題的能力。

（一）數字替換

　　在替換式數學教學教材的替換元素中，最簡單的替換項目就是數字的替換。當題目數值很大時，就容易使學生的認知負荷過度，導致學生理解問題的工作記憶處理空間相對減少。當數字複雜度變小時，問題就會相對的變簡單，學生就較能專注在數學問題的理解上。改變應用問題中的數字大小，對問題型式的改變也最小。因此，在替換式數學教學的教材設計上，可以在一開始先設計數值比較小的問題，讓學生理解應用問題中各敘述語詞的關係而進行解題，當學生能明白數學問題的解題規則後，再將問題的數值調整成較大的數值，如圖 9-3 所示。

原題目：「一臺電動車充電後，從 10 點開始啟動，連續跑了 2 天又 8 小時才停止，請問幾點的時候才停止？」

說明：

這個題目看起來很難，數學學習困難學生就可能會先拒絕思考與運算。但如果將題目採替換式數學教學中的數字調整，將數字變小，學生就可以專注在題意理解而進行解題。等學生學會處理這種問題時，就可以再逐漸增加數字的難度。

示例：

1. 一臺電動車充電後，從 10 點開始啟動，連續跑了 10 分鐘才停止，請問幾點的時候才停止？

2. 一臺電動車充電後，從 10 點開始啟動，連續跑了 30 分鐘才停止，請問幾點的時候才停止？

3. 一臺電動車充電後，從 10 點開始啟動，連續跑了 50 分鐘才停止，請問幾點的時候才停止？

4. 一臺電動車充電後，從 10 點開始啟動，連續跑了 48 分鐘才停止，請問幾點的時候才停止？

5. 一臺電動車充電後，從 10 點開始啟動，連續跑了 1 小時 20 分才停止，請問幾點的時候才停止？

6. 一臺電動車充電後，從 10 點開始啟動，連續跑了 2 天又 8 小時才停止，請問幾點的時候才停止？

圖 9-3　替換式數學教學教材設計中數字替換之示例

（二）語詞替換

在語詞替換上，至少可包含下列三種語詞的替換方式：人名替換、物品名稱替換、動詞替換，說明如下：

1. 人名替換：將人名替換成學生或卡通人物的名字，以增加學生的興趣與參與度。將學生的名字放入問題中，會讓學生覺得好像在解決自己的問題。

2. 物品名稱替換：問題以學生較熟悉的名詞取代，例如：可以用狗或貓來取代羚羊、用零用錢取代薪水、用模型汽車取代遙控飛機等。如果學生對這些名詞的理解尚有困難時，教師就可以再依學生生活的各種情境或熟悉的事物加以替換，以增加學生對數學問題的理解。

3. 動詞替換：教師替換成學生容易理解的動詞，讓這些動詞不會影響數學問題的解決，例如：經過了 30 分、過了 30 分、花了 30 分、走了 30 分、寫了 30 分等。

（三）語句替換

語句替換是在教材替換中比較難的項目。在應用問題中，有些語句的排列、長度與語意有些複雜，學生需要做倒置或回溯的處理才能解題，因而造成學生在理解題意的困難。語句替換包含數學問題中對問題難度的調整或簡化、調整句型複雜度、改變句型位置、改變敘述方式、改變解題等。藉由語句替換練習，讓學生不會受到關鍵字、句型的干擾，而能真正理解問題的題意來進行解題。也可以藉由語句的逐步替換，逐漸增加問題難度或複雜度，在學生解題過程中，增進學生的解題能力。以圖 9-4 為例，藉由改變語句型式，就可以由易而難的變化，漸進式的提高問題難度或句型複雜度，強化學生的解題理解與表現。

原題目：「小明一小時騎 10 公里，小明騎 了 20 公里，請問小明需要騎多久？」

示例：

1. 小明騎了 20 公里，小明一小時騎 10 公里，請問小明需要騎多久？（語句順序調換）
2. 小明一小時騎 10 公里，小明參加路程 20 公里的自行車比賽，請問小明需要騎多久？（敘述改變，解題不變）
3. 小明參加路程 20 公里的自行車比賽，小明一小時騎 10 公里，請問小明需要騎多久？（敘述改變，解題不變）

圖 9-4　替換式數學教學教材設計中語句替換之示例

（四）概念替換

維持「數學概念的替換」，是指在許多數學概念常有一定的順序關係。因此在數學概念的順序安排上，能由易而難，由簡而繁，由已學過的熟悉概念發展到生疏概念，就能讓學生較能逐步的學習一些數學概念，同時減少學生面對太難的數學概念而望之卻步的情境。茲以時間為例，其替換向度可包含如下：

　　1. 不進位的時間計算。

　　2. 進位的時間計算。

　　3. 跨中午的時間計算。

　　4. 時距計算。

　　5. 回溯時間的計算。

　　6. 開始的時間─經過的時間─結束的時間計算。

　　7. 其他生活應用。

（五）表徵替換

由於數學學習困難學生或是低年級學生對於抽象的數學思考能力較弱，因此常需要實物或圖示的表徵方式來協助學生理解數學概念。學生數學抽象化的能力始於能有效的使用具體物、模型、圖形、符號、文字、口語等形式來表達對數學的理解。藉由具體或半具體的表徵物操作，協助學

生學習數學基本概念的核心，以增加學生的數感，作為未來學習抽象數學的重要基礎，讓學生得以在真實世界的實體數學與抽象邏輯的形式數學間產生連結。在替換式數學教學教材設計與教學過程中，即強調表徵的重要性。教師在介紹概念的初期，應依概念或情境內容，提供各種不同的表徵或實物操作，以提高學生對問題的理解能力與數感。藉由表徵做中介，協助數學學習困難學生理解文字題與算式之間重要的解題橋梁。教師可以依循「具體—半具體—抽象」的三階段方式，逐漸的引導學生由具體物的操作學習，再到抽象的數學概念學習，藉以形成內在心像，再進行抽象的數學操弄。Lesh（1979）更擴大建議成為下列五種表徵：實際情境（real-world situations）、圖畫（pictorial）、教具（manipulative aids）、口語符號（spoken symbols），以及書寫符號（written symbols）（如圖 9-5 所示）。亦即教師可以提出這些不同情境的數學操弄，來增加學生對數學概念的轉換。學生愈能在不同的數學表徵間彈性轉換，就愈能有較好的數學表現。教師可以用各種模型、花片、錢幣、古氏積木、數線、圖畫、口語敘述或文字資料，來協助學生學習與操弄數學。

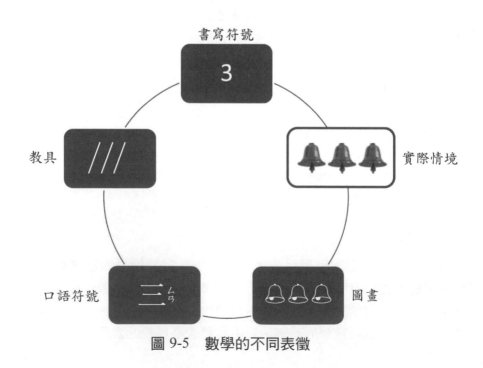

圖 9-5　數學的不同表徵

（六）情境替換

　　替換成學生熟悉的問題情境，會增進學生對應用問題的理解。由於每一位學生的生活經驗不太一樣，有些學生對教科書中應用問題的情境不太了解，因此教師可以針對原有的應用問題加以調整成學生熟悉的日常生活情境，以作為布題的參考，例如：餐飲、購物、日常生活、作息、交通、遊戲、運動、旅遊、作業、卡通、電視節目、電影等。《情境化的替換式數學教學》（詹士宜主編，2015）一書就是以聖誕節為背景，將加法計算、小數、測量、面積、容量、時間、比與比值等數學概念融入數學活動之中。以圖9-4的小明騎車為例，原題目敘述為：「小明一小時騎10公里，小明騎了20公里，請問小明需要騎多久？」騎車且以公里計算可能對於學生是較難以理解或想像的情境，但若將情境替換為常見的小額零用錢，例如：「小明一天存10元，小明要存20元，請問小明需要花幾天的時間？」就是學生較為熟悉的情境，能讓學生更容易理解題意，而進入解題思考的歷程。

　　綜上所述，這些不同教材元素的改變，目的是為了讓學生不致在學習數學的過程中，只做機械式的練習與記憶，而忽略理解的重要性。藉由這些教材元素的替換，讓學生能更加理解數學的問題，並主動尋找正確的解題策略而進行解題。由於替換式數學教學教材採用階層結構設計模式，並採用漸進與彈性的教學方式，讓數學學習困難學生不會覺得學習數學是一件困難的事。同時在教師的引導下，能理解並練習相似的數學問題，希望對這些學生的數學表現能有助益。如果各種教學策略調整對於學生的學習都沒有效果時，就可能需要進行教材的調整或是再回到先前的學習單元進行教學。

二、教學策略替換

　　教師在替換式數學教學的教學活動中扮演極為重要的角色。教師需要配合學生的個別學習需求與反應，隨時彈性調整教學節奏與引導方式，以符合學生的學習需求，並激發學生的學習動機。相同的數學問題，有些學

生的理解較佳，並不需要太多引導即能正確解題；但有些學生因為對問題理解不足，加上教師引導太少，可能造成學生學習的中斷或受挫。因此在教學上，應極具彈性，不需墨守成規，例如：對於資質優異的學生，如果提供太多示例，他們就可能會覺得教師的教學索然無味。因此對於這樣的學生，教師可以採用提問的方式進行解題引導；但如果學生的理解層次較弱，教師就可以運用直接與明確的教學方式，提供示範解題，明確說明解題的步驟，讓學生理解。替換式數學教學在教學的過程中主要經過縝密的教材與學生分析，並進行彈性的教學，在教學的過程中，提供學生適性的練習，以強化學生對數學概念或問題的理解，而能正確的解題。替換式數學教學是一種動態調整的數學教學設計，藉由明確的改善教材設計與彈性的調整教學過程，來提升學生的數學表現。在教學策略的替換上，教師在布題時可以使用不同表徵的呈現方式，以提升學生對於問題的理解（如圖9-5 所示）。以實物或圖形的表徵，可以增加學生對於應用問題的理解程度；使用互動式電子白板，可以增進師生雙向互動與討論的機會；利用簡報可以增加布題的效率；使用黑板或白板，則可以在原布題題目中，做及時的題目成分替換。題目內容小幅度改變能增加學生的解題表現。以下列舉在教學策略與教學技巧方面，可以進行教學策略之替換，並以圖9-6 作為教學策略替換之示例。

（一）在教學策略上

1. 適切提問：結合學生背景知識與能力，提出適合學生學習的數學問題。
2. 彈性使用策略：依學生特質與能力運用明確教學或引導教學，並彈性布題，以增進學生對數學問題解題的敏感度，以及解題的動機。
3. 營造情境：重視數學的情境，以增進數學問題的意義化。
4. 提供輔助：提供提示或教學輔助，以引導學生有較完整的理解。

（二）在教學技巧上

1. 利用表徵：以實物操作或圖示協助學生對數學問題的理解。
2. 示範解題：說明解題的歷程。
3. 適當的解題練習：讓學生有機會強化其數學技能。

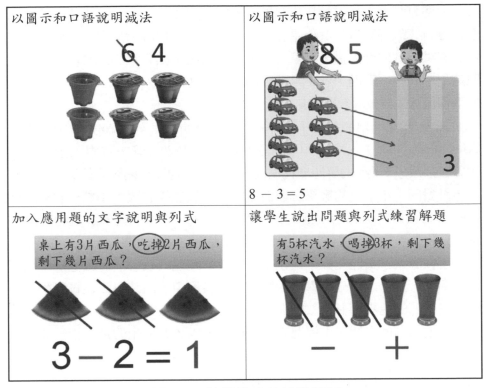

圖 9-6　教學策略的替換範例

資料來源：許瓊文老師提供

4. 放聲思考：說明解題過程的思考與原因，並了解學生數學問題的核心。
5. 排除無關或干擾訊息，以減少學生在解題時的認知過度負荷。

第五節　解題歷程與檢核

　　正確的數學解題是一項非常複雜的認知歷程，它涉及到許多認知能力的整合，且數學的技能又是高度結構的概念或技能的階層，前面的數學技能如果有困難，就會影響學生稍後數學的概念或技能的學習。因此，在替換式數學教學的教學過程中，亦強調對學生學習歷程的評估。

解題歷程分析是了解學生解題思維的重要工具之一，藉由學生的解題歷程分析，教師可以了解學生在數學學習過程的理解情形與問題核心，並藉此提供有效的介入措施，協助學生解決問題。如果教師無法理解學生解題過程中的核心問題，就不易精準的提供適切的介入教學，徒然增加學生的學習挫折感與教師教學的無力感。

許多學者提出各種不同的解題歷程分析，例如：Polya（1957）、Schoenfeld（1985）、Mayer（1992）、Lester（1980）等，其中大部分的解題歷程都類似 Polya 的解題歷程模式。但某些解題歷程內容過於複雜，並未特定針對國中小學童的數學解題而發展，以致在探討國中小數學解題的歷程時不易被應用。綜合上述的解題歷程，並參考國小數學解題的實際需求，茲將數學解題歷程分為四個階段及八大步驟（如表 9-5 所示），希望讓國中小教師或家長能充分掌握學生在解數學問題的核心，有效理解學生解題的問題。此外，從分析學生的解題歷程表現中，同時可以比較學生在各解題歷程間的進步情形。教師在解題歷程檢核單上方的欄位，可依題目或不同日期的向度進行學生解題表現的檢核，以了解學生的進步情形或是學

表 9-5　數學應用問題解題歷程檢核單

解題歷程　　　　　日期／或題數					
一、閱讀理解階段					
1.正確閱讀或朗讀題目					
2.正確說明題意					
3.擬定解題計畫					
二、列式或圖示表徵階段					
4.正確說明解題方式、步驟或列式					
5.正確列出解題算式或繪出解題圖示					
三、執行運算階段					
6.執行計算或數學處理					
四、驗證階段					
7.驗證計算					
8.回答問題					
總計					

生經常出現錯誤的原因，進而擬定更明確與具體的策略進行教學。以下分別說明之。

一、閱讀理解階段

1. 正確閱讀或朗讀題目：此步驟是要確認學生是否能正確閱讀題目。如果學生不能正確閱讀題目，就無法理解題意並解題。這種問題可能是學生不熟悉題目中的文字或是不理解專有名詞，造成無法正確閱讀或是閱讀停頓等現象，以致於學生無法完整的理解應用問題的題意，就無法正確的解題。若學生有這方面的問題，教師可改以口述的方式，或是修改成學生可以理解的語詞，以協助學生理解題意。

2. 正確說明題意：此步驟是要確認學生是否能理解題目的意義。學生會唸出題目，並不一定表示學生可以理解題意，因此可以在學生正確唸出題目後，請學生說明題目的意思，包含題目的意思為何？要解什麼問題？要求學生用自己的話語，說明題意。從學生口述題意中，了解學生對題意、單位、數學概念、問題描述等的理解情形，例如：學生可能不知道問題的意義，也可能不知道毫升、平行或是直徑的意義，或是不了解 3.6 的小數意義，或是圓形中的正切、餘切的意義等，這些都有可能會導致學生在應用問題上的理解困難。當題意理解出現問題時，後續的解題步驟就沒有辦法正確完成。當題意理解有許多問題糾纏在一起時，在教學介入上，就會顯得非常的困難，因為學生有太多的不理解，無法一時全部解決。因此，教師可以先將問題簡化或數字減小，看學生是否能理解題意，等學生可以理解較簡單的題意時，再逐漸提供比較複雜的題目。

3. 擬定解題計畫：當學生能正確說明題意後，下一個步驟為學生能說明或探索可能的解題方向，知道用什麼方法進行解題，例如：使用加法或減法、需不需要畫圖或使用工具協助，或是有哪些可能的解題步驟等。這一個步驟是學生對於解題的判斷，如果學生不知道要用什麼方式進行解題，就無法完成正確解題的動作。如果學生對題型熟悉，他們就能很快且不假思索的進行列式與計算；但如果學生

對題型不熟悉，他們就必須進行分析、預測可能的解題方向與方法。

二、列式或圖示表徵階段

4. 正確說明解題方式、步驟或列式：讓學生口頭說明解題需要進行的步驟或列式的方向，以確認學生可以正確的列式。
5. 正確列出解題算式或繪出解題圖示：相對於步驟 4 的口語說明，步驟 5 則是實質將解題的歷程列出算式或圖示，以呈現解題的歷程，亦即將語言文字的符號轉換成數學的符號。

三、執行運算階段

6. 執行計算或數學處理：學生將算式列式或表徵後，進行算式的運算，以解出未知數。

四、驗證階段

7. 驗證計算：當執行完成計算的過程後，進行答案的檢核，檢查答案是否合理，或者需要進一步驗算。
8. 回答問題：確認答案後，回答所得到的答案是回答什麼問題，並注意答案的單位是否正確。在數學解題歷程的檢核中，可以用觀察、訪談或是放聲思考的方式，讓學生呈現其解題歷程中的各項表現。教師在教學之初，運用解題歷程檢核單可以確認學生的解題歷程出現的問題位置，再採用適當的介入策略進行補救教學；或者當教師對學生的解題歷程有疑問時，可以依此檢核表進行檢核。

　　雖然替換式數學教學提供八個步驟的解題歷程檢核單，但由於每一個問題的難易度不同與學生的能力不一，因此在解的歷程中並不一定每一個步驟都需要加以確認。教師可以依教學的現況，對解題歷程的檢核單項目加以調整。舉例來說，有些簡單的題目並不適合用太複雜的解題歷程詢

問學生的解題步驟，因為學生可能只知道怎麼做，而不清楚為什麼這樣做，太多細節的詢問有時也會造成學生的混淆。因此，教學者必要時可以先簡化此八個解題步驟來進行檢核。當學生在解題表現上能正確反應時，教師就不一定要對每一個問題都一一檢核，只有在學生解題出現問題或是不理解時，才進行應用問題的解題檢核。依據解題歷程檢核單的檢核結果，教師可以參考表 9-6 的教學策略調整或改變教學，看看是否能改變學生的理解與解題表現。如果學生仍感到難以理解，就可能表示學生目前還沒有準備好去學會這些數學題目或概念，教師可能需要再回到更早以前的數學概念或問題進行教學。

表 9-6 學生在解題歷程中出現困難時的教學建議

解題歷程一	解題歷程二	數學問題	教學策略
解題前	閱讀理解階段	對識字理解困難。	口述問題。
		對問題理解困難。	簡化問題。
		問題的敘述太長。	改用熟悉的人物。
		數值關係理解困難。	簡化數字。
		人物出現太多。	分段教學。
		對數字大小感到困難。	以教具或實物操作。
		數字出現次數太多。	
		數學概念太難。	
解題中	列式或圖示表徵階段	解題的步驟太多。	分段教學。
		無法列式。	圖示／表徵。
		無法用圖示表示。	減少步驟。
	執行運算階段	計算困難。	對數學符號知識不足。
			簡化計算步驟與練習。
解題後	驗證階段	不知道答案的意義。	提示／提問。
		忘記單位。	利用單位空格欄。
		沒有驗算。	提供驗算區。

第六節　結論

　　替換式數學教學設計的主要目的是讓教師能主動的去思考學生能力與教材之間的關係，找到一個可以讓學生學習數學的平衡點。藉由教材的精緻而結構化的系統設計，讓教師理解數學概念間的連貫關係；同時配合學生的理解能力，彈性使用教學策略，來提升學生的學習興趣，培養其成為會數學思考與數學解題的學生，無論是針對有數學困難或數學優異的學生。替換式數學教學教材設計強調的原則包含：

1. 配合學生能力：替換式數學教學非常重視學生的起點行為。因為學習內容如果不能配合學生的學習程度，就難以與學生過去的知識背景經驗相連結，而造成學生學習的困難。

2. 結構化教材設計：替換式數學教學採用結構化的教材設計取向，讓教師的數學布題能具有層次，並藉此了解數學問題的結構。藉由替換式數學教學的設計，讓教師可以在事前理解數學概念的順序層次，以便在教學過程中游刃有餘，而不致於在教學過程中遇到學生不會時而慌張無措。教師可以配合學生的學習表現，適時調整教材設計與教學策略。此外，由於在教學過程中，學生對於教師教學的反應都可以作為教師在調整替換式結構單的重要參考，當教師下次教到同樣的數學目標時，教師就能更有效的使用替換式結構單設計教學。

3. 彈性的教學：替換式數學教學亦強調彈性調整教學的過程。教學如同在球場上，教練對球員的餵球。我們常看到這些選手都可以打得很好，縱使是新進球員也可以表現不差。這樣的表現並不一定是來自學生具有良好的表現能力，更重要的是教練能夠配合球員的能力，發出不同的球，讓球員可以打到球。等到球員的技能成熟時，教練再丟更高難度的球，來提升球員的球技。

4. 檢核學生的表現：由於替換式數學教學採用結構式且細部化的教材設計，因此較容易發現學生數學的問題癥結點；同時採用數學解題歷程檢核的方式，了解學生在解題過程中可能出現的困難點，進而

能針對問題設計更適切的教材與教學介入。

期待替換式數學教學能有更多的教師與家長參與，未來也希望能藉由網路平臺提供大眾上傳與分享，促進經驗的交流。有人說學生是我們最好的老師，教學成效的良窳會由學生的回饋得知。當學生表現不符期望或理解時，就是我們要進行替換的開始，藉由替換式數學教學讓我們的教學專業與素養不斷提升。

註：如果教師或家長對替換式數學教學有興趣，可以進一步閱讀以下書籍，這些書籍都能從網路上免費下載，其中包含許多理論介紹與實際教學案例說明以供參考。

詹士宜（主編）（2013）。**替換式數學對數學學習困難學生之補救教學**。臺南市：國立臺南大學特殊教育中心。

詹士宜（主編）（2014）。Super 金頭腦替換式數學：**教學應用與教材彙編**。臺南市：臺南市政府教育局。

詹士宜（主編）（2015）。**情境化的替換式數學教學**。臺南市：國立臺南大學特殊教育中心。

參考文獻

中文部分

詹士宜（主編）（2013）。**替換式數學對數學學習困難學生之補救教學**。臺南市：國立臺南大學特殊教育中心。

詹士宜（主編）（2014）。**Super 金頭腦替換式數學：教學應用與教材彙編**。臺南市：臺南市政府教育局。

詹士宜（主編）（2015）。**情境化的替換式數學教學**。臺南市：國立臺南大學特殊教育中心。

英文部分

Carnine, D. (2006). *Teaching struggling and at-risk readers: A direct instruction approach*. Upper Saddle River, NJ: Pearson/Merrill/Prentice-Hall.

Engelmann, S., & Carnine, D. (1991). *Theory of instruction: Principles and applications* (Rev. ed.). Eugene, OR: ADI Press.

Kalyuga, S. (2015). *Instructional guidance: A cognitive load perspective*. Charlotte, NC: Information Age Publishing.

Lesh, R. (1979). Mathematical learning disabilities: Considerations for identification, diagnosis, and remediation. In R. Lesh, D. Mierkiewicz, & M. G. Kantowski (Eds.). *Applied mathematical problem solving* (pp. 111-180). Columbus, OH: ERIC/SMEAC. Retrieved from http://files.eric.ed.gov/fulltext/ED180816.pdf

Lester, F. K. (1980). Mathematical problem solving research. In R. J. Shumway (Ed.), *Research in mathematics education* (pp. 286-323). Reston, VA: National Council Mathematics.

Mayer, R. E. (1992). *Thinking, problem solving cognition*. New York, NY: W. H. Freeman and Company.

Polya, G. (1957). *How to solve it*. Princeton, NJ: Princeton University Press.

Schoenfeld, A. H. (1985). *Mathematical problem solving*. Orlando, FL: Academic Press.

Sweller, J., Ayres, P. L., & Kalyuga, S. (2011). *Cognitive load theory*. New York, NY: Springer.

Tobias, S., & Duffy, T. M. (2009). *Constructivist instruction: Success or failure?* New York, NY: Routledge.

Vygotsky, L. S. (1978). *Mind in society: The development of higher psychological processes*. Cambridge, MA: Harvard University Press.

Wood, D., Bruner, J. S., & Ross, G. (1976). The role of tutoring in problem solving. *Journal of Child Psychology and Psychiatry, 17*(2), 89-100.

第十章

數學科技與補救教學資源

洪瑞成、陳明聰

第一節　導論

　　學習障礙學生常因為他們在閱讀、計算、數學符號和數學概念等能力上的限制，而在數學學習過程中遭遇許多困難，例如：在數學概念上，包括數的概念、運算的概念之困難；在數學計算上，則有位值了解的困難、運算規則不精熟；在解題上，則可能面臨題意的不了解和多步驟解題困難等（王雪瑜，2006）。

　　面對學生的數學學習困難，一般有兩種處理取向：一是補救教學或是提升學生能力取向，強調透過特殊設計的教學，以提升學生的數學基本概念、計算能力或解題能力，例如：以電腦化圖示策略教導學生解題（朱淳琦，2011）；利用自我調整策略發展（self-regulated strategy development, SRSD）教學，教導學生學習多步驟方程式（multi-step equation）的計算，例如：解「$-3(x-6)+4(x+1)=7x-10$」方程式中的 x（Cuenca-Carlino, Freeman-Green, Stephenson, & Hauth, 2016）。

　　另一個取向則是能力補償或是輔助科技取向，強調運用適合的輔助科技，讓學生可以用其現有能力或繞過（by pass）不足的能力，以參與數學的學習活動。對學生而言，能力的提升是帶著走的實力，但不可諱言的是，仍有許多學生的困難是無法藉由補救教學而獲得改善的，或是當下學生所

具備的能力並不足以讓他／她可以參與數學的學習活動。

　　因此，面對學生的數學學習困難，必須同時考量是否要提供補救教學和輔助科技。以下提供部分數位學習科技資源作為示例，並依照學習障礙學生在數學學習上可能遭遇的問題，與這些數位學習科技之特點進行連結，依照這些科技對問題支持之特點，以數學自動化與流暢度、空間知覺與數學符號轉碼困難，以及數學概念、技巧和問題解決三個向度（Dell, Newton, & Petroff, 2012）為架構，另考量目前行動載具（例如：平板、手機等科技產品）應用於學習上愈來愈普及，故以下舉例將含括可供電腦、行動載具所使用的應用程式（Applications，以下簡稱 Apps）及網路資源。

第二節　協助自動化與流暢度之應用程式

　　一般兒童的計算能力是自動化（automaticity）的歷程。自動化在數學上，也稱為數學事實流暢性（math fact fluency），是一種可以正確、快速且不費力的回憶基本事實之能力（Cholmsky, 2011），也是解數學問題的重要基本技能。但有些數學學障兒童非常依賴手指，缺乏有效率的數算技巧，且無法快速提取數學事實（邵慧綺，2011）。

　　基本計算能力是小學生數學課程的重要學習目標，面對四則運算能力有困難的數學學障學生，可以提供輔助科技以繞過其不足或目前無法應付學習所需的計算能力；同時也可以提供一些訓練軟體，以協助其學習基本計算能力並進一步達到流暢程度。此外，在數學問題解題過程中也經常面臨單位間轉換的困難，除了花時間背下來並精熟之外，輔助科技設備也有所助益。

一、能力補償性應用程式

　　輔助科技設備包括低科技和高科技。在低科技部分，可以提供學生九九乘法表，或甚至是 12×12 乘法表或 19×19 乘法表，讓九九乘法無法完全自動化的學生可以藉著看乘法表上的積來進行計算。此外，也可以提供單位換算表，讓學生在解相關的數學問題時，直接看著換算表來進行計算，

而不用再由自己去回想單位間的轉換。

　　對於計算技能有困難的學生而言，過去教師常提供學生傳統的電子計算機作為支持性的輔助科技，但隨著科技的進步，智慧型手機或平板電腦日益普及，其中內建的計算機應用程式即可取代傳統的電子計算機，讓學生得以繞過計算能力的缺陷，直接進行數學解題之運算。

　　另外，解題過程中常見的單位換算，除需要理解單位間的相對關係外，亦須具備乘與除的能力，方能正確換算。如單純因基本計算能力而無法進行乘除，同樣可運用計算機應用程式進行解題，但若是因為學生對於不同位值間的概念轉換有困難，而導致不同單位換算出現問題時，教師則可以考慮直接提供換算單位的應用程式。以下介紹學生在運算過程中遭遇困難時，可供下載安裝作為運算能力補償的 Apps。

（一）單位換算

　　適用於各教育階段學生，是由 Digi Grove 所製作的免費單位換算 App。利用該 App，學生可選擇要轉換之單位量，例如：長度，如在圖 10-1 輸入已知的單位數值 8「m」（米，公尺）後，即可立即轉換出欲得到的單位量值為 26.4「尺」（臺灣）。將 1 公尺設定為 3.3 台尺，因此 8 公尺等於 8 乘於 3.3，故得到 26.4 台尺的結果。透過應用程式直接進行換算，可直接補償學生在單位間關係以及乘法運算上所遭遇的困難。

（二）PhotoMath

　　適用於各教育階段學生，是由 PhotoMath 所設計製作的 App。該軟體定位為「拍照計算機」，透過專有的光學辨識技術，面對難解的數學計算問題，只要把手機鏡頭對準紙張上的數學題目，就能得到答案與簡易的運算步驟。PhotoMath 除了可以用鏡頭拍攝的方式進行計算解答外，也能利用類似一般計算的方式點按數字及符號進行運算；除了一般整數和小數的四則運算外，也提供分數、小數、根、代數式、線性方程式／不等式、二次方程式／不等式、絕對值方程式／不等式、方程式系統、對數、三角函數、指數及對數函數、導數及積分等的計算。

　　PhotoMath 提供較為直覺的操控介面，可以直接呈現分數、開根號的符號，例如：在算式需輸入分數時，只須點選分數符號，並分別於分子及分

圖 10-1　單位換算 App 的輸入操作介面

母的空格處填上數字即可，對於無法以一般手寫方式計算以及計算機操作有困難的學生來說，皆可作為替代考量使用。在操作及步驟呈現過程的介面上皆簡潔明瞭，所具備的運算功能符合中小學生的學習使用。除此之外，也可用來驗算手寫數學列式計算的結果，如圖 10-2 以 PhotoMath 照下「3 + 2 = 5」的數學列式，會顯示計算結果為「正確」。

　　在使用上，該程式主要可以用來協助解題過程最後的計算步驟，強調的是透過拍攝即可進行計算，但對於數學障礙學生來說，如因空間知覺限制而導致在運算過程中數字或符號書寫出現問題，那即使學生將算式寫出來，該程式照相後的辨識功能應該會因手寫字體無法有效辨識而未能提供解答。故在該程式的應用上，較建議利用鍵盤輸入功能來輸入算式，再由軟體進行計算。

　　此外，由於該軟體可以提供計算步驟和計算結果正確與否的判斷，因

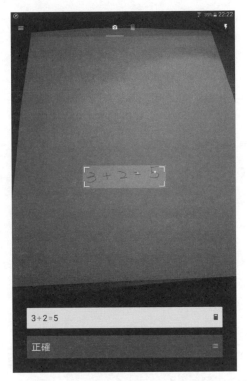

圖 10-2　Photomath App 掃描計算列式後可判定答案是否正確

此可用以協助學生學習計算與驗算，而且該軟體也可以顯示紀錄，老師除了可以現場監控學生輸入算式的過程與計算的正確性以外，也可以利用顯示紀錄的功能在學生獨立完成幾題練習後，再加以檢查，同時培養學生獨立完成作業的技能。

　　另外，該軟體也會提供運算步驟說明，例如：輸入「15 ＋ 2×5」，答案顯現「25」，點選答案旁的步驟後則可看到「15 ＋ 2×5」、「15 ＋ 10」兩個步驟，點進去後會以紅色將優先計算的「2×5」列出，並以文字說明「將數字相乘」，於「15 ＋ 10」的步驟點選擇會出現「將數字相加」的文字說明（如圖 10-3 所示），對於一般學生來說已可大致了解。如果仍需要更多的文字說明甚至圖解，付費購買後則會有更詳盡的說明內容及圖式解說，可作為學生運算逐步檢查時的參考，以及迷思概念的澄清。

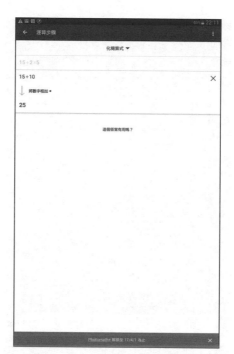

圖 10-3　Photomath App 的運算步驟說明畫面

二、補救與學習性應用程式

　　如經評估，學生僅需透過補救教學或重複練習等方式即可改善其計算能力，也可使用一些學習 Apps。以下介紹可增進學生數學運算自動化與流暢度能力的應用程式。

（一）Math Pieces

　　適用於國小以上教育階段學生，是由 Nebula Bytes 所設計製作的 App，為一款以遊戲方式呈現的數學四則運算軟體。Math Pieces 運用常見的文字填空遊戲介面，依照上下及左右所列之加、減及乘法的數學算式，將正確的數字透過拖拉的方式放入空格當中，完成解答即可過關，並可依照自己程度選擇想要闖關題目的難度。整個遊戲分成五個難度等級，每個等級各有二百個關卡，每個關卡上方都有問號提供學生無法完成時的提示，可確保學生能順利過關。透過遊戲的方式協助學生進行數學四則運算，除了增進

學生自我學習的動機外，闖關過程對四則運算的推演訓練，以及形成學生自動化的心理歷程有相當的助益。

在使用上可作為單一學生課後練習或完成交代任務之增強使用，並以學生通過的關卡再給予更進一步的增強物。為了避免學生因遊戲呈現方式與一般常見由左至右的列式不同而產生混淆，建議教師可先進行使用的訓練。在指導使用過程中，可讓學生先輪流說出他們認為可成立的算式方塊及原因，並將方塊所呈現內容寫在紙上，變成一般由左至右的列式，再讓學生分別上去移動並操作填空方塊；當算式成立時就會顯示綠色，如果不成立則會顯示紅色，提供給學生立即的回饋並能修正。如果沒有學生能提出正確的算式時，便可由老師點選提示符號，遊戲便會將部分數字填入空格中，此時只要讓學生判斷應該是要用加、減或乘法即可，係以鷹架的方式提供學生挑戰及運用的正確率與動機。

此外，該程式的運算可能因遊戲介面採文字填空的方式，而與國中小階段單純由左至右接等號的算式有所差異，如圖 10-4 中的算式「3＋5＝」為常見的計算列式，因此可以得知右邊的空格應為 8，但另一個計算式便會

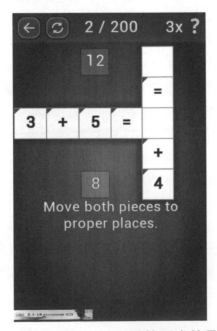

圖 10-4　Math Pieces App 計算列式的呈現方式

形成由上至下「＝8＋4」的算式。在指導訓練階段，教師可請學生先將「8＋4」照一般由左至右的方式寫於紙上並得出答案為12的結果，亦可趁此機會說明橫式算式中四則運算的規則是由左至右，但等號則沒有固定要在算式的左邊或右邊。遊戲中也會出現由上到下的算式，則可作為直式計算的範例說明，讓學生透過遊戲更加熟悉數學運算的基本概念與規則。

（二）數學技巧

　　適用於中小學生的 App，是由 Antoni 所設計製作，也是利用遊戲方式來練習計算的軟體。該程式的數學運算技巧含括四則運算及平方、冪及方根等國中小階段常遭遇、運用到的數學計算。此應用程式能展示各種有趣的數學技巧，專門為了想要學習有趣的運算技巧以提升計算速度的人所設計，這些技巧可以讓部分的數學計算比一般正規指導的計算方式來得快。

　　除了練習外，該程式採用遊戲中常見的對戰及排名方式增進學生的使用動機。除了提供計算時的挑戰題目外，也提供了進行計算的一些小技巧及策略，並使用圖示搭配說明的方式，詳細講解各個運算式的解法及技巧，透過四則運算的交互使用，如將小數乘法利用除法的方式進行運算解題，對於運算流暢及自動化上遭遇困難的學生，能使用計算與數學概念優勢的運算思考方式，指導其學會運算的技巧，是一款同時具有練習和遊戲的 App。

　　該 App 主要可區分為學習及練習測驗兩部分。學習部分係針對課堂題目中常出現的運算題型各自細分成不同的單元，如圖 10-5 為乘法中「11 到 19 之間相乘」的數學演算技巧說明，透過四個步驟與說明，讓學生能迅速計算出 11 到 19 間兩位數相乘的結果。這部分可於課堂上由教師搭配應用程式中的圖示說明進行指導，指導後則有簡易的練習，以檢驗學生的習得情形。

　　至於練習測驗的部分，遊戲設計有單人闖關以及多人對戰、網路排行榜的功能。單人闖關及網路排行榜可讓學生於課後針對已習得的演算技巧進行自我挑戰，亦可視學生的學習動機由教師規定闖關的進度作為學習要求，而多人對戰的方式則可利用全班共同的課堂時間，於下課前 5 分鐘進行不同陣營的分邊對戰，亦即將單一平板投射到大螢幕上，並由兩邊陣營的學生在平板兩側進行計算車輪戰，可增加遊戲的趣味性與協作性。

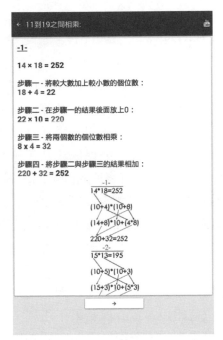

圖 10-5　乘法中「11 到 19 之間相乘」的數學演算技巧說明

第三節　協助空間知覺與數學符號轉碼困難之應用程式

　　學習障礙學生，因其在視知覺神經傳導過程中可能產生的障礙，可能導致其在空間知覺的表現出現問題，進而影響數學上，如「位值」、「座標」或「幾何」等需運用空間知覺能力的數學學習表現，例如：多位值數字間的四則運算，可能因位值對應上的困難致使計算過程及結果錯誤，雖然可利用中低科技的電子計算機進行運算，然而電子計算機的使用除了需花費時間學習外，對於數學運算符號的呈現，與學生課堂中所學習之符號及數學運算（如分數等），仍有限制及差異，並無法完全符合學生的學習經驗。以下介紹幾種空間知覺或數學符號運用困難的學生可使用之 Apps。

一、MyScript Calculator

　　適用於各教育階段學生，是由MyScript所設計製作的App。其軟體定位為「手寫計算機」，對於一些不知道怎麼按計算機的人來說，直接手寫列式可以避免因為按錯導致計算結果的錯誤。透過直接手寫的方式，以及手寫辨識的功能，能將書寫的數字及符號轉換成為正確且易於辨識的內容。如圖10-6所示，透過手寫以及學生直覺使用問號的方式，就能解出4加上某數為20，某數為16的答案，以學生熟悉的手寫列式即可計算出正確答案。此外，此 App 在計算過程中可部分擦掉重寫，也可記憶前一算式的解答，變成下一算式之一部分，並能延後顯示解答，可提供教師教學或學生自學檢查時使用。

　　對於學障學生的使用建議如下：學生若因空間知覺困難，於運算過程中出現數字位值擺放位置錯誤導致計算結果不正確，使用上可依其困難狀況選擇提供時機。如果學生的困難僅是因為空間知覺導致書寫的數字或符號較難辨認，但運算結果仍是正確時，則可利用此應用程式的數字手寫辨

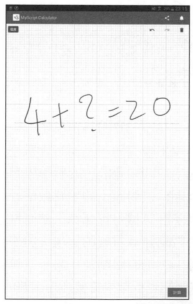

圖 10-6　以直覺手寫列出算式，並以問號代替未知數進行運算

識功能，讓學生自行練習調整數字及符號書寫的方式。不過，若是學生連計算結果都常常錯誤，而教師已提供學生檢視直式運算位值之位置正確與否的策略及工具（如位值板、卡），則可利用此應用程式協助學生自行檢視多步驟數學演算中的各個步驟是否正確。若學生本身是因為空間知覺的嚴重限制導致演算錯誤，則建議直接提供本應用程式替代學生運算的困難，以作為數學運算輔具之用。

二、Mathpix

建議高中以上教育階段學生使用，是由 Mathpix 所設計製作的 App。與 PhotoMath 的操作方式相似，係透過拍照與光學辨識技術，計算數學問題。辨識時的環境光源或字體清晰度等限制較 PhotoMath 低，學生只需將解題所需列出之算式拍照後即可得出答案，且能解答多元方程式，並產出方程式的圖形。雖然能呈現出解題步驟，但僅限於較高層次的數學運算，如多元方程式的運算及不同的解題方式，解題說明則採用英文，較適合高中以上學生使用，如圖 10-7 所示。

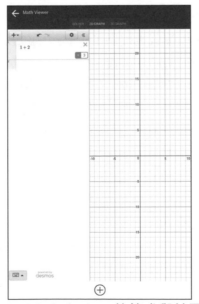

圖 10-7　Mathpix App 的算式與繪圖結果

對於學障學生的使用建議如下：對於因空間知覺困難而無法正確將方程式繪製成圖像的學生，該應用程式會自動產出方程式圖形，能替代學生以方格紙繪製成圖形的過程。此外，該 App 對於方程式計算所列出的逐步計算步驟十分清楚，建議教師可用於診斷學生在方程式計算過程的問題。但因該應用程式並未提供額外的文字說明及提示，使用此軟體須具備一定程度的數學能力及語言能力，方能提供學生自學使用。該 App 建議用於方程式解題時使用，若學生本身尚未具備解答方程式之能力，或是解題之題目非方程式運算，建議仍舊使用 PhotoMath 作為工具。

三、Mathway-Math Problem Solver

適用對象為國小以上學生，是由Mathway所設計製作的App。依據運算的內容分為基礎數學到化學等十類計算功能，並依據計算功能顯現不同的輸入面板。在點選輸入上與 PhotoMath 的直覺性操控和輸入介面相似，除此之外，也有提供拍照辨識的功能。但相較於 PhotoMath 僅提供基礎數學運算的功能，在 Mathway 中可找到幾何學的面積及體積的運算方式，亦即學生只需要知道圖形的長寬高等數據，依序填入程式的模型中，即可算出解答。對於幾何的運算提供圖像化的支持，有助於數學符號與文字解碼困難學生的數學學習。該應用程式也提供了步驟說明以及與 Mathpix 相似的方程式繪圖圖形，步驟說明需要額外付費。

對於學障學生使用上的建議如下：由於該應用程式在幾何學、角度運算能提供具體的圖像化模型，如圖 10-8 所示。程式所提供的三角錐體積運算，學生可直接將底面積對應的長（l）與寬（w），以及三角錐的高（h）等符號，直接於計算介面輸入後即可算出答案，對於數學符號解碼困難的學生來說，無須理解原本體積計算公式中的各個符號，透過模型的視覺支持，便能計算出答案。此外，教師也可於大班教學時，利用圖像化模型幫助學生建立數學的幾何與角度等概念，而計算答案的即時性以及提供的簡易步驟說明，也能讓學生獲得系統性的解題概念。該軟體也可讓學生於解題時透過圖像化模型的數字輸入步驟，逐步檢視學生計算過程可能的錯誤發生點。

圖 10-8　Mathway-Math Problem Solver App 所提供的三角錐體積計算畫面

四、Algebra Calculator

　　該程式的網址為 https://www.mathpapa.com/algebra-calculator.html，因本身為英語介面，較適用於教師教學使用。該程式使用鍵盤進行輸入，其輸入方式與程式語言語法較為接近，雖然有列出輸入範例及教學，但對於一般學生來說，其輸入介面較不易上手。

　　在進行計算後，除了提供解答並會附上詳細的圖解，如圖 10-9 所示。於計算輸入處輸入 1/3＋1/4，下方便會將運算的步驟以數字搭配圖片的方式加以呈現，如進入通分步驟便會將原先的 3 等分圓餅圖切割為 12 等分，讓學生了解原先的 1/3 即為 4/12。如果加入會員，該網站還能提供完整的教學課程，透過不同數學單元運算的動畫及影片方式，以圖像化的方式讓學生理解數字符號運算的概念究竟為何。

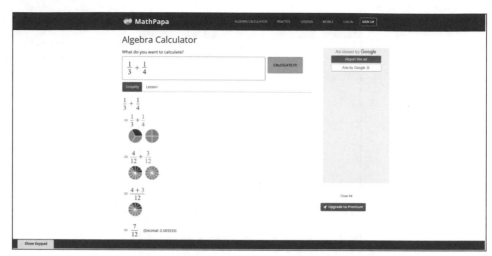

圖 10-9　Algebra Calculator 的網頁操作介面

第四節　協助數學概念、技巧和問題解決之科技資源

在數學概念的學習上，將表徵（representations）作為數學障礙學生解題時的策略已有許久，且被認為是具實證性（evidence-based）的策略（Jitendra, Nelson, Pulles, Kiss, & Houseworth, 2016）。一般應用於數學的表徵，為著名認知心理學家 Bruner 所提出的具體表徵、圖像表徵及符號表徵三種方式。使用具體物（如糖果）進行點數活動，並指導學生了解數量概念屬於具體表徵階段；而將具體物轉換為圖像時，若利用畫出三個圓圈再畫出兩個圓圈，並點數共有五個圓圈的方式，此即屬於圖像表徵之階段；最後才進階到能使用數學符號進行演算的階段，如前述圓圈使用 2 + 3 = 5 作為表示，則屬於符號表徵階段。

Lesh、Post 與 Behr（1987）則指出，表徵可能包含了操作式的材料（manipulative materials）、圖片或圖表（pictures or diagrams）、真實生活情境（real-life situations）、口語（spoken language），以及書面符號（written symbols）等五種形式。常見用以協助學習障礙學生在數學概念、技巧及問

題解決之科技，無論是軟體、Apps 或網路平臺，都是從這幾種表徵形式進行延伸，以提供學生不同表徵形式的支持。

　　目前坊間的資訊軟體出版廠商及產品眾多，各種產品除運用不同表徵呈現支持學生的數學學習外，依其用途則可大致區分為學生學習、教師教學及測驗練習等三種，而學生學習、教師教學及測驗練習等則常可依情境交互運用，如學生學習完後可透過測驗進行練習，抑或是教師運用於教學之內容，亦可提供學生課堂後之學習，故以下筆者將綜合說明相關的數位學習資源。

一、教科書廠商的多媒體教材

　　以國內來說，在學生學習及教師教學方面，國中小階段最貼近課堂學習內容的，應屬國內教科書出版商所設計之產品，而這些產品皆有跨平臺之設計，例如：康軒、翰林、南一等出版社，除了一般安裝於桌上型電腦的電子教科書外，也有專門網站提供線上電子教科書（如圖 10-10 所示）及課外補充知識。另外，針對平板等行動載具目前也有專門的電子書可以付費下載，相較於傳統課本僅提供靜態圖片或圖表、書面符號等，經由科技

圖 10-10　康軒電子教科書網頁的版面

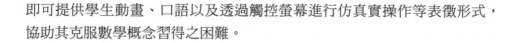

即可提供學生動畫、口語以及透過觸控螢幕進行仿真實操作等表徵形式，協助其克服數學概念習得之困難。

二、數學概念教學的應用程式

在課外學習部分，有許多 Apps 可以提供學生學習基本數學概念。目前的 Google play 和 Apple store 皆有許多提供免費下載的 Apps，這些 Apps 多以學齡前或中低年級學生為對象而設計。以下列舉一些 Apps 的功能。

（一）數學教學動畫

如圖 10-11 所示，適用於國小階段學生，是由 Xicheng Dong 所開發設計的 App，可配合一至六年級的教學單元，提供結合動畫的數學教學內容，透過生動的動畫讓國小學生了解數學的知識與原理。動畫內容包含了 1～10 的加減乘除、多位數運算、分數運算、小數運算、四則運算規律（加法交換律、乘法交換律、乘法分配律），以及幾何公式的教學動畫。對於以文字

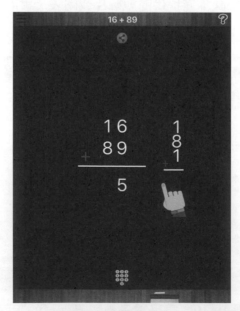

圖 10-11　數學教學動畫 App 的解題動畫

或靜態圖像無法充分說明的數學概念，使用此應用程式即能提供學生有系統及動態的數學概念之演繹。

（二）Childmath

適用於學前至國小教育階段中年級學生，有數數、加、減、乘、除四則運算、數量比較，以及基本分數練習等，每個單元（如減法）可依學生程度從0～10、0～20、0～50以及0～100的數字範圍選擇適宜的題目，遊戲係以亂數的方式選派題目，每個題目皆提供簡單明瞭的圖片動畫。如圖10-12為分數的選取，會先顯示出切割為四等分的圓餅圖，再讓其中的一等分變色，提供視覺線索，透過圖像及動畫表徵方式，提供兒童進行測驗練習的有效提示。

圖 10-12　Childmath App 的遊戲進行畫面

（三）數學之王

如圖 10-13 所示，分為少兒版及一般版。少兒版有免費版本可以下載使用，其加減乘除、幾何學、統計學等的計算比賽，能與線上網友進行排

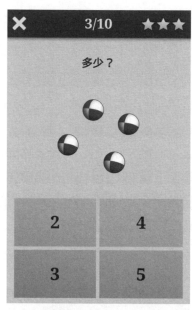

圖 10-13　數學之王 App 的數學布題畫面

名，並透過積分排名從農夫一直升級到國王的角色，學生可以透過解答數學問題，提高總分升級。該 App 共分十級，每一級都是新的角色和背景音樂。遊戲中還可以蒐集星星、取得獎勵，並且與好友及世界各地的玩家一決高下，增進學生的學習動機。在少兒免費版本中，每一個大單元下會有九個章節，每個章節則有十個題目，題目以圖像的方式呈現，如五根手指頭，並提供四個選項讓學生進行點選，依序解答題目並升級。如需更進階的學習內容或測驗練習內容，則多數需要付費。

綜合來說，提供作為測驗練習的 Apps，除操作界面或遊戲進行規則的差異外，其內容相似度其實頗高，在選擇上除了考量學生個人數學學習的優勢表徵外，亦可依據學生的其他條件，例如：動機、學習背景及經費考量，選擇合適的數位科技數學學習資源，以協助學生克服困難並融入學習活動。

三、網路學習資源

　　除了國內教科書商所提供的科技學習資源外，國內也有個人、機構或政府機關提供網路的教育平臺，以作為學生上網自學或教師教學使用。筆者整理國內常見的數學學習資源網站，可參考本章附錄。以下簡要介紹三種學習資源，以及如何運用於數學學習補救教學之用。

（一）均一教育平台

　　適用於國小到高中階段學生，為財團法人誠致教育基金會模仿可汗學院的課程所創建，內容包括數學、英文、自然、社會、藝術與人文、電腦科學等領域。數學部分包括年級式和主題式課程，年級式課程包括小學一級到國中二年級，內容包括均一版本、南一版本、康軒版本及翰林版本；主題式則包括：數學星空、國小—數與量、國小—空間與形狀、國小—關係、國小—統計圖表、國中—代數與函數、國中—幾何。

　　學習內容的呈現方式採影片說明和線上練習之方式進行，學生可依自身的學習進度及有困難的部分自行上線觀看教學影片，並於線上即時操作練習題。系統平臺同時提供了學生學習紀錄以及教練等學習歷程之監控與線上即時教學服務。對於數學學習概念有待補救的學生來說，則可善用平臺中的練習題來了解自己的程度並進行反覆練習的策略，如圖 10-14 為「數一數（10 以內的數）」練習題之操作介面，最中間為題目，右邊的欄位則提供了答案檢查與提示的功能，在點選題目下方「顯示／隱藏計算紙」的功能後，則可提供學生直接於螢幕進行劃記的功能，讓學生能透過劃記視覺題示的方式，逐一點數題目中所顯示的檸檬，給予學生視覺上的直接支持與立即回饋。選擇完答案後，則可點選檢查答案，以了解是否正確，如正確則可進入下一題，如錯誤則可點選提示協助解題。

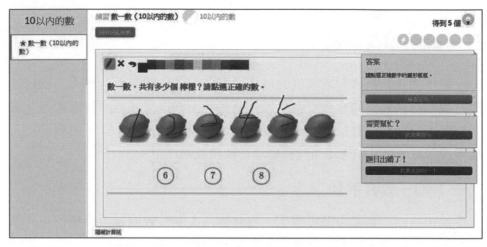

圖 10-14　均一教育平台網頁登入介面

（二）教育雲的教育大市集

較適用於教師搜尋數學教學資源使用，為教育部所建置，主要彙整來自二十二個縣市教育單位、教育部部屬機構及民間單位超過十五萬筆的資源。資源內容分類方式包含依學制（國小、國中、高中、高職）的分類，以及依資源形式（Web 教學資源、教育電子書、教育 Apps）的分類。老師可以利用關鍵詞的查詢方式，找到數學學習相關的 Apps、電子書和網路資源。

（三）萬用揭示板

適用於教師進行數學教學使用，是中原大學袁媛教授所發展之線上虛擬教具系統。系統提供大量的元件作為老師設計數學題目的材料，老師除可利用線上元件庫的材料來自行布題外，也可以利用教材檢索來找尋是否有適合其教學單元的教材，就可以直接使用。不過，由於該系統開放使用者上傳教材，使用時也需檢視其適切性。教師或學生在使用教材時，需要操作虛擬教具，除了點選外也包括移動和旋轉教具，建議可以搭配電子白板使用。

第五節　結語

　　應用科技，尤其是資訊科技，能協助學習障礙學生來學習數學已是重要的趨勢。視覺化解題（visualized solution）是資訊科技的強項（Ochkov & Bogomolova, 2015），除了前述專門針對數學運算自動化、概念補救及數學教學所提供的科技資源外，在解決文字題的數學問題歷程中，題意理解也是重要的歷程。許多學生在解題過程也會經常因閱讀理解困難或識字困難而難以解題，這時也可評估應用掃描筆或文字 MP3 等語音報讀設備或軟體，協助學生透過語音方式理解題目內容，亦可促進低閱讀能力學生的數學文字題之解題表現（林筱汶、陳明聰，2006；張巧雲、陳明聰、陳政見，2007）。隨著資訊科技的發達，近來也有許多使用新興科技協助一般學生有效學習數學概念或解題的應用程式，例如：應用 3D 虛擬環境學習數學概念，如分數（Bouta & Paraskeva, 2013）；利用擴增實境（augmented reality, AR）來促進數學學習，如增加動機（Estapa & Nadolny, 2015）和學習幾何（Lin, Chen, & Chang, 2015）。未來，或許這些研究的成果也可以轉化成學習系統，來協助數學學習障礙學生更有效的參與數學學習活動。

參考文獻

中文部分

王雪瑜（2006）。國小數學學障兒童數學解題錯誤類型分析之探討。載於國立臺中教育大學特殊教育中心（主編），**特殊教育現在與未來**（頁 15-30）。臺中市：國立臺中教育大學特殊教育中心。

朱淳琦（2011）。電腦化圖示策略在數學學習障礙學生數學解題教學上的運用。載於國立臺中教育大學特殊教育中心（主編），**特殊教育現在與未來**（頁 1-12）。臺中市：國立臺中教育大學特殊教育中心。

林筱汶、陳明聰（2006 年 12 月）。**語音調整策略對不同能力學生數學文字題解題表現成效之研究**。發表於 2006 年特殊教育國際學術研討會，國立嘉義大學。

邵慧綺（2011 年 2 月 11 日）。數學學障生的學習困難。**國語日報**，13 版。取自 https://www.mdnkids.com/specialeducation/detail.asp?sn ＝890

張巧雲、陳明聰、陳政見（2007）。語音合成與真人錄音對國小高年級低閱讀能力學生數學文字題解題表現差異之研究。載於國立臺東大學（編），**國立臺東大學九十六年度「特殊教育學術研討會論文集」**（頁 81-106）。臺東市：國立臺東大學。

英文部分

Bouta, H., & Paraskeva, F. (2013). The cognitive apprenticeship theory for the teaching of mathematics in an online 3D virtual environment. International *Journal of Mathematical Education in Science & Technology, 44* (2), 159-178. doi:10.1080/0020739X.2012.703334

Cholmsky, P. (2011). *From acquisition to automaticity: The reflex solution for math fact master*. Retrieved from https://www.reflexmath.com/assets/

doc/Reflex_White_Paper.pdf

Cuenca-Carlino, Y., Freeman-Green, S., Stephenson, G. W., & Hauth, C. (2016). Self-regulated strategy development instruction for teaching multi-step equations to middle school students struggling in math. *Journal of Special Education, 50*(2), 75-85. doi:10.1177/0022466915622021

Dell, A. G., Newton, D. A., & Petroff, J. G. (2012). *Assistive technology in the classroom: Enhancing the school experiences of students with disabilities.* Boston, MA: Pearson.

Estapa, A., & Nadolny, L. (2015). The effect of an augmented reality enhanced mathematics lesson on student achievement and motivation. *Journal of STEM Education: Innovations & Research, 16*(3), 40-48.

Jitendra, A. K., Nelson, G., Pulles, S. M., Kiss, A. J., & Houseworth, J. (2016). Is mathematical representation of problems an evidence-based strategy for students with mathematics difficulties? *Exceptional Children, 83*(1), 8-25.

Lesh, R., Post, T., & Behr, M. (1987). Representations and translations among representations in mathematics learning and problem solving. In C. Janvier (Ed.), *Problems of representation in the teaching and learning of mathematics* (pp. 33-40). Hillsdale, NJ: Lawrence Erlbaum Associates.

Lin, H. K., Chen, M., & Chang, C. (2015). Assessing the effectiveness of learning solid geometry by using an augmented reality-assisted learning system. *Interactive Learning Environments, 23*(6), 799-810. doi: 10.1080/10494820.2013.817435

Ochkov, V. F., & Bogomolova, E. P. (2015). Teaching mathematics with mathematical software. *Journal of Humanistic Mathematics, 5*(1), 265-286. doi: 10.5642/jhummath.201501.15

附錄　數學學習資源網站

名稱	網址	簡介
教育部教育雲的教育大市集	https://market.cloud.edu.tw/app/	這是一個有許多學習資源的網站，舉凡教材或者電子教材都有。這裡也提供各位老師分享他的教案，讓整個學習環境更加活絡。
中央研究院數學研究所	http://www.math.sinica.edu.tw/www/	網站所涵蓋的資訊比較廣且深入，適合高中、大學生來使用。
均一教育平台	https://www.junyiacademy.org	豐富的國中小數學數位化學習影片，並提供教學者與學習者互動介面，是相當好的自學網站。
教育部高中數學學科中心	http://mathcenter.ck.tp.edu.tw/MCenter/Center/ExamationResources.aspx	提供高中職數學相關資訊交流的網站。
教育部國民中學學習資源網	http://siro.moe.edu.tw/fip/index.php?n=0&m=0	包含國中的國文、數學、自然、英語、社會等五科優質題庫，可供教師評量參考，各科學習資源手冊提供重要概念、重點整理、延伸教材等，除可供學生課餘閱讀、複習、練習使用外，還針對學生需補強之處，提供教學多媒體等學習資源，連結，並增加討論區、最新消息、自動組題等功能，以提供老師及學生互動平臺。

名稱	網址	簡介
子由數學小學堂	http://www.emath.math.ncu.edu.tw/e_school/	由中央大學數學系國小數學題目自動化研究室創立，網站的主要特色是可以線上即時產生所需要的數學練習卷。使用者可透過網頁介面選擇數學版本、年級與單元，挑選題型自組練習題，網站隨即會根據其設定，製作一份數學練習卷供其下載使用。小學堂的數學題型都是以程式設計而成，同樣的題型重新產生數學題目也會有著不同的數字或圖形。學生得以透過網站的協助重新取得需要較多操作練習的題型，藉由精熟學習，提高學習數學的成效，因此網站非常適合用於資源班或社服輔導機構的課後輔助。
YLL 討論網	http://www.yll.url.tw/	目前仍活躍的討論區，並介紹好用的數學數位資源。
昌爸工作坊	http://www.mathland.idv.tw	包含數學故事、趣味數學、生活數學、遊戲數學、實驗數學、數學CAI、數學討論、研究數學、數學書房。
師父中的師父網站	http://math.ntnu.edu.tw/~maco/	此為許志農教授的數學網站，除了他個人與教學的資訊外，他的學生與他所指導的福爾摩沙數學集團，也企圖製作涵蓋面廣的數學讀物。另外，他研究數學的心路歷程也值得一讀。

名稱	網址	簡介
單維彰教授的數學網站	http://shann.math.ncu.edu.tw	中央大學單維彰教授的數學網站，在教書網頁中，有他編寫的單變數微積分、計算機概論與凌波（即小波，wavelet）教材網頁，還有通識、數學教育的個人心得。另外，在網站中有一份如何在網頁中顯示數學符號的介紹，他非常有個性的書評也值得一讀。
萬用揭示板	http://magicboard.cycu.edu.tw/	是一套多功能的虛擬教具（virtual manipulatives）線上軟體，適合作為國小階段數學教學的輔具，可以自編也可以應用網站上的教材，進行教學。

第 十 章

共舞數學：
親子牽手跨越學習障礙

梁淑坤

第一節　前言

　　筆者身為國小兒童家長時，曾擔任晨光媽媽；近來也有於國小舉辦親子數學成長營，介紹親子數學活動，經常針對一些數學教學重點而研發活動、試教、評估。在學生、學員及家長的回饋意見中，最常聽到的一句話，就是：「原來數學可以這麼有趣！」

　　更有不少改變教學後的教師表示，當數學教學變得有趣時，低分群同學會嘗試參與，其學習動機也會提高。也有不少家長參加成長營之後表示，當成人放下身段，與孩子一起玩數學，除了增加孩子自信，更增進家人互動及彼此了解。

　　這一次有幸受邀為本書撰寫一章，真摯地和讀者們分享家人一起玩數學的真實案例。現今是科技發達的年代，使得一些家庭成員在家中只用手機互動交流，但本章的案例是家人互動玩數學，彼此以眼神交流、握手、於對方背上寫數字等，這種親子接觸為家庭帶來溫馨及滿足，甚至提升學童的數學學習動機，是無法想像的幸福。以下首先以我國的數學課程綱要

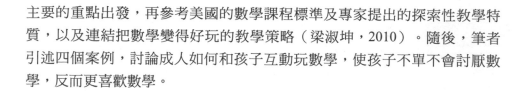

主要的重點出發，再參考美國的數學課程標準及專家提出的探索性教學特質，以及連結把數學變得好玩的教學策略（梁淑坤，2010）。隨後，筆者引述四個案例，討論成人如何和孩子互動玩數學，使孩子不單不會討厭數學，反而更喜歡數學。

第二節　我國的數學課程綱要：自發、互動、共好

　　我國的數學課程綱要因應時代的變動，歷經數次公布與修訂。1993 年公布的課程標準，重視以兒童為本位的精神；目前實施的九年一貫課程則重視中小學的銜接，以及領域間的統整。數學領域的學習重點，除了強調數與量、代數、圖形與空間，以及統計與機率等主題內部的連結外，也著重與其他領域（例如：自然與生活科技、語文、藝術與人文素養等）的外部連結。因此，孩子學習數學宜在有意義的情境下，透過解題理解數學。在每一次課程綱要修訂之後，於推展及實施新的課程綱要之前，教師均須參加研習，以了解新課程的目標、變革與內容等。但在現今普及教育的趨勢下，老師被要求教好每一位學生，一個常被問卻未有答案的問題浮現了：到底學生要學多少的數學才足以成為未來的一位公民？才得以成為可以獨立判斷的個體？這都是當前大家所關心的議題，是每一位成人的責任，而不單只是老師，也包括家長。

　　2018 年，我國的課程即將邁入十二年國民基本教育之新紀元。此次修訂，對未來的數學教育又有什麼展望呢？2016 年 2 月公布之「十二年國民基本教育課程綱要數學領域」（草案）即指出，數學課程以「自發」、「互動」及「共好」為理念，以「成就每一個孩子：適性揚才、終身學習」為願景。此外，除了指出數學是語言、規律科學、人文素養之外，更強調數學應能提供每位學生有感的學習機會。至於綱要的核心素養方向，在於「自主行動」、「溝通互動」與「社會參與」，以回應「自發」、「互動」及「共好」的基本理念（教育部，2016）。因此，我們每一位孩子的國民教育，會延續到高中三年級，也就是說每位學生都須經歷漫長的十二年數學課程。可是，要人人都學習十二年的數學課程下，教學上應如

何安排，家中父母可扮演什麼角色，才能使孩子面對十二年的數學課程實施下之課業及負擔。

　　孩子的啟蒙老師是父母，成人在撫育幼兒的重要角色已是眾所皆知。然而，孩子上學去，父母仍然是重要角色。吳珮柔（2010）透過家長讀書會發現，家長對子女數學學習的興趣、動機有幫助；而大型評量（如 TIMSS 或 PISA）也肯定了家庭成員對個體學習的重要。國內的家長團體很多：政府、社會局、學校輔導室、里長，而民間有扶輪社以及各宗教團體。父母們各施其法，學習如何輔導子女的功課，除了親子共讀，也有為子女的數學學習需求而不斷努力（周惠綺，2011）。

第三節　美國的數學課程標準：解題、溝通、推理、連結

　　「美國數學教師協會」（National Council of Teachers of Mathematics，簡稱 NCTM）從 1989 年至今，持續編著與修訂數學課程標準，其公布的資料，不僅引領美國的數學課程發展，也影響不少國家的數學課程修訂，包括臺灣及其他亞洲國家。NCTM 強調，所有學生要擁有數學威力（math power），主張的是「數學是為了所有學習者」（math for all），而全美的政府政策也提出「在乎每一個體」（Every Body Counts）的口號。我們可參考一下美國的數學課程標準，理解什麼是數學威力。這一方面的主張，與我國公布的「成就每一位孩子」之精神是一致的。數學威力是：

　　1. 學生能理解數學。

　　2. 學生能參與數學探究。

　　3. 學生能正向的學習及使用數學。

　　美國在早期公布的課程標準（見 NCTM, 1989）中，耳熟能詳的是數學課程的四個核心目標：解題、溝通、推理、連結。近期公布的則是共同核心目標（Common Core State Standards for Mathematics），重視對孩子要學什麼數學有一個清晰又一致的標竿，使教師和家長知道如何協助孩子們，也認為除了教師，也需要家長的付出。由此可見，數學課程相當強調重視每一位學習者。

在早期的美國學習障礙專書中，學者 Baroody 提倡探究式取向教學。Baroody（1996）指出，理解數學有兩種方式：第一種是同化（assimulation），即連結新資訊和目前現有的知識；第二種是整合（integration），把現有已懂的知識連結成新知。至於數學探究，包括解題、理解和溝通，以及加入正向學習及使用，使學習者更確認數學的價值，也對自己的能力擁有信心及數學威力。Baroody 的想法，和 NCTM 的數學威力、四個核心目標，以及我國的數學課程綱要之「自主、互動、共好」相類似。

第四節　Baroody 探究式取向教學：協助學障兒童

Baroody（1996）提出以探究式取向教學，協助學障兒童學習。他認為，傳統數學教學法「講述—示範—演練」對學障兒童已不適用，應改用探究式取向教學，鼓勵學習者主動去學。以下是他針對傳統數學教學法與探究式教學的六個特徵進行比較，如表 11-1 所示。

表 11-1　傳統數學教學法與探究式教學的比較

傳統	探究
1. 單一及分散的主題。	多元卻相關的跨領域主題。
2. 脫離情境，反覆練習。	富有意義情境，使學習成為一種必要。
3. 兒童有無助感、依賴感。	兒童能自主，為自己的學習負責。
4. 兒童採用學校教導之方法解題。	兒童採用多元策略解題，包括自己想的自然方法。
5. 同儕間的不同意見視為分裂性的、引起混亂的（disruptive）。	同儕間的不同意見視為可增進學習的機會，鼓勵同儕間交換想法。
6. 教師為權威者。	教師鼓勵學生自行判斷答案是否合理。

Baroody（1996）認為，當時的美國學障教學方案並未能協助學障兒

童，因為此方案在理解、探究及正向等向度，均未達到 NCTM 主張的數學威力精神。他認為許多的補救教學方案僅重視背誦事實及程序的步驟，並未重視理解，也未能針對學習障礙的一些成因進行教學。專書中提供了一些教學實例，例如：用一個氣球進行唱數遊戲，孩子必須拍打氣球使其不落地，一面拍、一面數，看唱數到多少，氣球才落地；此遊戲鼓勵二位以上的孩子合作進行。然而，有些教學實例較符合美國兒童的經驗，對於我國兒童未必適合。

如上所述，國外及國內的數學課程綱要（或標準）同樣認為，教導每一位孩子是同等重要，例如：美國的「沒有孩子落後」（No Child Left Behind, NCLB）和我國的十二年國民基本教育綱要，都是以「學習者為中心」（student centered）。

無論是美國還是台灣，學習及教導數學都要針對全國每一位學童，亦即是說，國家教育對資優的、一般的還是特殊的都同樣重視。可是，學障學生的數學學習是特殊教育教師以及數學老師要攜手合作去負責。的確，教導孩子是每一位成年人的責任，美國專家對學障生研究，有採取認知取向，其研究成果中有包括 Baroody 對數學學障學生的一些想法。

Baroody 認為學習障礙有何意涵？

Baroody（1996）指出，學習障礙此名詞共有兩個意涵，包括：腦部失能（organic brain dysfunction）與教學失能（instructional dysfunction）。過去，學習障礙這名詞常常被視為兒童的一般智力及腦部欠缺運作所造成的無法學習，即腦部失能。但根據統計，大部分被標籤為學習障礙的兒童，經調查後並沒有腦部失能的特徵，因此很多被認為學習障礙的兒童並不是腦部失能。

另外，Baroody 指出，學習障礙的第二個意涵為教學失能。這類孩子的數學學習困難是因為教師的教學法不符合孩子們的心理需求，而導致的學習失敗。此外，也有學者指出，孩子容易因分散目標、混淆、記憶差、無法推論，甚至過動等心理上的缺憾導致學習失敗（Kose, 1970; Lerner, 1971; Sears, 1986）。許多情形顯示，無能力去學習的行為特徵，其實是來自於無意義、無趣，或是無法注意兒童心理的教學方式。當教學無法讓孩子覺得有意義時，孩子才會善忘或無法專心上課。當教學讓孩子痛苦或受諷，孩子才會叛逆。一般教學上派發千篇一律的學習單只能鼓勵孩子機械式的回

應，這些欠缺專心及記憶差的特徵，均是教學上失能所帶來的一些後果。

因此，造成學障生的數學學習不佳有二個原因：第一個是學生個體本身的生理狀況所造成；另一種則是教學方式所致。第一個原因本書另有單章討論，本章先針對另一種原因，亦即，教學方式，來加以探討。

若學習障礙有可能是教學所導致，那麼預防學習障礙比治療學習障礙更急切。也就是說，我們應從改變教學入手，避免孩子在學習過程中因教學失能的客觀因素，造成學習動機低落並進而影響學習成就。然而，要如何改變教學呢？建議如下：

1. 鼓勵理解數學。
2. 重視個別的特質。
3. 將教學建構於個別孩子的先備知識上。
4. 教學過程須具備解題、推理、溝通、連結等元素。

第五節　把數學變得好玩：從共舞開始

筆者認為，在改變數學之前，亦即把數學變得好玩之前，不妨先找出學生為何不喜歡數學？筆者曾調查中小學生對數學好玩與否的看法及原因（梁淑坤，2012）。這項調查共回收了 385 份問卷，包含國小 50 份、國中 169 份、高中 166 份。結果顯示，認為數學好玩的有 199 人，認為數學不好玩的則有 184 人。

根據問卷結果，184 位學生認為數學不好玩的四種原因，如下：

1. 實用性不足：學生認為以後出社會也用不太到數學，只需要學會加減乘除就足以應付日常所需。
2. 艱澀複雜，難以理解：基礎沒打好，將導致先備知識不足，無法理解之後的學習單元。
3. 既無聊又無趣：精熟學習過度使用，使得學生認為已經會了的題目，老師還要一直複習，覺得很無聊。另外，要求學生勉強背誦公式跟作法，也讓學生失去學習數學的熱忱和興趣。
4. 學數學好孤單：由於學習的過程中沒有同儕合作的模式，因此沒有支持的力量或觀摩的對象，容易感覺孤獨無助。

反之，覺得數學好玩者共 199 人，有以下四種原因：

1. 發現生活數學的樂趣：認為學數學可以讓大腦更清晰，還能在生活中找到數學的「痕跡」，例如：算機率（樂透號碼）。

2. 數學具有挑戰性：題目變化多端，可以刺激思考及腦力，解題成功後很有成就感。

3. 數學多變有趣：從令人眼花撩亂的多變題目中找規律，十分有趣。

4. 結伴玩數學：這與教師授課方式有關，若是在合作解題的模式裡，同儕間的發表、聆聽、理解、討論，都能增加解題的成功率，進而帶動個人學習的信心。

　　其實，學生認為數學好不好玩的背後，有兩項主要因素：第一個為教師因素：倘若教師用有趣的方法解很難的題目，或是用簡單的方式來進行教學，數學可能就變好玩了，因為生動活潑的教學方式有助於吸引並提升學生對數學的興趣；第二個是學生因素：假使學生對數學有信心，就算數學很難也會覺得數學很有趣、很有挑戰性，解題後也會有成就感；結伴學習也許會加強學生的主動學習意願，與我國數學課程綱要的自發、互動、共好精神相吻合。因此，倘若在校同儕合作學習，在家中家人陪伴玩數學，讓數學接近生活體驗，數學就會變得好玩了。

　　筆者認為，把數學變得好玩，大人小孩要共舞。其實，「共舞」為共學數學的一個策略，如同老師和孩子一起學習跳舞。美國學者 Lamper（1990）指出，舞蹈教師教導學生時，會透過和學生一起跳舞來體會學生的學習困境，數學教師也應參考這樣的理念，教學時與學生「共舞」，例如：在數學解題時，教師可以和學生一起了解題意，共同計畫、執行，以及回顧解題的動作、反省改進。這個共舞教學方式的建議，比起讓學生單打獨鬥來得更有效。

　　以上所述，數學教育要追求什麼目標？我國十二年國民基本教育重視自發、互動、共好的精神；美國 NCTM 主張解題、溝通、推理、連結；梁淑坤（2010）則強調生活可用、難易適中、有趣以及共學。筆者認為，從教學入手是可行之道。在擔任晨光媽媽時，進入兒子們的小學課室裡，用活潑教學的方式與孩子互動，趕走數學瞌睡蟲（梁淑坤，2008）。另外，筆者和國小一至四年級學生及父母們一起度過許多快樂的親子共學時光（梁淑坤，2015），見證父母與孩子共學數學是可行的，而「共舞」除了

學習數學，也增進家人默契，帶來不少幸福時光。

　　若參考 Lampert 共舞來追求數學教育目標，讀者會問如何和孩子共學數學、有實例可參考嗎？成人與孩子如何互動數學？筆者在所自撰的兩本書當中有不少實例分享。第一本書《逃吧！數學瞌睡蟲》（梁淑坤，2008），是筆者當晨光媽媽教學行動實踐的成果，隨後為告訴其他家長及導師上課情形而寫下的上課故事，其中也娓娓道出課程目的、課程設計、準備的教具、課程進行的方式，以及教學反思故事。書中的自序為「讓孩子愛上數學課」，可以從父母共同學習數學開始：

> 　「孩子們的快樂晨光～～義工媽媽利用老師開會的早晨主持晨光活動，有靜思語、手工、美語、唱遊等等。您們可曾想過晨光時間也能上數學課嗎？可曾想像如何進行一場讓孩子們愛上數學的課程嗎？書中的故事分享，並非是示範教學，而是介紹成人與學童可行的互動方式，如何一起玩、一起學數學，讓教室充滿快樂與學問。」

　　第二本書《晚餐後，幸福的數學時光》（梁淑坤，2015），該書的自序為「共進晚餐背後的意義」，筆者認為：

> 　「晚餐不單只是進食，它代表家人共聚的寶貴時光。有些人認為，一家數口不必一起吃晚餐，因為時間難一致，胃口也不相同。可是，共進晚餐所凝聚的溫馨氣氛，卻能讓家人因期待而努力準時返家。本書以故事形式出現，與《逃吧！數學瞌睡蟲》相同，此書包含但不同之處是故事發生的場域在家中或家人購物、旅遊的地點。」

　　此書共有四部分介紹親子共舞的內容。第一部分是親子同樂篇：在家中摺衣服本來可以一人完成，但一起完成卻能教導合作精神，摺衣服時也可討論數字的比較及長短的關係；第二部分是親友團聚篇：物盡其用是教環保概念，大家玩遊戲配合運算，要盡量用完數字卡及符號卡；第三部分是生活購物篇：公平交易教孩子以物換物，又落實生活教育中的公平概念，還可以把無趣的單位換算變成親密的握手；最後部分是外出旅遊篇：量餐桌時注意家人的手有多大，領悟到使用較大的手量餐桌長度時，量得

的次數反而變小。讀者要注意故事中大人和孩子自然的親密動作，例如：將神祕數字寫在對方的手心或背脊、以抱抱作為挑戰成功時的獎品，或者玩骨牌遊戲時，雙眼專注看著爺爺打出骨牌等。讀者們可以自行加入獨特的親密動作。除了家長之外，此書也可供任何關心孩子成長的讀者參考。

　　以上兩本書，均為把數學變得好玩的策略，都是以故事形式分享。

第六節　與孩子共舞的案例分享

　　幼兒的啟蒙老師就是家長，而家長從撫養開始就應了解孩子的成長。以下筆者引述四個案例，第一則教學案例是在說明如何與孩子互動玩數學，接著討論該案例如何結合上述國內及國外課程綱要所提倡的精神。而其他三個案例則只講故事（請見本章附錄一、二、三）。

一、案例一：房地產高手

　　第一則故事是「房地產高手」。此遊戲規則如同市面的大富翁，筆者因應年級更換數字大小，以此遊戲方式試教於國小二年級、三年級及六年級。

（一）活動目的

　　加減法〔一、二年級；數字大小視年級而定，可算出三位數加（減）二位數，包括進位（借位）的加減法計算〕。

（二）活動設計

　　「房地產高手」是針對小一、小二學童熟練整數的加減法而設計。家長宜先列印好遊戲規則與學習單，再由家長與孩子先按圖的說明用紙摺成「骰子」。最後運用家人共同創作的機會卡、命運卡進行遊戲與記錄學習單，親子一起玩。

　　註：市面上的大富翁，錢幣到四位數及有許多路名卡，以至於玩好久才結束，常因時間不夠而中斷。

（三）家中張羅的小道具

色紙、油性筆（黑色為佳）、彩色筆、磁鐵。

若學障孩子加入，也可以允許使用真的錢幣與假紙鈔，讓孩子做實物操作，再適時的以加減法的筆算方式記錄。

（四）親子對話的方式

此年齡層之學童已經具有以錢購物的觀念，但是缺乏買賣過程的實際經驗，對於投資風險的理財概念更是貧乏，家長可在遊戲中適時提點孩子。常用語如下：

> 「你的錢夠買這塊地嗎？買地後還剩下多少錢？」
>
> 「你買了這塊地後，當別人走到這塊地時，你賺了多少錢？」
>
> 「買地後，手邊剩下的錢會不會太少？等一下如果被罰錢，你的錢夠嗎？」
>
> 「這塊地我買了，等一下有人走到時，我的錢變多，那人的錢就變少了喔！」
>
> 「為何你想買這塊地，卻不想買剛剛走到的那塊地呢？」

（五）共舞故事：「房地產高手」

又是爸爸填表格報稅的時候，孟潔問爸爸什麼是稅，媽媽說賺錢後，看收入多少，就要繳稅給政府。孟潔說：「老師上課玩時也有交稅的命運卡，還有學習單返家玩喔！」

> 孟潔：你看～這是我的骰子，等一下拿來丟。爸爸，我們用不同顏色的釦子來當棋子玩遊戲吧！
>
> 孟潔：老師給我們兩張紙，一張是有路名的，一張沒有。依照遊戲規則，每個人都有 60 元。大家一人拿一張紙，寫上 60 元。

爸爸：那我們就先玩有路名的，另一張先留著吧。

孟潔：先走一圈，從第二圈開始就可以買地了！我要趕快走
　　　一圈，馬上領 20 元～

不一會兒，爸爸買下民族路，令人羨慕不已。

孟潔：我也要快點買地，先數一下錢錢，共 60 元喔！

爸爸：哇～我走到忠孝路，買了！

之後大家一塊接著一塊買地。

孟潔：好搶錢啊！等一下我也要買新生北路，這樣你們經過
　　　就要付我 40 元了～我要當房地產高手！

歌唱比賽 領獎^__^ $40	五福路 $26	！ 命運	光明路 $28	過馬路 不守規矩 罰$15
民生路 $16				新生南路 $35
？ 機會				？ 機會
民族路 $14				新生北路 $40
坐牢>_< （路過）	信義路 $12	！ 命運	忠孝路 $10	START 起點 領 $20

　　可能是晚餐吃得很好，孟潔很有精神，順利買下不少地，加上過路費，成了當天的房地產高手！在遊戲結束後，約了哥哥及邀請媽媽第二天再一起繼續玩。隔天，一家人熱烈討論，將遊戲規則稍做修改，例如：把買地的錢改為三位數（或四位數），甚至使用老師給的那張沒路名的紙，由家人自行取道路名稱、訂金額，以及畫機會卡和命運卡。

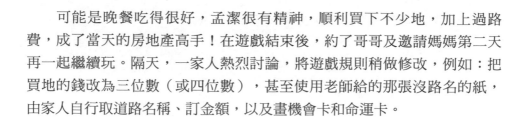

```
孟潔的錢包
60 ＋ 20 ＝ 80（過起點領 20 元）
80 － 12 ＝ 68（買信義路）
68 － 16 ＝ 52（買民生路）
52 ＋ 40 ＝ 92（歌唱比賽領獎）
……
……
```

（六）續集：真的再當「房地產高手」！

　　在下一個週末，孟潔真的拿了另一個版本，與家人一起設計道路名稱與購地金額。同時，也畫了機會卡和命運卡。

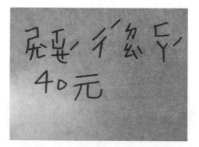

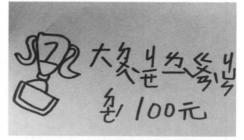

命運卡：上學遲到，罰 40 元　　　機會卡：大隊接力冠軍，得 100 元

大隊接力 冠軍 $100	小丸子路 $110	！ 命運	握月亮路 $160	過馬路 不守規矩 罰$300
翰翰路 $250				孟潔路 $250
？ 機會				？ 機會
棒棒糖路 $130				哆啦A夢路 $220
上學遲到 罰$40	總統路 $270	！ 命運	太陽路 $150	START 起點 領$450

翰翰：自己命名好好玩喔！我要用我的名字來命名。

孟潔：那我也要有一條「孟潔路」，然後還有「小丸子路」！

爸爸：這次的遊戲規則改為第一圈就可以買地，且大家的錢包都有300元，這樣第一圈就有機會可以買了！

孟潔：哇，太好了！今天我一定要當房地產高手！

　　玩了幾圈後，媽媽發現兩兄妹有不同的遊戲策略。孟潔為了要當大富翁，存了好多錢不買地；而翰翰則是拼命買地，興奮地收大家的過路費。

　　媽媽：孟潔雖然存了很多錢，但很多地都被爸爸跟哥哥買
　　　　　了，如果一直付過路費的話，很快就沒錢了。
　　爸爸：哥哥也不要只顧著買地，小心走到「過馬路，不守規
　　　　　矩」要罰 300 元，到時恐怕付不出來喔！

　　哈哈，陪孩子玩真的有不少樂趣，爸爸媽媽也加入一些提示，教孩子
如何管理金錢。

　　孟潔：沒關係，我等等拼命買很多地好了。
　　翰翰：那我要省一點了，不然到時破產就輸了！
　　爸爸：丟骰子需要靠運氣，不一定每次都能夠擲到想要的
　　　　　地，所以有便宜的地就先買起來。
　　媽媽：沒關係，只是遊戲而已，不要太在意，慢慢就知道怎
　　　　　麼玩才能當房地產高手。

　　除了輸贏，也要重視孩子個性方面，而且勝敗角色都會輪到。因為此
遊戲的意義，是提供學習機會，而不是要勝者讓敗者抬不起頭來。家長不
妨教導孩子別太好勝，又或者去取巧，甚至作弊。

「我喜歡和媽咪玩！」

「走到別人的地，要付過路費喔！」

（七）回顧案例一：房地產高手

　　在以上的親子遊戲中，與數學學習目標的連結如下。

1. 我國十二年國教課程綱要

第一，在「自發」方面：「房地產高手」的教學活動允許自發式參與，孩子們要自己決定機會和命運是什麼，外加收費（加多少錢）或是賠錢（減多少錢）。

第二，在與他人「互動」方面：玩遊戲時，孩子們要和對手們（兄弟姊妹、父母、爺爺奶奶）互動，例如：經過某人的路時要付 5 元過路費，自己的錢包要減「5 元」，而擁有地契物業的主人則要加「5 元」。當同伴玩到沒有路名的版本，大家要商量如何為道路命名，例如：高雄的孩子可以用「五福路」、「十全路」等命名；臺東的孩子則可以用「關山車站」等；中部的學生可以取「清境農場」等。此外，在訂定價格時，大家也可以討論及比較價格的高低，使活動進行更顯熱絡。

第三，「共好」方面：是指社會參與。原來的遊戲，其設計的「新生南路」是臺北的街道，而自製的版本可以加入不同的地點及寫上名稱，孩子們從玩耍中可以了解我國的街道名、景點及車站。至於遊戲的機會及命運，更能增加孩子們的生活經驗，例如：彩券中獎可獲獎金多少、不守規則過馬路會被罰款、出獄要付款或出示許可證等，這些都是製造社會參與的良好機會。對了，家長不妨和孩子談一下什麼是坐牢，以及何種情況下可以出獄，或者順便教導：「知錯能改，善莫大焉」。

2. 符合 NCTM 主張的精神：溝通、推理、連結，回顧「房地產高手」活動有哪些？

試想，若要求學生完成兩位數加減計算的學習單（如圖 11-1 所示），孩子會喜愛完成它嗎？

再試想，若在玩遊戲的情境下，孩子是否會因為想知道錢包剩下多少錢，而自發性地算出「＋」或「－」的題目？本來有 \$60，購買民族路（\$14）後，還剩多少元，孩子必定要解題（60 － 14 = 46），才會知道剩 \$46。在紙筆記錄下，玩伴可以互相觀察。解題屬於一種溝通，至於推理，過起點一次是 \$20，而過二次是 \$40，依此類推，而收過路費的依據也要同步處裡，甲方「＋」、乙方「－」，數目要相等，也是一種推理。最後，此遊戲的連結，包括數字方面之內部連結，以及數字和其他領域或生活教

$0+1=$	$86+40=$	$113-10=$
$51-26=$	$120+10=$	$103-15=$
$25+20=$	$136-20=$	$88-35=$
$45-12=$	$116+20=$	$53-20=$
$33-10=$	$136-10=$	$33-5=$
$23-5=$	$126-10=$	$28-5=$
$18+20=$	$116-15=$	$23-10=$
$38+40=$	$101+40=$	
$78+8=$	$141-28=$	

圖 11-1　加減計算的學習單

育的外部連結。數字內部連結計有數字往上數、分合、加減，以及倍數；外部連結則有數學和生活情境、臺灣景點等結合。

3. 與 Baroody（1996）探究式取向教學特徵的連結

包括：跨領域、學習者自己負責、多元解題、交流、判斷答案專業是否合理等。從此遊戲可看出跨領域的學習。在學習者自己負責方面，遊戲進行中，孩子必須根據丟骰子的結果，自己負責前進。除了自行前進，在過程中，孩子必須自我檢查各個步驟，以及算出自己的錢包還有多少錢等，因此在整個遊戲過程，孩子們都必須對自己負責。至於多元解題方面，只要能知道答案，不必規定玩家用加還是用減，或只是逐一數數，這樣允許不同方式完成，才能教孩子尊重別人。多元的解題方法適合不同能力的孩子一起玩耍，包括所有孩子。至於在交流與判斷答案是否合理方面，當孩子玩耍時，除了自己負責之外，也必須注意同伴是否正確、發表自己意見以及學習和他人交流。由上述可知，「房地產高手」這個遊戲符合 Baroody 的探究式取向教學精神。

但，如何找到四個數學好玩的特徵（梁淑坤，2010）？ 若細心回顧「房地產高手」的活動中，其特地設計用數學式子記錄錢包還有多少錢，而非傳統大富翁採用假鈔票的玩法，也包括四個特徵：數學生活用得上、搞懂數學便簡單、無聊可變好有趣、與友伴學習好好玩。

　　此遊戲讓記錄變成有必要，若是要求孩子寫一張兩位數加減計算的學習單，孩子會覺得無趣，但在玩遊戲中，曾有一位一年級的學生將以下三張紙寫滿算式（如圖 11-2 所示），也沒有說要停下來，例如：$51 - 26 = 25$ 是買了五福路後錢包剩下的錢；$25 + 20 = 45$ 是路過起點得到 20 元獎金；$45 - 12 = 33$ 是買信義路付完錢的結果；$18 + 20 = 38$ 是抽到「命運卡」：工作努力得 20 元的結果。

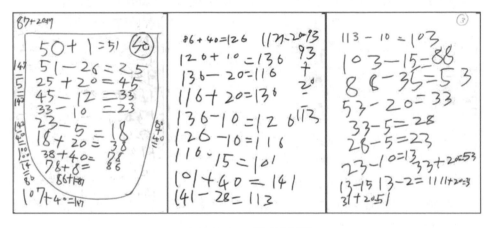

圖 11-2　算式範例

二、案例二：我是交通高手

　　請見本章附錄一。

三、案例三：圖形相見歡

　　請見本章附錄二。

四、案例四：團購蘇打餅

請見本章附錄三。

在以上四個案例中，讀者不難看出，四則故事都回應了梁淑坤（2010）的「原來數學可以好好玩」之精神，以及與我國十二年國民基本教育綱要、美國課程標準相契合的精神。另外，這些案例也符合 Baroody 探究式取向教學的特徵。若老師及家長參考以上故事的互動方式，與孩子一起互動學習，就能如同 Lampert（1990）所說的——與孩子「共舞」數學。除了以上四個案例之外，讀者可往筆者個人網站搜尋其他的親子數學遊戲。

與孩子互動玩數學時，家長扮演什麼角色呢？美國學者 Civil 與 Bernier（2006）針對移民家庭舉辦系列的家長成長工作坊，其介入方案成效卓見。二位學者說得很好，家長的角色不單僅只是在校園澆植物、於小賣場煮咖啡、往圖書館整理書架，更可以是數學教學的資源人士。在指導數學時，家長可以扮演的角色如下：指導者（teacher）、監控者（monitor）、促進者（facilitators），以及陪伴、共事者（partner）。

讀者不妨在上述故事中試著找出家長扮演的不同角色。另外，Leung（2012）更加上「對手」（opponents）。是的！家長可成為孩子的對手，尤其在數學遊戲時，當家長扮演對手時，孩子可以在安全的氣氛下玩數學，因為家長會調整難度。

而不能說的秘密～就是輸！

某國小老師為小一家長舉辦家長讀書會，一起讀書（梁淑坤，2008），發現家長和孩子玩耍時，偶爾故意輸是關鍵。若家長每次都贏，孩子便會失去玩耍的興趣，其數學學習也會受影響。

大家可以從四個案例找出家長扮演的角色。四個案例的家長均扮演指導者，例如：在摺紙時，媽媽一步一步的示範及引導；在蘇打餅長條圖完成後，爸爸出題目考孩子。

至於查交通資訊以安排往宜蘭的旅行，家長則扮演監控者，由孩子上網找時刻表，家長適時提供建議或放手讓孩子做。在摺紙時，家長觀察孩子摺紙的進度是否跟上，才說出下一步，此也是在監控。

在「團購蘇打餅」案例中，家長是促進者，接二連三用幾塊餅乾促進孩子學習長條圖，首先是一片一片的，再來是一箱一箱的，第三次用一包一包的。為了加速體驗，第三次不是大人出題小孩答，而是由大寶小寶自行用長條圖互相去問及答，這是促進學習的動作。另外，在「房地產高手」的房地產買賣時，家長協助規則的擬定、地名的選出、機會及命運卡的創作，也是扮演促進者。

在「我是交通高手」中，有商有量的親子亦是朋友亦是同伴，一起編排行情。而在「房地產高手」中，家長是陪伴孩子（partner）的玩家，也是孩子們的對手。

第七節　結語

本章的四個案例，歡迎家長們和學習障礙學生於家中互動。當然，在進行過程中，不太能一次接受太多繁複的教學內容，以及需要一些清楚的指令，並配合其生理狀況，也可以加入以下建議：

1. 引起動機的重要（這可以與一生活事例連結，比方生活時事連結到數學）。
2. 親子數學活動內容可以循序漸進安排（如由少而多、由簡入深，已經確定學會前面初階的，再挑戰進階的等）。
3. 強調練習的重要性（練習可以配合一些積點獎勵制度，並且適時給予一些口頭鼓勵）。
4. 運用生活媒材協助練習（比方說可用桌遊、電腦輔助教學軟體，或一些生活中可接觸到，且學生會感興趣的材料，如球、樂高積木等，以增強學生的學習動機）。

本章所介紹的親子數學互動案例，均為透過家長成長班試教的範例，以上故事中加入成人如何刻意安排、協助，甚至在交談時下的一些工夫，也可以針對學障孩子進行活動，請讀者多加注意和學障生說話的態度及示範的動作即可。筆者試教的親子數學簡報、學習單、學習單作品與相片均在個人網頁，讀者除了參考兩本專書（梁淑坤，2008，2015）外，也可以在網站搜尋（http://www2.nsysu.edu.tw/leung/home.html）。若有執行上的具體問題，歡迎與筆者聯絡。

參考文獻

中文部分

吳珮柔（2010）。數學讀書會對國小一年級親子數學互動之成效（未出版之碩士論文）。國立中山大學，高雄市。

周惠綺（2011）。高雄市國小低年級家長參與子女數學學習之調查研究（未出版之碩士論文）。國立中山大學，高雄市。

教育部（2016）。十二年國民基本教育課程綱要。臺北市：作者。

梁淑坤（2008）。逃吧！數學瞌睡蟲。高雄市：格子外面文化。

梁淑坤（2010）。邁向理解子女數學學習的家長共學之路。教育研究月刊，190，27-38。

梁淑坤（2012）。數學學習低落學生補救教學之策略。教育研究月刊，221，25-36。

梁淑坤（2015）。晚餐後，幸福的數學時光。高雄市：格子外面文化。

英文部分

Baroody, A. J. (1996). An investigative approach to the mathematics instruction of children classified as learning disabled. In D. K. Reid, W. P. Hreslco, & H. L. Swanson (Eds.), *Cognitive approaches to learning disabilities* (pp. 545-615). Austin, TX: Pro-ed.

Civil, M., & Bernier, E. (2006). Exploring images of parental participation in mathematics education: Challenges and possibilities. *Mathematical Thinking and Learning, 8*(3), 309-330.

Kose, L. (1970). A contribution to the nomenclature and classification of disorders in mathematical abilities. *Studia Psychologica,* 12, 12-28.

Lampert, M. (1990). When the problem is not the question and the solution is not the answer: Mathematical knowing and teaching. *American Educa-*

tional Research Journal, 27(1), 29-63.

Lerner, J. (1971). *Children with learning disabilities.* Boston. MA: Houghton Mifflin.

Leung, S. S. (2012). Towards a model for parental involvement in enhancing children's mathematics learning. *Proceedings of the 36th conference of the International Group for the Psychology of Mathematics Education* (Vol. 3-107-114). Taipei, Taiwan.

National Council of Teachers of Mathematics [NCTM] (1989). *Curriculum and evaluation standards for school mathematics.* Reston, VA: Author.

Sears, C. J. (1986). Mathematics for the learning disabled child in the regular classroom. *Arithmetic Teacher, 33*(5), 5-11.

附錄一　案例二：我是交通高手

　　奇奇是家中的交通高手，舉凡旅行規劃、計算時間等，奇奇都興致勃勃的參與。暑假快到了，奇奇和媽媽正一起規劃一年一度的全家旅遊。

　　「這次我們要去哪裡呢？」奇奇邊看地圖邊問。

　　媽媽指著地圖說：「我們到宜蘭走走，你覺得怎麼樣？」

　　奇奇拍手叫好：「好喔！我同學說，幾米火車站很特別，我一直很想去呢！」

　　「如果我們要來一趟宜蘭兩天一夜之旅，可以怎麼安排呢？」

　　奇奇想了一下，問：「我可以上網查查嗎？」

　　「可以。」

　　由於媽媽平時就有教導奇奇使用網路的觀念，而且媽媽知道奇奇一旦找出答案就會主動把電腦關機。

　　奇奇在電腦上不斷切換視窗，敲打鍵盤和點擊滑鼠的聲響此起彼落。看著兒子認真尋找資料的身影，她深深覺得，放手給孩子空間去發揮的抉擇，比什麼都重要。

　　「媽媽，可以麻煩妳過來一下嗎？」奇奇頭也不回地盯著螢幕。

　　媽媽從餐桌拿了一把椅子，坐在奇奇旁邊。

　　「媽媽，妳看，我查了火車時刻表，從高雄到宜蘭竟然只有三班車！」

　　「真的耶！而且都要搭幾個小時以上呢？」

　　「這班自強號比較快，但也要6小時44分，從10:57搭車，到宜蘭都已經17:41了。」

　　「你真厲害！很會看火車時刻表呢！」

車種	車次	經由	發車站→終點站	高雄開車時間	宜蘭到達時間	行駛時間	備註	票價	訂票
莒光	562	海	潮州→花蓮	10:43	18:55	08小時12分		$ 818	
自強	172	山	潮州→花蓮	10:57	17:41	06小時44分		$ 1061	
莒光	554	海	潮州→花蓮	14:00	22:52	08小時52分	逢週五至日行駛。在和平跨日。	$ 818	

本系統係提供票價試算參考，實際票價應以列車實際運行里程及現場售票為準。

同上一頁

「可是這樣一來，搭車就用掉一天的時間了。」

媽媽聽完奇奇的解釋，伸起大拇指與食指撐著下巴，想了一下才回答：

「如果我們先搭高鐵到臺北，再從臺北到宜蘭，這樣班次的選擇會不會比較多呢？」

「好主意，我來查查看。」

「媽媽妳看！」奇奇尖叫。

「臺北車站到宜蘭的班次好多呢！」

聽到奇奇呼喚，媽媽放下手邊家事，湊過頭去看螢幕。

「的確很多班次，那麼我們要搭哪一班比較好呢？」

「嗯，我得先查查高鐵時刻表，看看怎樣銜接會是最好的。」

奇奇低著頭，敲打鍵盤和點擊滑鼠的聲響再度響起。

奇奇和媽媽一同搜尋了火車時刻表和高鐵時刻表，經過重複不斷的討論後，終於排定了行程。

高雄➡臺北（高鐵）

　8:00　9:59

臺北火車站➡宜蘭火車站

　　10:30　　　　11:36

「從高雄到臺北需要花多久的時間呢？」媽媽問道。

「嗯～我看看，8:00 從高雄出發，8:00、9:00、9:59，總共要花 1 小時 59 分。也就是大約 2 小時。」

「哇！你選的這班火車是普悠瑪呢！我們要搭多久才能從臺北到宜蘭呢？」媽媽問道。

「10:30、11:30、11:36，搭乘普悠瑪號要花 1 小時 6 分。大約 1 小時左右。」奇奇開心地回答。

自從有此車種之後都說去坐但未實現，這次真的美夢成真，說了就要去喔！

　　「從高雄到宜蘭，我們總共花多少時間呢？」

　　「我想想……」

　　「嗯～我想想，高雄到臺北總共要花 1 小時 59 分。也就是大約 2 小時。」

　　「2 小時加 1 小時，所以總共花約 3 小時。」奇奇回答。

　　「到了宜蘭，我們可以先去幾米廣場逛逛拍照，再到蘇澳去泡泡冷泉，晚上再去逛羅東夜市！」奇奇開心的說。

　　「果然是名不虛傳的『交通小隊長』！」媽媽摸摸奇奇。

附錄二　案例三：圖形相見歡

中秋節過後，媽媽捨不得丟棄一個漂亮的月餅罐。咦！罐裡上下共有二張圓形隔紙，媽媽兩手拿著二個圓形紙，想著如何運用，被寶貝看穿了。

「想有什麼用途嗎？」寶貝問完，媽媽點頭，真的是知母莫若子。寶貝笑一笑說：「我要摺紙，老師常常教大家摺紙，這張好特別，是圓形的，我想玩摺紙！」

媽媽想起鄰居林媽媽傳的網站，有一次看到摺紙是由圓形開始的，可是有一點忘記了。媽媽不希望自己不確定時帶兒子去碰釘子，就先上網看看。好了！已準備好的媽媽，好期待中秋節吃完月餅的摺紙時光。

媽媽拿出其中一張圓形紙，寶貝拿另一張。「哇」了一聲！寶貝猜一猜到底要用手中的圓做什麼呢？媽媽知道孩子已經六年級了，決定用一邊教一邊問的方式玩摺紙。

「看呀！圓心在哪？」

把紙對摺二次，真的找到圓心了！

再來，媽媽將月餅盒上的圓形紙之任何一點摺至圓心（如圖 A 所示），寶貝真的跟著摺，好快。

「同樣做第二次。」（如圖 B 所示）

「同樣做第三次，把圓形變成三角形。」（如圖 C 所示）

媽媽用一紙條量三角形的邊，再記錄在紙上，而且量了其中一邊之後，叫寶貝量其他二邊。哈哈，寶貝不用做記錄，剩下兩邊原來都一樣長。

「三邊都一樣長嗎？」三邊都等長，所以是個**正三角形**。

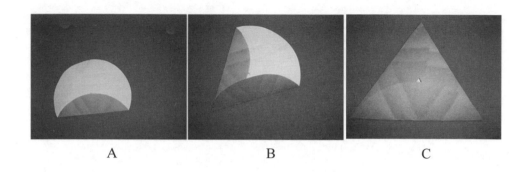

A   B   C

媽媽說，把正三角形的其中一個頂點摺至底邊，這樣就變成了**梯形**（如圖 D 所示）。

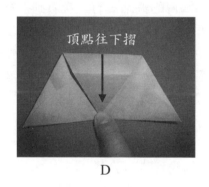

頂點往下摺

D

這時候寶貝說：「哇！媽媽真聰明！」

得意的媽媽請寶貝看，這樣的梯形就可以切出左、中、右共三個小三角形。

媽媽知道寶貝喜歡慢慢玩，所以沒有立刻再變下去。

她問：「若其中一個小三角形摺出，疊在中間的小三角形，你想想，會變成什麼圖形？」

寶貝馬上做到，並拍手掌。

「我知道，我也來變，好像是平行四邊形。」（如圖 E 所示）

E

對學習較慢的孩子，要有耐性，所以媽媽不急。

她說：「除了叫做平行四邊形，還可以稱為什麼？不如我們用紙量一下下四個邊的邊長。」

「難不倒我！」寶貝馬上行動。

咦！做了一次記號之後，發現其他三個邊都一樣長呢！

「先取一個邊用紙量一下下，老師有說平行四邊形的四個邊一樣長，它是什麼形？」

「好像是菱形。」說時聲音小又怕不正確。

此時的媽媽發現回答聲音很小，馬上大聲幫他說：「菱形，就知道你是對的！」

受到大聲肯定的寶貝信心大增，打趣的把菱形對摺，變成一個更小的三角形，很有成就感呢！

媽媽抱寶貝一下：「真是魔術師。」她把小小的三角形的紙打開，變回四倍大的三角形，這一次她把頂點摺到寶貝找到的圓心（如圖 F 所示），這時候寶貝舉一反三，做第二次（如圖 G 所示），共三次（如圖 H 所示），然後大聲說：「是六邊形！」

二人再齊聲說：「正六邊形。」而且，「正」字好大聲，又再去量！

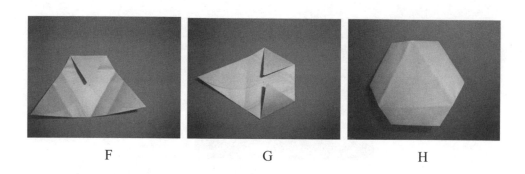

| F | G | H |

此時，媽媽請寶貝把摺好的六邊形放在桌上，要他試著伸手摸一摸，是什麼感覺啊？

寶貝：「平的。」媽媽說：「平平的叫**平面**。」

另外，這張圓形也可以摺成**立體**，可以摺個粽子（如圖 I 所示）（正三角錐），也可以將正六邊形的邊摺入，摺個禮物盒（如圖 J 所示）（截角三角錐）。

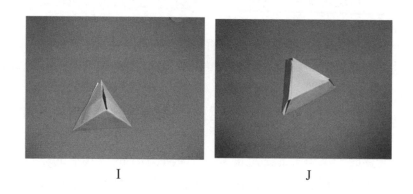

| I | J |

由於寶貝對摺紙很有興趣，媽媽巧妙地用月餅盒內的二張圓形隔紙，讓二人玩的不亦樂乎，又對圓形性質及名稱多了些了解，更重要的是，家人感情溫度計的刻度上升了些！

注意：若孩子忘了正式的名稱，可以用簡易方式形容圖形，例如：六邊形改用熊熊餅乾。以上故事的媽媽，將截角三角錐稱為禮物盒，而正三角錐說成是粽子，因為孩子才六年級呢！

附錄三　案例四：團購蘇打餅

　　在統計圖表之長條圖中，每一條的長度代表那一個東西的多寡，愈長愈多，愈短愈少。在家中，尋找方方正正的東西，形狀一樣、顏色不同，可以讓孩子練習分類及數一下各類有多少。此活動利用現成彩色又方方的物件，堆出長條圖，使幼兒具體的理解共有幾種，每種有多少個，既不必用尺量，也不花時間在著色。成人可以用蘇打餅、牛奶糖（黑糖口味、紅豆口味、原味）、瑞士糖（一種口味一種顏色）。鄉村的家庭可以使用饅頭、磚塊等物件取代。

　　請大人注意，孩子在國小一年級的時候，大人對話要用短語，且一句一個主旨，要明確。

　　「這裡共有幾種？」（幾顆？幾款？）

　　「這一種共有多少個？」

　　「排排看，排成一行，有多長？」

　　完成後，大人小孩可以看：

　　「比比看，最多有多少個？」

　　「甲種比乙種多嗎？」（指定「多」或「多幾個？」）

　　「甲種比乙種少嗎？」（指定「少」或「少幾個？」）

　　注意：每一句話只能有一個主旨，不宜問：

　　「誰比誰多了幾個，還是少了幾個？」

　　媽媽和大樓的鄰居一起團購，共買了四種口味的蘇打餅。下班後，在還沒吃晚飯前，爸爸看見有四種蘇打餅，又不想一口氣吃 10 片一樣的口味，於是在媽媽已擦好的餐桌上擺了 10 片餅乾，更和小寶玩長條圖問答（Q & A）。

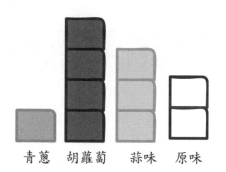

爸爸：「小寶，蒜味有幾片？」

小寶：「1、2、3，三片。」

爸爸：「大寶，哪一種蘇打餅最多？」

大寶：「胡蘿蔔，有 4 片。」

爸爸：「全部有幾片呢？」

小寶：「1、2、3、4、5、6、7、8、9、10。」

還未數完，大寶已說是 10 片，更說這是長條圖，連爸爸都稱為蘇打餅長條圖。

第二週的星期日，爸爸要幫媽媽去拿團購。哇！好像很專業，都裝好箱子，而且用彩色馬克筆標好，爸爸用紙箱來玩一下，又是另一種長條圖。

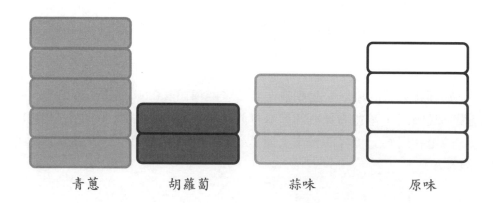

爸爸又用箱子排好長條圖，並請大寶問問題，小寶回答。

大寶：「小寶，哪一種最少？」

小寶：「胡蘿蔔，2 箱。」

大寶：「哪一種最多？」

小寶：「最多的是青蔥，5 箱。」

大寶：「原味多還是蒜味多？」

小寶：「原味。」

大寶：「全部共幾箱？」

小寶：「14 箱。」

分餅去了，附近的陳媽媽說她不用箱子，媽媽用袋子分好再算價錢，比較方便。爸爸看媽媽的手抄，再弄個長條圖玩數學問答。爸爸依李媽媽的訂購單，把一包一包的餅乾排成長條圖，如下：

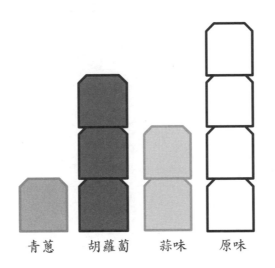

這時候，爸爸不自己問孩子，改一個方式，他叫了大寶和小寶，請他們一人問一人答。請讀者想像一下，大寶和小寶用以上李媽媽的蘇打餅問出什麼統計題目來。

沒想到媽媽們的團購，為家人帶來統計課，叫「蘇打餅長條圖」。

實務篇

第 十二 章

數學和語文認知能力分離的
數學學障個案

曾世杰、陳淑麗

　　TY 是一位國小五年級的男童，有極嚴重的數學學習障礙。他只能點數，卻不能計算，在數學事實提取（math fact retrieval）及數字概念（number concept）之發展上有極度困難，連「1＋1」都不會，皮亞傑式的「數量保留測驗」也無法通過。他的數學障礙症狀，支持了數學學習歷程中可能存在相對獨立的語文和數學模組。本章仔細描述了個案的臨床症狀，及其在標準化測驗工具與臨床檢測的結果。在資源班八個月的補救教學之後，TY 的確能解決一些國小低年級程度的數學問題，但這方面的數學能力，卻無法類化到日常生活中。筆者將個案的情況，與神經心理學的文獻相互比對，並探討個案對數學學習障礙分類的意義。

第一節　文獻探討

　　半世紀前，Dienes（1969）就把數學描述為「一種描述關係的結構」（a structure of relationships），而「形式的符號（the formal symbolism）不過是人與人間，溝通此結構的一種方式」。他又說：「我所說的數學學習，是指對這類關係及其符號系統的掌握」（p. 1）。

　　Dienes 很明顯的把數學學習中的「對關係結構的掌握」與「對符號系統的掌握」兩者分開來了。如果 Dienes 是對的，則我們可以預期，兒童在學數學時，以上兩者的學習並不一定會同時發生，也不一定會以相同的速率發展。掌握了概念間的「關係」，不一定就能掌握表徵該關係的「符號系統」，反之亦然。對一般兒童而言，掌握數學概念的結構關係並不困難，5 個月大的嬰兒就能有小數目的加法和減法之能力（Wynn, 1992），難的是符號表徵的學習。當然，相反的情況也是有的，從日常生活中的觀察，我們可以發現，學前兒童會從 1 數到 100，並不一定表示他或她就擁有完整的數字概念；有些低年級兒童甚至會背九九乘法，但他或她根本不明白「乘法」到底是怎麼回事。

　　而本章所探討的 TY，就是一位語文符號系統沒有問題，卻完全沒有數字概念的個案。為了解他的數學學習障礙（以下簡稱數學學障），本章先回顧文獻中關於數學學障亞型的文獻。

　　數學學障的流行率約為 6～6.4%（Badian, 1983; Kosc, 1974），Geary（1993）用算術（arithmetic）學習障礙的概念，得到的流行率則為 8%。數學學習困難在臺灣也是有的，柯華葳（2005）從 1,226 名國小低成就兒童中找到 71 名數學運作有困難的兒童，經過一段時間的測驗、觀察與介入，她確定臺灣的教學現場的確存在閱讀能力正常，但數學運作困難，需要特別協助的數學學障兒童。

　　數學學障最簡單的分類是將數學學障區分出有無閱讀困難。Badian（1983）估計，6.4%的失算症（或譯計算障礙，dyscalculia）裡包含了 3.6%的人只在數學上發生困難，2.7%的人在閱讀和數學都有困難。Bartelet、Ansari、Vaessen 與 Blomert（2014）則將 226 個國小三到六年級兒童的數學學習困難分為六種亞型：數線困難、近似值估計及數線困難、空間困難、觸接（計數及阿拉伯數字）困難、什錦型困難，以及沒有認知困難。該篇文章的貢獻是：數學學障的認知亞型不但存在，也可以用操作型定義的方式，用測驗數據把它們區分出來。該文章的限制則是：六種亞型的命名及定義太過於認知取向、太過於操作型定義、和教育關係較低，例如：關於「數線困難」，Bartelet 等人的描述是「難以在數線上點出目標數字的適當位置」，但對大多數的數學教師來說，可能還是難以明白這樣的操作性定義在臨床上該怎麼使用。

Kosc（1974）的分類方式則和教學有直接的相關。他把發展性計算障礙（developmental dyscalculia, DD）分為六種亞型，其中的前四種可以找到類似症狀的腦傷成人，另外兩種則是發展上才會發生的異常：

1. 語文型計算障礙（verbal dyscalculia）：個體對數學詞彙及關係無法叫名。這些兒童難以唸出生活中各種物件的名稱、運算符號，甚至是阿拉伯數字等。

2. 字彙型計算障礙（lexical dyscalculia）：兒童不能理解書面的數學符號，包括：阿拉伯數字、數字和運算符號。

3. 書寫型計算障礙（graphical dyscalculia）：兒童難以寫出數字和運算符號。

4. 運算型計算障礙（operational dyscalculia）：兒童無法進行算術運算，指的是計算程序出了問題。

5. 實物操作型計算障礙（practognostic dyscalculia）：無法藉由操弄實物或圖片以完成數學的目的，包括無法數算一組物品的數目，在估算、比較數量上也有困難。這樣的孩子無法依物品的大小排序，呈現兩個物品時，孩子也無法舉出哪個大、哪個小或一樣大。

6. 意義型計算障礙（ideognostical dyscalculia）：無法理解心算時必須具備的數學觀念（ideas）及數學關係（relations）。患者也許能夠讀寫數字，但卻無法理解這些數字的數學意義，例如：可以正確讀出「9」來，但是卻不明白「9」是「18」的一半、比「10」少 1、等於「3×3」等。

有趣的是，實物操作型所呈現的困難，和皮亞傑的認知任務非常相像。Saxe 與 Shaheen（1981）報告過，兩個無法習得基礎數字技巧的 9 歲男孩，他們的發展都還沒有進入皮亞傑的具體運思期，但兩個孩子都相信視覺—空間的改變，就導致了量的改變。像這樣的計算功能障礙很可能意味著，兒童在更基礎的「數感形成」和「非語文推理能力」就有了困難。

從 Kosc（1974）的分類，我們可以推想，數學中最基礎的計算，包含了語言、閱讀、書寫、運算程序、數字與實物對應、對數字的理解等能力，而且這些能力有相當的獨立性，會個別的失去功能。在成人腦傷患者的相關研究中，也支持了基礎的計算能力會牽涉到許多功能相當獨立的模組（Bartelet et al., 2014; Rouke & Conway, 1997）。而本研究的個案 TY，看來

最像 Kosc（1974）所提的意義型計算障礙。

第二節　個案臨床描述

一、神經發展病史

　　TY，男生，12 歲，就讀國小五年級。他患有妥瑞氏症（Tourette's syndrome），有明顯的聲音抽搐（有穢語症，或唸著「殺死你」、「殺死你」）及肌肉抽搐（眨眼、作鬼臉、頭及肩部的抽搐），並有注意力缺陷及過動的問題，被觀察時，正服用藥物 Clonidine 中。TY 在 3 歲時，因說話較慢、過動、隨時尖叫或發怪聲、滿地爬、不能控制自己的情緒，由媽媽多次帶至臺東馬偕、宜蘭聖母、高雄凱旋及臺北臺大兒心求醫，醫生們曾經給的診斷有高功能自閉症、ADHD、輕度智障等。學前階段給 TY 服用藥物 Haloperidol，藥物顯著減少妥瑞症的抽搐症狀，但是副作用卻使 TY 昏昏欲睡，甚至出現翻白眼、不能安靜坐著等副作用，因而停用該藥。

二、自閉症鑑別診斷

　　TY 究竟是不是自閉症呢？從他的人際表現來看，並不符合自閉症的診斷標準──他喜歡和老師開玩笑，和資源班老師互相取笑誰比較胖，又例如：聖誕節前，實習老師送他聖誕卡片，他打開卡片，唸出內容，一邊唸一邊就哽咽起來，唸完後還直說：「老師，謝謝，我太感動了。」

三、智能障礙鑑別診斷

　　表 12-1 是他在「魏氏兒童智力量表」（第三版）上的表現。從分數來看，他的智商的確落在「輕度智能障礙」的範圍，但家長及老師根據具體的觀察，認為這個智商可能低估。媽媽說，TY 喜歡讀兒童百科全書，有時候媽媽想要找資料，TY 在書架上隨手一翻就可以找到，唸給媽媽聽。資源

班鄭老師認為，施測方式可能對 TY 的表現造成影響，他說：「客客氣氣的不行啦，要嚴格的要求他，相信他做得到，他的表現就會好一點。」這種視情境而定的表現，也發生在數學練習上。同樣的題目，在鄭老師那兒，TY 的正確率將近100%，一換成實習老師，答對率就降到50%。此外，測驗者在「魏氏兒童智力量表」（第三版）封面內頁的特殊行為觀察部分描述道：「合作、情緒穩定，視覺／聽覺／肌肉運動沒問題。但是他動來動去、不專心、沒耐心，不斷的眨眼、甩頭、發怪聲。」換句話說，實習老師、資源班老師和筆者都認為，他的注意力缺陷及過動症狀可能使他的智商被低估。

　　TY 在各分測驗上有明顯的內在差距，非語文能力遠低於語文能力，他的短期記憶和工作記憶能力十分低落，此可能和他的注意力缺陷有關。

表 12-1　TY 在「魏氏兒童智力量表」（第三版）上的表現

	語文量表	作業量表	全量表	語文理解	知覺組織	專心注意	處理速度
智商指數	76	57	64	84	60	58	69
百分等級	5	1	1	14	1	1	2

分測驗	常識	類同	算術	詞彙	理解	記憶廣度	圖畫補充	符號替代	連環圖系	圖形設計	物形配置	符號尋找	迷津
量表分數	4	9	1	7	7	4	8	1	2	2	1	8	3

四、學校適應

（一）班級常規

　　TY 在一、二年級時有嚴重的注意力缺陷和過動問題。二年級下學期起，除了持續服藥，媽媽也開始進入班上陪讀，陪伴一學期後，TY 進步很多，玩遊戲也較合群，不再一個人玩；上課幾乎都坐在位子上，沒有四處跑，後來上課也可以跟著回答問題。三年級時，TY 進入學校新成立的資源班，但他的課業還是跟不上。

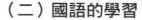

（二）國語的學習

TY 在一、二年級時，國字認不得幾個，寫字更困難，但經過三、四年級的補救教學，五年級 TY 的國語學習和考試分數與同儕差異不大。注音、閱讀、聽寫、背書、查字典都可以進行，還會主動閱讀科學類書籍。他喜歡閱讀的材料包括故事書、繪本、百科全書等，比較困難的是造句，但進步中。筆者在家訪時，取了一段有注音的故事「守株待兔」請他讀，TY 可以一字無誤地讀出，其間的抑揚頓挫和詞界限的分割，非常清楚。在閱讀完後，也能夠回答筆者有關閱讀理解的問題。筆者因此判斷 TY 二年級以前的國語文困難，並不是以「語文學習障礙」為核心的原發性困難，而是注意力缺陷導致的續發性問題。在藥物控制、母親陪讀及補救教學之後，國語文能力就趕上來了。但他的數學學習，顯然沒那麼順利。以下分五年級上學期和下學期的表現，分項說明他的數學障礙之情況。

第三節　個案的數學學習障礙描述及補教教學

一、五年級上學期（10月）

1. 皮亞傑的數量守恆任務：TY 可以根據顏色將花片分類，但仍無數量守恆的觀念。筆者將同一顏色花片在 TY 面前排成兩個縱行，兩行都是六個花片，左行間距較開，右行間距較密。筆者與個案的對話如下：

   筆者問：「哪一行花片較多？」TY 指間距較開的左行。

   筆者建議：「你可以數一數再做決定啊！」

   TY 答：「1、2、3……12。」然後抬頭看筆者。

   筆者問：「哪一行花片較多？」TY 還是選左行。

   筆者再建議：「你可以分開數啊！」

   TY 分開數：「1、2、3、4、5、6。1、2、3、4、5、6。」

筆者手指著左行問：「這行有幾個？」

TY 答：「6 個。」

筆者手指著右行再問，TY 答：「6 個。」

筆者再問：「兩邊都是 6 個？」TY 點頭。

筆者問：「哪邊比較多？」

TY 仍然指左行比較多。

2. 無法從呈現物件分布的型態（pattern）判斷物件的個數，一定要逐一將項目數過，才說得出有幾個。

3. 媽媽說他曾經能點數到 100，但筆者測試時，只能數到 60。

4. 他能數算東西的個數，但只能點數（count）而不能計算（calculate）。會用點數解決所有加減法的問題，但只要把手指頭抓住，不讓他數，就不能加減了。

5. 沒有數學事實提取的能力。問他：「1 ＋ 1 等於多少？」他擺出左右手的食指，眼睛看著指頭，頭左點一次，右點一次，說：「2。」過 5 分鐘，筆者要求他把手背在背後，不能拿出來，再問一次：「1 ＋ 1 等於多少？」他遲疑了幾秒說：「4！」筆者說：「不對，再想想看？」他說：「是 8 嗎？」

6. 缺少日常生活中的數學事實知識。在「魏氏兒童智力量表」（第三版）的常識分測驗中，關於數學事實的題目，只會「你有幾個耳朵？」和「星期四後一天？」這兩題。「狗有幾隻腳？」「一星期有幾天？」「一天有幾小時？」「一打有幾個？」都不會。但他卻可以正確回答「誰發明電燈泡？」「胃做什麼用？」這些與數字無關的問題。

7. 可以明白口語中的「高矮、胖瘦、多少」等、「與量有關、與數字無關」的形容詞詞彙，例如：筆者和資源班鄭老師站在一起，問他「誰比較高？」「誰比較胖？」「誰的頭髮比較多？」，TY 完全答對。

8. 只要與「數字」有關的詞彙，如「一半」、「一樣多」等，TY 就有理解的困難，例如：筆者說：「請你把這些咖啡包分給我們兩個人，一人一半，我們兩個人分到的要一樣多。」TY 立刻以「你一

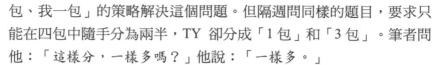

包、我一包」的策略解決這個問題。但隔週問同樣的題目，要求只能在四包中隨手分為兩半，TY 卻分成「1 包」和「3 包」。筆者問他：「這樣分，一樣多嗎？」他說：「一樣多。」

9. TY 要從 1 開始數，才能回答如「8 後面那個數字是？」這樣的問題。

10. 數字大小之判斷有 90% 的正確率，但不穩定。兩個數字距離愈遠，TY 愈覺得容易，例如：以「62、23」判斷大小，TY 的成功機會比「32、33」高。

11. 可以正確唸出以阿拉伯數字寫的數值到千位，例如：「三千五百六十二」，老師唸出數值之後，TY 也可以寫出阿拉伯數字。

12. 金錢的認識：不能理解 2 個 5 元，和 10 個 1 元或 1 個 10 元，是一樣多的。給他 2 個 10 元和 3 個 5 元銅板，他說是 50 元。給他 10 個 1 元和 2 個 10 元銅板，他說是 12 元。拿一把 1 元、5 元、10 元的銅板給 TY，問：「請從裡面拿出 3 元來。」TY 就挑出 1 個、2 個、3 個 10 元的銅板說：「1、2、3，3 塊錢。」

13. TY 可以點數，可由 1 到 60 邊寫邊數，有小的數量與數字對應的概念，例如：知道一個蘋果、一張椅子都是「1」；懂得加法的意義及十進位的觀念。以橫式計算，可以用「往上數」（記住一個數，以手指比出另一個數字，再往上數），完成個位加個位的加法。以直式計算，略加提示可完成個位加個位、個位加十位、十位加十位，範圍為個位與十位皆為 1～6 的加法，例如：4＋4、14＋4、44＋44。利用位值算盤作加法運算，可完成個位加個位、個位加十位、十位加十位的加法，答對率約為 90%。

14. 總括來說，TY 會讀寫數字也能點數，但在數與量的結合、比大小、加法運算上，全部都以點數為基礎，若不允許點數，就全部不會，但即使允許點數，表現仍然不穩定。他最有困難的是與數量相關的事實提取。

二、五年級下學期（6 月）

經過資源班鄭老師半年多一對一的補救教學，TY 和上學期最大的差異

如下：

1. 在事實提取上，1＋n（n是 2～9 的阿拉伯數字）已經完全自動化，不必數手指。但反過來，n＋1 仍然不會。

2. 引進位值算盤，並將計算過程分解之後，除非粗心犯錯，TY 對兩位數的加減、進退位的計算題已經完全掌握。

3. TY 可以解決二年級上學期程度的加法、減法應用問題。以其六年級上學期資源班的學習單為例，學習單的上半部以圖形呈現七種菜（雞腿、香菇、魚、蘿蔔、雞蛋、香蕉、蘋果），圖形下有名稱及價錢。題目有四題：(1)媽媽煮了香菇雞湯，香菇和雞共花了（　　）元？(2)魚加上香菇一共（　　）元？(3)蘿蔔炒雞蛋要（　　）元？(4)兩種水果共（　　）元，若付 100 元，要找回（　　）元？TY 可以列出直式算式，並寫出答案：「A：一共花了（　　）元。」

4. TY 可以解決應用問題之後，鄭老師嘗試帶 TY 到福利社去買東西，但 TY 完全無法把應用問題中的概念用在購物上，他對錢幣的認識及換算仍然僅止於能說出錢幣的名稱。TY 仍然無數量的保留概念。

5. 應用問題：現在 TY 可以做二位數的直式和橫式的加法，可是筆者覺得我們只是把他訓練成一個「加法算盤」，他可以得到正確的答案，卻仍不明瞭數字背後的意義。

第四節　資源班的數學課：鄭老師的補救教學法寶

五年級開始，由資源班鄭老師負責 TY 的數學補救教學，其教學過程充分運用行為學派的學習原則——先做良好的常規訓練，並將教學內容做細部的工作分析，再將各個子步驟串起，最後養成複雜的行為——計算或解題。

一、良好的常規訓練

　　鄭老師是一位強壯的男老師，本來就是 TY 敬畏的對象，加上鄭老師要求學生嚴格，讓 TY 的補救教學有一段適應期。他原來稍有挫折就會開始哭鬧，邊哭嘴裡邊唸：「我是過動兒耶。」但鄭老師說：「絕對不受威脅，若因哭鬧就順他的意，那以後鬧個沒完，什麼都別談了。」他拉著 TY 的手臂，作勢往外走：「你哭的太小聲了，大家都聽不到，要哭我帶你到操場上，你哭大聲一點，這樣全校才聽得到。」這麼一來，TY 反而安靜下來，不再哭鬧。對於 TY 不肯完成的練習，鄭老師絕對不妥協，他告訴 TY：「這題你絕對會的，一定要完成，裝也沒用。」如果 TY 分心了，有幾個題目亂做，鄭老師會說：「你剛剛做的五題中，有三題是錯的，請你自己找出來。」這招讓孩子得自己承擔分心的後果。罰站也是常用的行為管理策略，可是鄭老師發現 TY 罰站時反而會自得其樂，玩弄自己的手。後來鄭老師要求「罰站」再加上「中指貼於褲縫」，讓 TY 覺得罰站真是索然無味，為了避罰，他在行為上有了改善。

　　其實，鄭老師並不是只有「嚴格的要求」，只要 TY 有一點好的表現，他會立刻給予口頭上的增強。也許因為這樣，所以鄭老師說他和 TY 的關係像哥兒們，TY 幾乎每節下課都會跑到資源班來看老師，和老師開玩笑說：「老師你很帥喔！」「你太胖了吧！」「老師你太嚴格了吧！」

二、細部的工作分析和連結

　　以下以兩個例子來說明鄭老師在補救教學中的作為。

例一：計算題：$87 - 8 = (\quad)$

　　鄭老師先確定 TY 有「10 個一數」、「10 的化聚與進位」，以及「個位數判斷大小」的能力，再讓他依序學會：

　　1. 把題目寫成直式。
　　2. 判斷兩個個位數的大小。
　　　2.1 若夠減，就直接減，將差寫在橫線下。

2.2 若不夠減，就向十位數借 1 個 10 過來，把十位數 8 槓掉，改寫為 7（數手指）。

2.2.0 把借來的 10 寫在個位數的最上面。

2.2.1 以 10 減去 8，剩下 2（數手指）。

2.2.2 進行 2 ＋ 7，答案為 9（數手指）。

3. 將十位數及個位數算出的答案 79，整齊的抄在橫線下。

例二：在 TY 的學習單上，把一題數學應用問題化為如下的細部過程。

題目：小漢有 16 枝鉛筆，小云有 6 枝鉛筆，兩人共有（　　）枝鉛筆。

細部過程如下：

1.小漢有（　　）枝鉛筆。

2.小云有（　　）枝鉛筆。

3.兩人共有（　　）枝鉛筆。

4.用算式填充題記錄下來：

　　16　　　＋　　6　　＝　　（　　）

　　小漢有　　　小云有　　　兩人共有

5.寫成直式算算看：

　　　　1

　　16　　記得要進位喔！

　＋　6

在這樣的補救教學設計下，TY 在八個月內學會了兩位數的加減，即使是以應用問題出現也難不倒他了。

第五節　討論

一、數學學障的特質

TY 的狀況讓我們看到「語言符號」和「數字」能力似乎是可以區隔來

觀察的。Gazzaniga（1998）提到一個個案：有位年輕的女孩因左腦受傷罹患「失計算症」（acalculia），幾乎不能做加法和減法，但是她卻可以背九九乘法。看來乘法口訣的背誦和計算的原理原則並不一定相關。Dehaene 與 Cohen（1997）假設，人類加法、減法的能力，和語言與記憶相互獨立。如果語言和計算的能力真的彼此獨立，則應該可以找到能夠點數（count），卻不能計算（compute）的個案。或反過來應該有只能計算而不能點數的個案。果然他們找到這兩種腦傷的病人，前者的表現和 TY 幾乎一模一樣。

當然，上一段談的都是腦傷的成年人，這些成年人是「原先具有能力，再因腦傷失去該能力」，這和數學學障兒童「從未能習得某些能力」，有本質上的不同。Wynn（1992）以精巧的實驗指出，嬰兒在 5 個月大時就擁有加減的能力，因為嬰兒的經驗極為有限，這樣的能力被認為是人類天生就有數感（number sense）的證據之一。Dehaene（2011）指出，數感和數字符號系統是兩種不同的能力，前者是天生的，後者則是文化進化而來的，兩者在大腦中各由不同的部位管理。而我們所謂的數學，並非是一種客觀實體的存在，而是在人類文明演化中，配合天生的生物基礎，發展出有助於思維的符號之後，所衍生出來的複雜體系。Dehaene 舉出許多腦傷及先天性數學障礙的個案症狀及大腦造影來支持他的看法。

如果數感是人類天生的能力，則可以預期，像智力一樣，這個能力應該因人而異，有高有低，呈常態分布。而 TY 應該是常態鐘型分配左方的離群值，但他的語言符號系統並無損傷，對數字系統的認識與解碼能力沒有問題。數感與符號語言能力的極端差距，造成了少見的數學學障，和 Kosc（1974）所稱的意義型計算障礙完全相符。

二、從「訊息處理論」來看 TY 的問題與介入

訊息處理論者相信人是主動的訊息處理者，他帶著既有的先備知識及認知工具（如語言），主動對外界的訊息展開策略性的輸入、處理，並將認知的結果整合到原有的知識系統中。在這過程中的每一階段，都需耗用有限容量的心理資源。如果過程中的一個或多個階段出了問題，整個認知過程就可能耗盡心理資源，導致失敗。就像電腦的記憶體不足、當機，無法完成指定的作業一樣。反之，如果訊息處理者發展出有效的策略，則問

題可以有效率地得到解決。

　　訊息處理論在研究操作上確有其便利性，它讓筆者思考數學障礙者可能在哪些程序上遇到困難；個別程序上的困難，又怎樣拖垮整個認知歷程。反過來說，這個理論「有限容量的假說」，也提供給教育學者樂觀的一面：第一，假使 A 程序困難造成認知拖累，即可利用學習及自動化的原則幫助 A 程序更為有效率；第二，認知策略及輔具的引入也可以降低 A 的認知負荷，例如：鄭老師用位值算盤幫助 TY 學習計算；第三，即使 A 歷程無法改變，其他 B、C、D 歷程效率的增進，也可以幫助個體成功地達成認知任務。以 TY 為例，他真正完全掌握的是「語言」（點數），而不是計算，但把點數發揮到極致，也就達成了計算的目的。

　　當然，訊息處理論是不談個體的主體性。從全人的教育觀點來看，資源班的教學似乎是把 TY 教成一個「算盤」，算盤可以正確的顯示數字，但是算盤本身卻不能理解這些數字的意義。現在 TY 可以在教室裡解決買東西的應用問題，但實際帶到福利社去仍然一籌莫展。他可以做一些計算，但卻對數沒有真正的了解，完全沒有數感，碰到皮亞傑式的守恆問題仍然會犯錯。但是，即使是如此機械化的學習，筆者預期，再一段時間的學習後，TY 也應能學會使用金錢購物。先不管他是否真的理解數的概念，他所學的已經能解決其生活上的問題了。

　　綜合文獻中各方的說法，Geary（2010）總結道，數學學障有提取困難、程序困難及數感困難等都已被確認，但是以視覺空間為核心的障礙仍待進一步研究。不論如何分類，數學學障為異質性的群體，介入時必須因個體特定的優弱能力，給予個別化的教學，是毋庸置疑的。

參考文獻

中文部分

柯華葳（2005）。數學學習障礙學生的診斷與確認。**特殊教育研究學刊，29**，113-125。

英文部分

Badian, N. A. (1983). Dyscalculia and nonverbal disorders of learning. *Progress in Learning Disabilities, 5*, 235-264.

Bartelet, D., Ansari, D., Vaessen, A., & Blomert, L. (2014). Cognitive subtypes of mathematics learning difficulties in primary education. *Research in Developmental Disabilities, 35*(3), 657-670.

Dehaene, S. (2011). *The number sense: How the mind creates mathematics* (Revised and updated ed.). Oxford, UK: The Oxford University Press.

Dehaene, S., & Cohen, L. (1997). Cerebral pathways for calculation: Double dissociations between Gerstmann's acalculia and subcortical acalculia. *Cortex, 33*, 219-250.

Dienes, Z. P. (1969). *Building up mathematics.* London, UK: Hutchinson Educational.

Gazzaniga, M. S. (1998). *The mind's past.* Berkeley, CA: University of California Press.

Geary, D. C. (1993). Mathematical disabilities: Cognitive, neuropsychological, and genetic components. *Psychological Bulletin, 114*, 345-362.

Geary, D. C. (2010). Mathematical disabilities: Reflections on cognitive, neuropsychological, and genetic components. *Learn Individual Differences, 20*(2), 130.

Kosc, L. (1974). Developmental dyscalculia. *Journal of Learning Disabilities, 7*, 165-177.

Rourke, B. P., & Conway, J. A. (1997). Disabilities of arithmetic and mathematical reasoning perspectives from neurology and neuropsychology. *Journal of Learning Disabilities, 30*(1), 34-46.

Saxe, G. B., & Shaheen, S. (1981). Piagetian theory and the atypical case: An analysis of the developmental Gerstman syndrome. *Journal of Learning Disabilities, 14*, 131-135.

Wynn, K. (1992). Addition and subtraction by human infants. *Nature, 358*, 749-750.

第十三章

將生活技能融入數學領域教學的課程設計與實踐

秦麗花

第一節　前言：迷思與澄清

「我的學生連1、2、3數與量的搭配都有困難，根本找不到哪一條能力指標來教學！」

「我的學生連加減都不會，還要教乘除嗎？」

「學生連小學低年級程度都沒有，怎麼教國中或高年級教材？」

……

這是九年一貫課程融入特教新課綱講習會上經常聽到的話題，尤其是對學習結構嚴謹的數學領域，持反對的意見更多。林林總總的問題不外乎反映一個事實——「學生能力很弱，教材不適合」，但在這一句話的背後也隱含了三個理念需要澄清。

一、「教教材」或「用教材教」

　　「教教材」的思維就是拿著教材，用教科書一單元一單元的教下去，單元教完，教學就結束，所以教學的核心是教科書上的教材。而「用教材教」的理念是希望提升學生的能力，教材只是一個媒介，既是媒介就是可以有教科書，也可以不用教科書。在學生能力差異大的特教群體中進行教學，老師須將教學理念調整到「用教材教」的概念，才能使教學可發揮的空間達到最大。以本章後段有一「發票傳情」主題，即以發票為媒介，進行小學二年級十多個單元的核心概念，這就是「用教材教」的案例，例如：教 100 以內的合成與化聚，並不是以課本案例的文字為主，而是以發票來進行；學生透過 10 張 10 張發票訂在一起的方式進行累加，來學習兩位數的合成與化聚。

二、「缺陷補救」或「增能機會」

　　「缺陷補救」一向是特教教學的主流，把學生視為一個學習某一主題能力不足的個體，所以需要先補救教學以提升基本知能，才能學習後面的高階教材。但受限於學生先天的認知發展，很多學生都一直停留在低階能力的反覆學習，沒有機會學習高階教材內容。而「增能機會」的思維是隨著學生生理年齡的發展，生活上很多議題需要有概念，雖然學生各項能力仍不足，但教學者會應用輔具協助，或情境提供，或體驗方式，以協助學生擁有這方面的基礎概念或技能。

　　以比較型問題為例，可將教學分為三個層次：

　　1. 高層：直接用語意結構進行列式與計算。

　　2. 中層：應用語意結構教學協助列式與計算，範例如下圖所示。

	說明：
畫圖、列式與解題—比較多(減) ● 今天全家量體重，爸爸比媽媽重15公斤，爸爸體重68公斤，請問媽媽體重幾公斤？ **畫圖、列式與解題—比較多(減)** ● 今天全家量體重，爸爸比 較 重15公斤，爸爸 體重68公斤，請問媽媽體重幾公斤？ 爸爸(重)：68公斤 媽媽(輕)：68公斤−15公斤＝53公斤	1. 從語句中先分辨爸爸和媽媽哪個重？ 2.「爸爸比媽媽重15公斤」轉換為「爸爸比較重」。 3. 找出爸爸重，相對的媽媽就是輕，就可找出兩個數之間的關係了。

3. 低層：應用實物了解語意結構的知識，建立比較的概念，例如：用具體的扣條（或彩色吸管）進行長短比較，從兩兩比較到多條比較，範例如下圖所示。

● 兩兩相比： 　紅色比較長→紅色比綠色長 　綠色比較短→綠色比紅色短 ● 多個相比： 　綠色比較長→綠色比＿＿＿長 　黃色比較短→黃色比＿＿＿短 　藍色和紫色一樣長 　綠色最長 　黃色最短	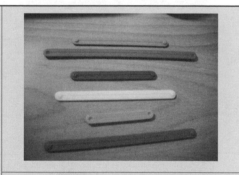
	扣條是具體物，可拿在手上做長短比較，也可以辨識顏色。

教師對教學擁有多層次教學的概念，才能開展學生多元的學習空間。

三、「精熟學習」與「部分學習」

精熟學習概念的過度強調，讓很多學生喪失多元學習的機會。「精熟學習」的理念，強調學生對某些概念要有一定的熟悉，至少達到60～80%的通過率，才能往下一階進行教學。但「部分學習」的概念，則強調部分學習也是一種學習，重點在於「參與」勝過「學會」。

以高年級教「怎樣解題」的代數單元為例，學生可能無法做符號推演的抽象思考，但可以分三步驟逐步強化代數解題的概念：

1. 先用操作式的猜猜看進行教學，範例如下圖所示。

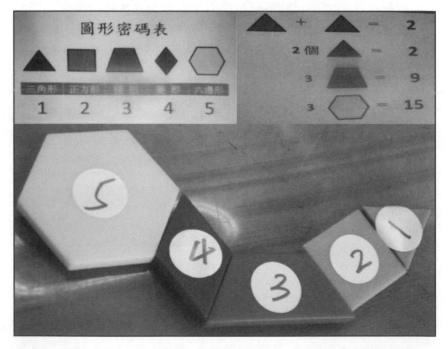

讓學生先猜猜看「▲」背後的數字是多少？因為有具體物可操作，猜謎遊戲會很有趣。學生可以經由此遊戲，建立起一個圖形代表一個數字的概念。

2. 接著再進行幾何圖形的計算和生活應用，範例如下圖所示。

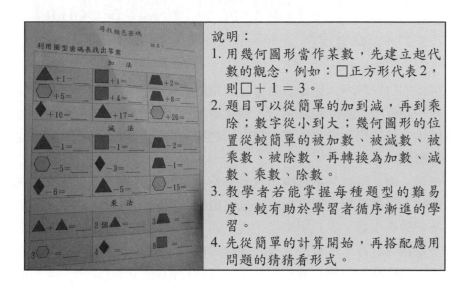

說明：
1. 用幾何圖形當作某數，先建立起代數的觀念，例如：□正方形代表 2，則 □＋1＝3。
2. 題目可以從簡單的加到減，再到乘除；數字從小到大；幾何圖形的位置從較簡單的被加數、被減數、被乘數、被除數，再轉換為加數、減數、乘數、除數。
3. 教學者若能掌握每種題型的難易度，較有助於學習者循序漸進的學習。
4. 先從簡單的計算開始，再搭配應用問題的猜猜看形式。

　　例如：「小明口袋有一些錢，媽媽再給他 3 元，他就有 10 元，請問小明原有多少錢？」如果以幾何圖形 △ 代表小明口袋裡的錢，再增加 3 個 ① 是 10 元，此時的計算因具有情境與具體物表徵，對學習有困難的孩子會有很大的幫助。

　　3. 進入語意結構教學，範例如下圖所示。

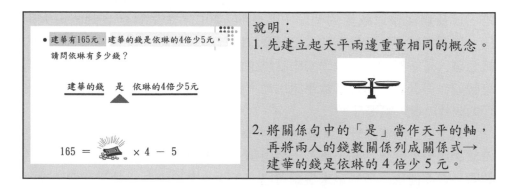

說明：
1. 先建立起天平兩邊重量相同的概念。
2. 將關係句中的「是」當作天平的軸，再將兩人的錢數關係列成關係式→建華的錢是依琳的 4 倍少 5 元。

　　部分學習也是一種學習，能不能學會不一定是主要的目標，但教學設計強調如何讓學生參與和思考，才是最重要的課題。

第二節　九年一貫課程開展特教課程設計的多元性

　　臺灣的特殊教育因應融合教育三階段的進程——從特教學生與普通學生在同一間教室上課的生理融合，到接納給予協助的心理融合，乃至走向特教學生在普通班教室也能課程融合的趨勢，而有了「特殊教育新課程綱要」的頒布。

　　這是一個新時代的里程碑，代表著新理念的跨越，對很多實務現場的老師而言，是教學理念與教學實務高挑戰的新紀元，也是邁向課程高創意與高革新的新平臺。在此平臺上，現場的老師要以一種開放的心，欣喜接納用普通教育課程來開展多元特教課程的機緣，更要本著專業以學生需求為主，決定特殊教育需求課程與九年一貫課程內容的設計比率：學生能力高，以普通教育課程進行教學的比率就高；如是學習障礙或輕度障礙孩子，則以普通教育課程為主，特教需求中的學習策略為輔，兩者的比率關係可能是 90%：10%，也可能是 80%：20%，或 70%：30%。反之，學生能力弱，就以特教需求的生活管理領域為主，普通教育課程比率相對的降低，此時普通教育課程與特教需求課程的關係可能是 30%：70%，也可能是 20%：80%，甚至 10%：90% 都有可能。

　　最重要的是，特教學生的三大學習特質——學習動機弱、認知理解差，以及無法學以致用的問題（梁淑坤，2012），是實務老師的最大困擾。但筆者經多年教學經驗，發現課程設計與教學時，若能將生活技能的概念融入是一個關鍵。數學本來就是生活應用的結晶，只是我們過度強調符號運作與計算，而忘了數學應用的本質；回歸應用本質的學習，學生學習的成效就會大幅提升。

　　以下以一個資源班六年級的 12 位畢業生之轉銜課程規劃為例，目標是希望透過校外教學活動，讓孩子發現每一堂數學學習，都是為了解決生活問題，進而能應用所學，來規劃自己一天的快樂臺南遊活動。這個活動透過搭乘五種不同的交通工具，來一趟知性的生活數學應用之旅，讓孩子理解生活中要用到很多的數學概念，不只要精準的計算，也要估算，更要學

會推理思考,與數學閱讀。下列是當天的行程及所有的學習內容,這些內容搭配六年級的數學學習活動,花費近一個月時間進行,目的是讓知與行能合一,也讓孩子體驗「讀萬卷書,行萬里路」的趣味(如表 13-1 所示)。

表 13-1　校外教學的當天行程與學習內涵

時間	地點與項目	數學學習內容檢核
8:05	資源班教室集合	用檢核表檢查應帶物品(小背包內要裝): □開水□手帕、衛生紙□防曬帽子□殘障手冊 □錢□原子筆□學習之心□團隊合作互相提攜的熱情□一卡通□雨具(雨傘)□準時(逾時不候)。
8:15	搭公車 到四子底捷運站 搭捷運	□1.應用一卡通搭乘高雄市交通工具。 □2.能理解一卡通的種類和不同優惠折扣的意義。 □3.能閱讀公車的行進路線與時間表。 □4.能理解高雄紅、藍線捷運方向,以及搭乘捷運的注意事項與禮儀。 □5.能閱讀捷運站的各項標誌與地圖方向。
9:00 到高鐵站 9:36 坐上高鐵	到高鐵新左營站 搭高鐵	□1.認識新左營站三鐵共構的意義,及其經濟上的效益。 □2.觀察學習應用機器購票,並閱讀票面上的訊息。 □3.認識車班、月臺車廂號碼與座位編排的規律性。 □4.能計算團體訂票優惠打 4 折與原價的差異。 □5.能閱讀高鐵車班區辦南下、北上的意義,並選擇符合自己需求的車次且訂票。 □6.能閱讀高鐵的不同折扣票價梯形圖。 □7.能理解距離、時間與速度的關係,了解不同速度而有票價上的差異。

表 13-1　校外教學的當天行程與學習內涵（續）

時間	地點與項目	數學學習內容檢核
10:30 坐區間車	認識高鐵臺南站 認識臺南高鐵周遭的文教設施 用機器購買火車票	□1.認識臺南高鐵與高速公路、火車支線連接，改變當地經濟與文化價值，周遭文教機構林立。 □2.能理解應用殘障手冊買半票並優惠一位隨行大人的意義。 □3.能以團隊合作方式進行購買全票或半票的討論與運作。
11:00～ 12:00	臺南火車站步行到成大綠建築魔法學校	□1.閱讀地圖了解比例尺的意義，並透過步行到成大綠建築魔法學校的方式，估計所需時間與距離。 □2.藉由參觀綠建築魔法學校了解最新的節能概念。 □3.小組觀察討論小學與大學的 20 個差異。
12:00～ 14:00	參觀大遠百 享受美食	□1.計算整學期金幣總和，和此行交通費開銷，以預估費用。 □2.計算整組可用錢數，估計可購買餐飲內容。 □3.學習閱讀不同發票的意義，並透過百貨公司服務臺做發票轉換。 □4.認識並理解百貨公司不同樓層的販賣商品與其整體產值的相關。
14:15 搭自強號	臺南火車站	□1.能閱讀自強號票面，並推估自己位子是靠窗或靠走道。 □2.從票面上計算行車所需時間。 □3.認識火車站的月臺與殘障設施。 □4.會使用機械驗票過月臺，出站會蓋證明章。
14:50	高雄火車站 搭計程車回內惟國小	□1.能以組為單位搭乘計程車，平均分攤車費。 □2.能觀察並計算計程車的基本里數，與上車的基本費用，隨距離增加，了解費用計算方式。

註：此表是一個月的數學教學規劃與成果檢核。

我們以搭乘高鐵為例，學生必須學習閱讀高鐵的時刻表，並判斷哪一班車有到臺南？從學校出發到高鐵，可以搭上哪一班？可能無法搭上哪一班？我們的旅遊時間適用高鐵優待票的時間嗎？高鐵車費的梯形圖怎麼看？小學生4折，國中生7折，哪一個比較便宜？打折後比原價便宜多少？訂團體票要注意什麼？可以退票嗎？……，這些實在的問題都是　節節數學課的內容。因為情境上解決問題的需求，學生在計算機的輔助下，就能算出打4折就是原價×0.4，再問原價乘0.4和原價乘40%、原價乘4/10的答案相同嗎？這樣的學習活動，讓學生不只可以學以致用，又可產生數學領域中的內部連結，分數與小數、小數與百分比、分數與百分比彼此間的關聯，學生的學習會更有意義，如下圖所示。

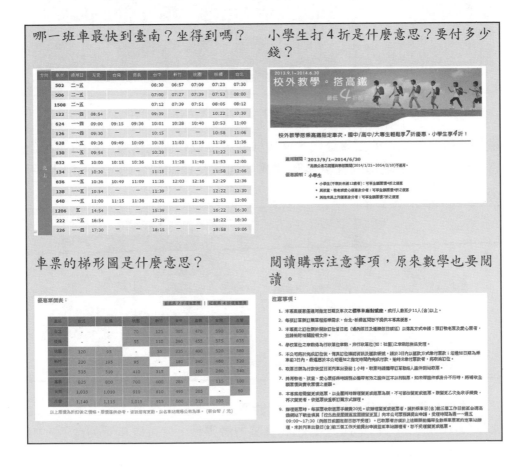

311

　　在過程中，總共搭乘了五種不同的交通工具，學習不同的購票形式——公車、捷運、高鐵、火車、計程車，如下圖所示。

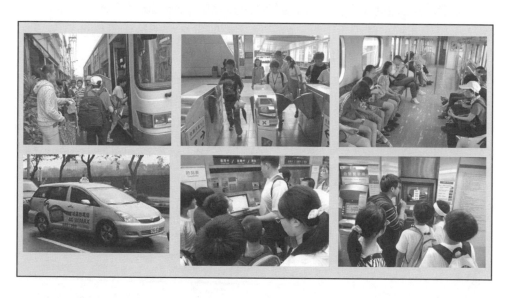

　　透過觀察了解交通樞紐，啟動一個地區的文化、經濟等活動。觀察高鐵站、臺鐵站周遭的百貨公司、文教機構，以及如同網絡連結般的高速公路，來了解一個地區的經濟繁榮要靠便利的交通網絡之建立，如下圖所示。

　　透過參觀綠建築魔法學校探討節能概念，並經由參觀成功大學，討論大學與小學的 20 個不同點。每組認真腦力激盪後，就可以享受美食了，如下圖所示。

第三節　學生的特殊需求與生活技能的連結

　　從多年的實務現場觀察，學習困難的孩子對學科內容理解上的困難，很多是來自於符號學習與生活經驗貧乏所造成，再加上缺乏操作各項生活知能的機會，所以無法產生理解、類推與應用，但教學者若能巧妙的將這三者的關係連結，學習成果是豐碩的。

　　首先，來定義什麼是生活技能？所謂的生活技能不外乎是每日生活所需，一般人在每天的生活情境中遇到的機率很高，所以也會與各地的文化習俗產生密切相關，而這些活動可能包括居家生活、社區生活和公民活動，也會分散在所有食、衣、住、行、育、樂的歷程中。如果能巧妙的將普通教育課程中的數學概念學習，融入一個有意義的生活技能素材，學習就會展現多元性與豐富性。

　　以下以「發票傳情：讓數學有情有藝」為例，來說明數學課程如何與生活技能結合。這個方案是以國小二年級學習困難的 9 位學生為對象，以上、下學期 17 個單元的普通教育數學課程教學為主軸，教學媒介都以發票為主做串連。

　　選擇發票的理由是它隨手可得，而且是臺灣經濟活動下的特有產物，

透過這隨手可得的東西作為教具，學生不僅可獲得反覆練習的機會，也能把學校內的學習延伸到家庭與社區生活作廣泛的應用，最重要的是，將沒中獎的發票變為黃金，並藉由有意義的活動，讓學生參與社會的服務學習，以符應特教新課綱的精神（教育部，2016）。

本教學的實踐可從教具使用、教學設計、教學歷程，以及教學情境等向度來說明。

一、在教具使用方面，應用發票教二年級所有數學課程

在國小二年級的數學課程方面，不外乎有下列幾個重點：(1)在數與計算方面，包括：1000 以內數的聽說讀寫算、化聚和比較；三位數的加減；九九乘法表的計算與應用；運用分分看理解平分除與包含除；認識單位分數意義與大小比較；(2)在量與實測方面，包括：長度單位的測量與計算；時間日期的報讀與計算；容量重量面積的初步概念；(3)在圖形空間方面，包括：認識水平線與垂直線；區辨平面圖形與立體圖形的基本構成要素。在上述這些單元主題中，教學者都運用發票為教具，讓學生透過具體操作來理解核心概念，並自行編擬教材進行有系統的教學。如圖 13-1 和圖 13-2 所示。

圖 13-1 各單元的核心概念教學與發票教具應用

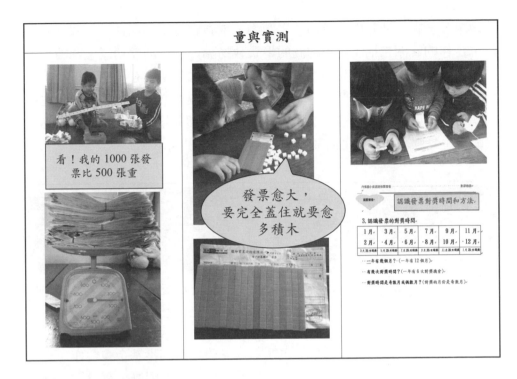

圖 13-2　自編發票教材舉隅

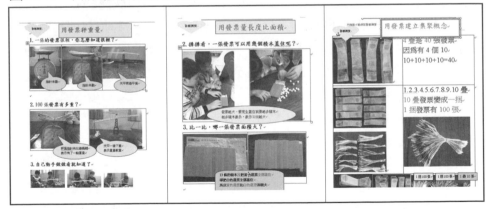

二、在教學設計方面，應用服務學習理念提升學習成效

　　為了讓學生對發票有進一步的認識，在上、下學期中各有一次主題活動：上學期的主題是「社區中的超商」，下學期的主題是「用發票幫植物

人做事」。在「社區中的超商」主題中，筆者與社區超商進行三個月的合作，合作的範圍包括：應用超商的場景教物品分類、海報功能性閱讀、購物索發票、積上課金幣兌換點數喝思樂冰等。因為學生在校學習累積的金幣可以換超商點數喝思樂冰，學生的學習成效顯著增加，學習的內涵也跨越既有的二年級數學課程，例如：買一送一、打8折、統計圖表的閱讀等，幫助學生將數學學習與生活做緊密的結合。如下圖所示。

| 學習購物取發票 | 謝謝超商叔叔幫我貼金幣 | 找一找誰的點數最多？ | 金幣累積10點可以喝思樂冰 |

在「用發票幫植物人做事」主題上，主要是跟創世基金會合作。先請創世基金會做植物人宣導，再從中延伸體驗植物人的限制、幫植物人募發票籌措安養基金、用未中獎發票做藝術創作。先應用口訣將一張張發票折成一個個等腰三角形，再將24個等腰三角形圍成一個祈福花環裝飾做蘇比富拍賣，拍賣所得捐贈創世基金會。買到祈福花環的師生，可將自己的祝福語與姓名書寫在花環上，讓學生送至創世基金會，掛在每一張病床上，給每位植物人溫馨的祝福。

在這歷程中，學生要計算一個花環需要24個等腰三角形，5個、6個花環各需要幾個等腰三角形？同樣的，花環一個賣20元，買3個、5個、7個各要多少元？這種兩位數乘一位數的題目，雖然較難，但因為與其經驗相符，所以大多數學生都不覺得難，甚至在蘇比富拍賣會前，全校師生要用5張發票換1張入場卷，這種包含除式的數學，在真正的運作經驗中，90%的學生都可獨立運算，增進學習的效果很大。如下圖所示。

創世基金會到校宣導	體驗植物人的限制	製作海報勸募發票	到班級勸募發票
用發票做藝術創作	製作祈福花環義賣	漂亮的祈福花環	蘇比富拍賣會場的拍賣情形

三、在教學歷程方面，強調動手操作，與其他課程連結

　　在本教學方案中，應用發票為媒介，每一個數學概念都強調動手操作學習，企圖從具體的身體經驗出發，經由感官的視動操作，達到數學語言的口語理解與文字理解的目的，進而進入抽象符號運作的概念。這樣的教學效果非常顯著，以參加蘇比富拍賣會拿入場卷為例，學生經由一次次跟別人真實的兌換動作中，熟練的知道 5 張發票換 1 張入場卷，30 張發票可換 6 張入場卷。50%資源班的學生還可推估到 100 張、200 張發票分別可換 20 張、40 張入場卷。如下圖所示。

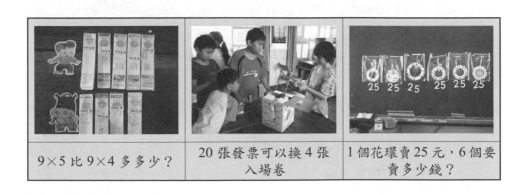

9×5 比 9×4 多多少？	20 張發票可以換 4 張入場卷	1 個花環賣 25 元，6 個要賣多少錢？

其次，本教學方案除了數學外，也擴增與其他領域的連結，例如：在國語課程「小樹蛙等信」中，為了幫助學生理解寫信、回信的意義，便以發票為主軸，請學生蒐集 100 張發票後，放在信封內寄給創世基金會；過了兩星期，他們收到創世寄來的謝函與收據，便了解收到回信的喜悅。又如：在國語課程「新埔小鎮」中，談到買柿子送人要說「事事如意」這種諧音的問題，筆者便應用發票中獎所得獎金，幫助校內一位家境清寒脊髓開刀的學生，先教他們如何兌獎、領獎，再教他們如何應用廢棄發票做卡片，並從家裡帶蘋果、柿子或橘子，配合所帶的水果向這位大姐姐說祝福語，例如：帶橘子的要說「吉祥如意」，帶蘋果的要說「平平安安」，且也適時教學生脊髓側彎的原因，與開刀後所帶來的不便性，讓他們上了最真實的一堂健康課程。如下圖所示。

把 100 張發票寄給創世基金會	學生高興收到創世的收據回信	到郵局領中獎獎金
用發票做祝福卡片	把卡片和水果送給脊髓受傷者，說祝福語	把中獎獎金送給她安養身體

四、在教學情境方面，跨越教室的範疇參與社區的活動

　　在本教學方案中，教學範圍不以一個教室為限，社區超商是多次上課的地點。在蘇比富拍賣會前，學生巡迴各班勸募發票、整理發票、以發票

兌換入場卷，在家和家人一起用發票摺等腰三角形，再用 24 個等腰三角形圍成一個圓形花環，在拍賣會場了解拍賣會及其競標的意義，並在拍賣會場擔任記錄、收錢等工作，把教室裡的學習與真實的活動結合。帶他們去創世基金會當義工，協助整理發票，學習的場地從教室到校園，從學校到家裡，再延伸到社區。為了訓練他們的口語表達與膽識，他們不只在學校向人勸募發票，還延伸到站在超商店前向他人勸募，在這一連串的過程中，他們以服務學習為主軸，進行廣泛有意義的社區參與。這種跨越教室的教學情境安排，讓學生以社區志工的角色，協助建立自我概念與信心，使數學的學習落實到問題解決的層面，孩子更容易學習數學。如下圖所示。

認識 ibon 可以補稅單繳稅

超商內的酒品區

超商也可以領錢

利用超商情境進行教學

用發票認真折疊等腰三角形

擔任蘇比富拍賣會場的記錄與收錢工作

捐贈義賣所得7,200 元

捐贈勸募發票2,641 張

捐贈 45 個祈福花環

將祈福花環掛在病床

五、學習成果

本教學方案就數學本身的學習來說，具有下列幾項成果。

（一）操作活動深化單元核心，強化數學概念的理解

發票是本創意教學從頭至尾核心的教具。在數的計算方面，透過 10 張一疊、10 疊一捆、10 捆一包的操作中，學生踏實的建立起 10 的集聚和位值的概念，也對量詞「一疊」、「一捆」、「一包」這種語詞上常搞不清的概念，經過一次次的練習，有真實的體認與理解，即使智能不足的學生在提示下，都可以清楚地做化聚的說明。在九九乘法方面，學生把發票當口香糖或物品包裝，建立 2、3、4、5……等集聚概念，讓加法與乘法的關係緊密連結，尤其在九九乘法的推論性題目上有很好之理解，例如：「9×5 比 9×7 少多少？」他們可以應用包裝的概念知道少 2 包，一包是 9 片，2 包是 9×2 片，很快地算出 18 片，80%的學障學生可快速透過畫圖獨立而正確的計算這類題目，20%的學生則需要應用動態評量的概念協助完成。在等分除（包含除）方面，透過教室學習累積金幣到超商兌換點數，10 個點數兌換思樂冰的活動，和祈福花環拍賣會上 5 張發票兌換入場卷的比例問題，建立很穩固的包含除概念。在量與實測方面，從發票的兌獎，建立起一年 12 個月，並區辨奇數月與偶數月，從發票購買日期做順序排列，建立起不同年月日的比較，用發票測量邊長、用積木覆蓋發票建立面積大小概念，將一捆捆的發票做秤重比較，並以秤面上的刻度理解數學概念上輕重的意義。在圖形與空間方面，透過折疊祈福花環，了解等腰三角形的意義，並掌握垂直的概念。上述這些具體的操作活動，幫助孩子掌握數學各單元的核心概念，對其學習數學具有正面的效益。如下圖所示。

	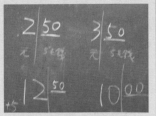	
用 7 元買 2 張 3.5 元郵票	如何閱讀郵票上的數字	把郵票貼在正確的地方

認真計算發票張數	發票稱重 1000 張當然比 500 張重	24 個等腰三角形可以製作 1 個花環

（二）有意義的真實情境脈絡，促進數學概念的連結

　　身心障礙學生在數學學習的另一個最大困難是概念間的連結，在單一概念學習方面也許較無困難，但當多個概念時，常有混淆不清的現象，但在「用發票幫植物人做事」的主題中，他們的學習是要實際應用的，於是很多概念便被連結起來了。以發票摺的等腰三角形為例，尚未教到兩位數乘一位數時，他們慢慢用累加的方式在進行，例如：25 ＋ 25 ＋ 25 ＋ 25 ＋ 25 ＋ 25 ＝？

8 個學生有 5 種不同的算法：

第一種算法：25 ＋ 25 ＋ 25 ＋ 25 ＋ 25 ＋ 25 ＝
　　　　　　25 ＋ 25 ＝ 50、50 ＋ 25 ＝ 75……125 ＋ 25 ＝ 150。

第二種算法：25 ＋ 25 ＋ 25 ＋ 25 ＋ 25 ＋ 25 ＝
　　　　　　先算個位，5 ＋ 5 ＝ 10、10 ＋ 5 ＝ 15……25 ＋ 5 ＝ 30
　　　　　　　　　　→進位 3。
　　　　　　再算十位，2 ＋ 2 ＝ 4、4 ＋ 2 ＝ 6 ……10 ＋ 2 ＝ 12。

第三種算法：25 ＋ 25 ＋ 25 ＋ 25 ＋ 25 ＋ 25 ＝

先算個位，5×1 ＝ 5、5×2 ＝ 10……5×6 ＝ 30。

再算十位，2×1 ＝ 2、2×2 ＝ 4……2×6 ＝ 12

→12 ＋ 3 ＝ 15。

第四種算法：25×6 ＝

先分解：25 元有 2 個 10 元和 1 個 5 元。

再算十位，20 元有 6 個，20、40、60、80、100、120。

再算個位，5 元有 6 個，5、10、15、20、25、30。

最後將兩種加總，120 ＋ 30 ＝ 150。

第五種算法：25×6 ＝

先分解：25 有 2 個 10 元和 1 個 5 元。

再算十位，20 元×6 個→20×6 ＝ 120

再算個位，5 元×6 個→5×6 ＝ 30

最後將兩種加總，120 ＋ 30 ＝ 150

學生的不同解法代表不同的認知發展，雖然認知發展有所差異，但都以自己可以理解的方式在進行思考，所以當老師將他們的作法公開做討論，並做異同比較時，他們就可以理解其間的差異，並歸納相同的概念，將乘法與加法作意義連結。當他們都了解這個意義時，老師教二位數乘一位數直式作法時，分成兩階計算再加總，本來涉及這種運算法則時，他們常搞不清，但是經過這種有情境脈絡的學習，9 個學障學生和 1 位智障學生竟然都會做這種計算，而且計算的速度很快。在九九乘法表的提示下（學障學生有的記憶很弱，雖了解乘法意義，但有 40%仍有背誦錯誤的現象產生，因此需給予九九乘法表的協助），做每題的平均速度在 20～55 秒之間，正確率達 90%以上。

（三）主題式的內容延伸拓展，提升數學概念的運用

主題式的活動能幫助學生學以致用，且多項的學習已超過現有二年級的數學課程，例如：在幫助植物人的發票勸募上，因為募集的發票近 3,000 張，義賣所得也超過 7,000 元，所以他們不只學 1000 以內的化聚，也順便學 1000 以上的數。另外，為了統計各班捐贈的發票，統計圖表的製作與報讀也是一項學習課程；以 5 張發票換 1 張入場卷涉及比例的概念，雖然是較難

的課程，但因為前一個認識超商的主題，也提到 10 個金幣換一個點數，10 個點數換一杯思樂冰，在這些實作活動中，慢慢累積 1：10、1：5 的概念，所以在其計算與應用上沒有問題。最棒的是，他們會用不同的加法、乘法和比例的方法進行思考運算。

以下是 2 個學障學生算 90 張發票可以換幾張入場卷的不同算法，其用心思考的歷程和專心度令人感動。最重要的是，他們已經能將生活中的問題，應用數學的思考來解決，尤其能將情境與數學的關係做連結與轉化，應用推演、類比和系統化的方法來找出答案，這跟以往看到數學，提到問題就說不會、不願嘗試的情形有所不同，可見本創意教學所帶給學生在數學學習上的成長是很大的。如下圖所示。

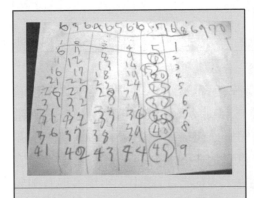

甲生用 5 張一排的方式，一排一排算出 90 張發票可以換 18 張入場卷

乙生認為 10 張發票可以換 2 張，20 張發票換 4 張，4 有 4 個，4×4 ＝ 16→16 ＋ 2 ＝ 18

（四）數學課程 17 單元有 91%的學生可達獨立表現學習水準

表 13-2 是 9 位學生在國小二年級上、下學期 17 單元中的表現。×代表不具有這項能力，分數為 0，平均得分在 60 分以下；△代表在教師提醒下具有這項能力，分數為 1，平均得分在 60～80 分；○代表在獨立狀況下具有這項能力，分數為 2，平均得分在 80 分以上。

表 13-2　九位身心障礙學生在國小二年級數學課程中的表現一覽表

姓名＼能力	數與計算								量與實測						圖形空間			合計
	集聚概念		加減應用		乘法應用		除法分數		長度面積		日期時間		重量容量		鉛垂平面立體			
	化	聚	計	應	背	推	除	分	長	面	日	時	重	容	垂	平	立	
○昌	○	○	○	△	△	○	○	○	○	○	○	○	○	○	○	○	○	32
○琳	△	△	△	△	△	○	○	○	○	○	△	△	○	○	○	○	○	27
○澄	○	○	○	○	○	○	○	○	○	○	○	○	○	○	○	○	○	34
建○	○	○	○	△	△	△	○	○	○	○	△	△	○	○	○	○	○	29
○鈞	○	○	○	○	○	○	○	○	○	○	○	△	○	○	○	○	○	33
○毅	○	○	○	○	○	○	○	○	○	○	○	○	○	○	○	○	○	34
●憲	△	△	△	○	△	○	○	○	○	○	△	△	○	○	△	○	○	27
○婷	○	○	○	△	△	○	○	○	○	○	△	○	○	○	○	○	○	31
○宣	○	○	○	△	○	○	○	○	○	○	○	○	○	○	○	○	○	33
合計	16	16	16	13	13	17	18	18	18	18	14	14	18	18	17	18	18	280

　　從表 13-2 可知：在 17 項二年級數學教育目標中，9 位學生有 8 項都能獲得 80%以上的概念學習，也就是近一半的教學目標中，學生都有很不錯的學習表現，這跟用他們熟悉的經驗與操作經驗有關，只有在加減應用與九九乘法表背誦上表現較弱，這跟學障學生在閱讀文字上具有障礙與記憶弱有較大的關係。整體而言，9 位學生在 17 項學習目標中，平均表現有 91%可達獨立表現水準（280÷9÷17 = 1.82，1.82÷2×100 = 91%）。其次，就個別學生而言，只有兩位學生涉及障礙較重，所以表現較弱，僅 79%的教學目標達成，也就是仍需在教師提示下，才能獨立表現出其能力，無法獨立展現其所學知能。

參考文獻

教育部（2016）。十二年國民基本教育課程綱要總綱。取自 http://www. naer.edu.tw/files/15-1000-7944,c639-1.php? Lang=zh-tw

梁淑坤（2012）。數學學習低落學生補救教學之策略。**教育研究月刊，221，**25-36。

第 十四 章

數學障礙個案分享：
以分數教學為例

林和秀

　　數學障礙學生的數學教學是極具挑戰性的工作，因為涉及到學生的不同程度、不同問題類型、不同學習態度與動機，再加上需要配合普通班課程的內容與進度。因此，在教學設計上，教師要更仔細的分析學生之學習能力，以及擬訂教學目標與策略，才能有效的協助學生進行數學學習。

　　本章將說明數學障礙個案接受替換式數學教學的教學歷程，首先會從學生之學習特徵、介入前的學習表現、數學困難與需求評估分析之教學建議進行說明，再擬訂教學介入之策略與考量因素後進行教學，接續具體說明學生接受介入時的學習反應，最後提出教學結果的討論與建議。

第一節　學生的學習特徵

　　本章以國小五年級的兩位學生個案小宏（化名）及個案小進（化名）為小組教學對象，以下先分別說明個案之特殊教育需求資格及學習困難特質。兩位學生都是經由臺南市「特殊教育學生鑑定及就學輔導會」鑑定通過之國小數學障礙學生，並已持續接受特殊教育直接教學服務達兩學年以上。

個案小宏在《魏氏兒童智力量表》（第三版）的智力測驗表現 FIQ 為 105，在原班連續兩學年之數學學業整體表現為百分等級 10 以下。記憶力與同儕無顯著差異；在理解數學專有名詞、字義、文法的意義有困難；注意力與同儕無顯著差異；學習動機薄弱，容易產生否定的歸因；情緒容易浮動而影響學習；解題技巧的學習與應用顯著落後於同儕；抽象推理能力、策略學習與應用顯著落後於同儕。

個案小進在《魏氏兒童智力量表》（第三版）的智力測驗表現 FIQ 為 110，在原班連續兩學年之數學學業整體表現為百分等級 5 以下。在保留數學概念、數學符號的記憶及計算規則上有顯著困難；在理解數學專有名詞、字義、文法的意義有困難；無法正確完成多步驟計算；無法有效集中注意力；無法有效轉移注意力；學習動機低落，容易產生否定的歸因；容易焦慮而影響學習；基礎運算及解題技巧的學習與應用顯著落後於同儕；抽象推理能力、策略學習與應用顯著落後於同儕。

第二節　介入前的學習表現

教學者以往的數學教學都會參照數學領域教師手冊，並依循目標難度以例題引導學生進行練習，並將習作題目進行簡化與減量。教學策略搭配圖示與工作分析的解題步驟，持續一個月，每週各 3 節，每節各 40 分鐘，並於每次教學前後搭配評量，以了解學生的學習成效。

在進行一般補救教學時，兩位學生同時接受分數單元教學，會遇到不同程度的困難問題，而必須在時間有限及進度壓力下，選擇重點概念進行直接教學。以小進為例，從圖 14-1 的習作例題可以看出，該生對於每個概念的學習仍未穩固，似懂非懂。以下摘錄自學生學習表現與教學日誌實況：

> 雖然本次教學目標在過去已經引導練習一個月了，但學生在假分數與帶分數互換的過程仍容易有計算錯誤的情形，加上乘法表背記仍未完全自動化達 100 ％正確率。從暖身活動（假分數換成整數、假分數換成帶分數、帶分數換成假分數）後，再進入帶

分數乘以整數的運算（之前已經學過）。由於先前可能因未再次
充分確認個案的概念建立是否已經穩固，會發現個案在進行運算
時，出現遲疑解題的時間更長，錯誤率也相對提高的問題。
（0326 教學日誌）

　　圖 14-1 呈現的是小進在課堂練習時之情況，他原先是不會算，所以呈
現空白不知道如何解題，然後必須由教學者一個一個步驟逐步引導完成，
圖框的部分都是教學者要再次強調的重點，包括：假分數換成整數、假分
數換成帶分數、帶分數換成假分數的基礎列算都混淆了，需要具體步驟列
出並引導說明後，小進才能部分接續完成練習。

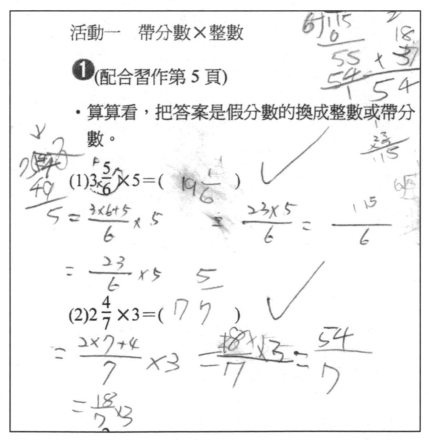

圖 14-1　小進必須由教學者逐步列式引導訂正，才能正確完成練習

第三節　數學困難與需求評估分析之教學建議

依據學生在分數上的學習困難，建議在教學上進行幾項調整：

1. 在進入「帶分數乘以整數」練習前，先引導「真分數乘以整數」、「假分數乘以整數」等垂直替換改變練習，以確認個案是否真的了解各項列算步驟了！（0326 教學日誌）

2. 個案小進容易依賴教學者給予提示，也缺乏自信心，更容易分心。因此，在運算過程中需適時給予干擾性低的口語增強（例如……），不宜過多！（0326 教學日誌）

因此，教學者著手從原活動單之錯誤分析，診斷該生學習困難之處，並依照替換式數學教學的原則，設計替換式數學教學之教材，實際進行教學引導，希望能提升學生學習分數的概念建立，加強分數乘法的運用列算，加強學生的學習遷移，從而提升學生的學習動機及學習成效！

第四節　擬訂教學介入之策略與考量因素

一、教材設計與調整的實例說明

教學者根據替換式數學教學的設計原則與元素替換，進行教材設計。替換式數學教學是由詹士宜（2013）根據建構理論、直接教學與認知負荷理論之主軸，創新提出的名稱與概念，其將數學問題有系統的安排在替換式數學教學結構表中做為未來教學布題的參考，並區分為垂直替換與水平替換兩種題目類型。垂直替換題目是數學問題的階層安排，讓每一個數學概念，依垂直替換題目的安排下，逐漸增加。水平替換題目則是指相似題型的題目練習，以增加學生理解與練習數學概念。替換式數學教學並結合直接教學法及建構式教學兩種取向的優勢，建立一個彈性而有效的教學模

式，以提升學生數學學習的品質與成效。替換式數學教學採用動態性的及時教學介入，並根據學生的學習表現進行調整，配合學生的學習特質而改變教學步驟。

教學者根據替換式數學教學理論，選定九年一貫五年級數學能力指標進行分數乘法解題結構單的設計以搭配教學。各目標題包括：整數乘以分數應用題、帶分數乘以整數應用題、分數乘以分數應用題，以及分數乘法綜合應用題。而每份教學結構表採五個垂替階段，教學依照結構表進行，以個案的先備能力及學習累積經驗為原則。以下列舉為「分數乘以分數應用題」教學結構表之架構說明（詳見本章附錄）：

1. 垂替 1（閱讀理解階段）：占整體「幾分之幾」的初階概念。
2. 垂替 2（列式或圖示表徵階段）：占整體「幾分之幾」的初階應用。
3. 垂替 3（執行運算階段）：分數乘法的解題步驟（教師示範引導，有圖示）。
4. 垂替 4（執行運算階段）：分數乘法的解題步驟（師生討論，無圖示）。
5. 垂替 5（驗證階段）：分數乘以分數之應用題（獨立列算並驗證）。

各垂直式題型難度採由簡至繁的解題方式替換（輔以圖示策略），而水平式題型與題數可依個案差異彈性調整，具結構性也兼顧彈性原則，可驗證替換式數學教學的成效，亦符合實驗教學之設計。

二、教學設計與調整的實例說明

教學者根據替換式數學教學理論，編寫每個主要教學目標之活動設計，以進行教學，再依據學生的先備能力，將單元教學目標分成以下向度：

1. 整數乘以分數之計算題與應用題。
2. 帶分數乘以整數之計算題與應用題。
3. 分數乘以分數之計算題與應用題。
4. 分數乘法綜合應用題。

其教學單元目標參照該年度能力指標，以分數乘法為範疇。使用教材包括自編教材設計說明（教學結構表）以及教學流程（教學活動一～教學

活動三）。教學設計以完整的表格及分項敘寫清楚說明，教學時間可彈性調整，原則上每節課以 40 分鐘為原則。

在垂替過程中，預計可以協助學生穩固分數的概念建立，教學者更可以明確獲知學生的解題思考，並提供學生在解題時的鷹架，協助其真正建立「分數」的核心概念。期許學生更有自信，因為每個題型若都能循序漸進完成，學習動機及學習持續力也將有所進步。

第五節　教學時程與教學進行

　　教學時程每週 3 節（各 40 分鐘），教學主題包括：(1)「整數乘以分數」教學；(2)「帶分數乘以整數」教學；(3)「分數乘以分數」教學；(4)「分數乘法綜合應用題」教學，循環進行之。以教學結構表為教學依據，教學時程共計 8 週循環，測驗時間不含在內：

1. 每週教學第一節主題：整數乘以分數／帶分數乘以整數。
   (1)教學活動一：垂替 1（閱讀理解）～垂替 2（圖示表徵）：上次概念複習與初階應用。
   (2)教學活動二：垂替 3（運算，有圖示）：分數乘法的解題步驟。
   (3)教學活動三：垂替 4（運算，無圖示）～垂替 5（獨立運算）：分數乘法綜合應用題。
2. 每週教學第二節主題：帶分數乘以整數／分數乘以分數。
   (1)教學活動一：垂替 1（閱讀理解）～垂替 2（圖示表徵）：上次概念複習與初階應用。
   (2)教學活動二：垂替 3（運算，有圖示）：分數乘法的解題步驟。
   (3)教學活動三：垂替 4（運算，無圖示）～垂替 5（獨立運算）：分數乘法綜合應用題。
3. 每週教學第三節主題：分數乘以分數／分數乘法綜合應用題。
   (1)教學活動一：垂替 1（閱讀理解）～垂替 2（圖示表徵）：上次概念複習與初階應用。
   (2)教學活動二：垂替 3（運算，有圖示）：分數乘法的解題步驟。
   (3)教學活動三：垂替 4（運算，無圖示）～垂替 5（獨立運算）：

分數乘法綜合應用題。

在進行教學活動時，教學者的主導程度視個案學習表現進行調整，從示範到言語提示，再從言語提示到完全褪除提示。

第六節　學生接受介入時的學習反應

當學生接受替換式數學教學後，教師可以精確的發現學生之問題與特質，提供回饋到教師在下一步驟的教學調整，同時提高學生的解題正確率與學習動機。以下以記錄及實例綜合說明教學方式、學生反應、問題處理等向度。

一、替換式數學教學可以檢測出學生的學習潛能與學習表現間之落差

小進之前在基礎能力表現、學習主動性及動機都較薄弱，而開始接受替換式數學教學後，小進能夠專注並持續的完成每個垂替之練習，這與之前在傳統教學時的表現有明顯差異。而小宏在之前的整體表現似乎是優於小進的，但在進行替換式數學教學後，才發現小宏在學習的穩定度及概念的建立其實仍不穩固（如圖 14-2 所示），以下舉例說明：

> 在先前補救教學時，不論是學生的先備能力或是在進行評量時，小宏的表現似乎是優於小進。所以在進行替換式數學教學時，教學者在垂直替換改變的題目及難度就有所區隔。但實際在引導練習時，卻意外發現，小宏的部分觀念與計算之穩定度沒有小進的表現好。主要原因可能是小宏在列算時較為急躁，也覺得自己的表現比小進好，概念運用也有些混淆，卻反而導致錯誤率提高。這些隱藏性的問題是在之前教學中沒有及時發現的！（0402 教學日誌）

以小進為例（如圖 14-3 所示），在最後進入學習目標練習，由於每個步驟都確定他已習得正確概念，最後的目標題他更是很迅速的正確解題完

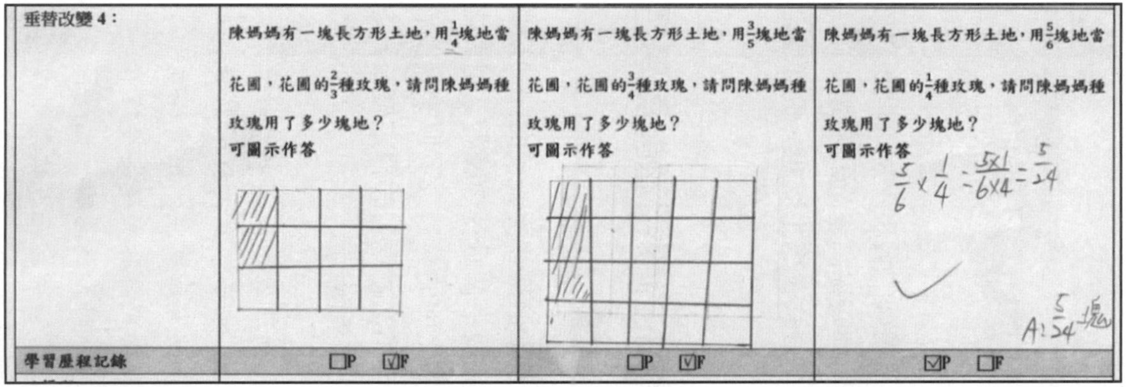

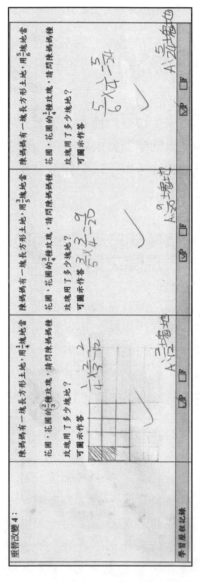

圖 14-2　題目偵測出小宏原先的概念錯誤，需要研究者進一步引導釐清

圖 14-3　透過垂直替換練習建立正確概念，小進可以自行正確作答

成，不需教學者給予任何提示及引導。這也是替換式數學教學的精神，根據每個孩子學習的步調及特質，在教學歷程中即時的進行「動態指導」。

二、替換式數學教學可協助掌握學生的學習進度與差異

　　替換式數學教學是教學與評估並進。因此在進行教學時，會對兩位學障學生的教學有不同之要求。教學者必須同時注意學生的解題表現，並評估練習題數在何時達到精熟中止，例如：教學者預設小進在垂直替換改變1到垂直替換改變4均是要第一次就答對，而且要連續做對 6 題，以確定基礎概念正確無誤。實際表現時，他的確全數通過，因此教學者評估其在垂直替換改變 5 到垂直替換改變6的練習，無須再全數做完，只要各連續3題均能獨立正確完成即通過。（0402教學日誌）

三、學生展現對概念性及程序性知識的進步

　　透過垂直替換改變的引導，教學者可以明確掌握學生在分數這個單元裡，在概念性知識、程序性知識的細微改變，也可以透過討論讓學生說出自己為什麼這樣算，修正以往制式要求學生依照所謂標準運算法則的窠臼。在自行擬題的題型練習時，教學者觀察到學生會主動修正自己初擬題目的合理性，但是讓教學者覺得很顯著的進步，則是學生會覺知到在題目數值的難易度是要一致的。（0416教學日誌）

四、教學與評量充分結合

　　本次教學對每一次的平行題型教學皆包括前測、教學與練習，以及後測。在每一個垂直替換改變開始時，先進行前測題，

然後依序進行練習題及後測。教學者會依照學生的情形，前測採個別列算檢核，練習題請學生上臺說明解題歷程後，再回座位完成書面的練習題及後測。因為題數不多，加上交替進行解題的型態，所以教學結構性佳，學生也能專注與維持學習動機。（0430教學日誌）

因為替換式數學教學的結構明確，同時考量到學生的學習個別差異及即時的調整特性。從學習歷程評量表現，可以得知學生在學習的通過率及學習保留的效應，都能達到預期的獨立學習水準。替換式數學教學可以減少學生的學習挫折感，精確地掌握學生之學習需求，發揮「教學相長」的真正精神。

第七節　教學結果的討論與建議

根據教學歷程與結果顯示，替換式數學教學能提升兩位國小五年級數學學習障礙學生（小宏與小進）在分數乘法的整體學習效果，其在「閱讀理解階段」、「列式或圖示表徵階段」、「執行運算階段」及「驗證階段」均有正向的進步，也都能將自己的解題能力遷移到原班情境裡。其次，因為替換式數學教學可以檢測出學生的學習潛能與學習表現的落差，在每次學習的表現銜接時，都能確實掌握，這是單純的傳統解題歷程概念所無法掌握的。換句話說，就是從上次不會的概念開始銜接，而不會重複地進行無謂練習，且也能精確的偵錯。個案也從原來的挫敗與焦慮，轉變到自信提升，願意主動發言，並能主動說明題意，主動驗證列算，主動發現錯誤類型，並進一步運用，例如：以圖示、掌握解題關鍵線索、自我指導（口訣）等策略完成活動，這是較明顯的正向改變，而小宏也同時在學習穩定度上有所進步。

教學者根據在實際教學的歷程資料彙整，提出以下建議：

1. 教學者應留意學生的反饋，避免學生只是模仿解題歷程，而不理解解題步驟。
2. 教學者進行教學引導與教材設計時，應適時加入干擾變項或是調整

題型，以加強學習遷移成效。

3. 教學者進行合作學習引導時，建議可以採用「教學者示範—個案參與—個案主動」的漸進模式，切勿過度著急而主導過多。

4. 教學者應把握教學過程與學生積極互動，避免又落入只低頭重複練習、趕進度的舊思維中。

5. 在進行替換式數學教學時，特教教師宜與普通班教師合作聯繫，以加強學生的學習遷移，並達到跨情境的成效。但務必考量普通班的情境限制，在合作方式與課程銜接上的難度均需平衡。

6. 替換式數學教學結構表的設計是教學的重要參考，在每一個數學單元或是指標能力進行教學前，教學者都應該具備足夠的數學知識來進行教學建構。除了相關教學資源可以參照外，最重要的是學生的起點學習能力一定要精確掌握。

7. 在進行教學結構表設計時，宜考量學生的先備經驗與學習特質，再依據單元性質，選定替換的元素。建議一次垂替的元素不要過多，以免造成學習者混淆，並須以循序漸進的方式引導。

8. 在進行替換式數學教學時，若遇到學生發生非預期的學習狀況，教學者可以先記錄下來，並儘快於教學過程中進行調整，於課後進行教學設計的修正。

9. 替換式數學教學設計雖有一定的原則，但並非都是以紙筆練習為主。教學者仍應適時融入各種教學策略的活化搭配，例如：簡報檔的製作、互動式網站的運用、同儕討論、楷模學習等，將替換式數學教學的過程做完整的銜接。

10. 為充分發揮替換式數學教學的精神，建議以小組教學為佳，至少兩人，盡量避免一對一教學，以達到合作解題的學習。

雖然替換式數學教學實施時，就具備了「教學即評量」的精神，但仍建議教學者可以課程本位為出發點，編製適切的評量進行教學成效的評估，更便於教學者自省與調整。但若學生仍對數學有較多的負向情緒時，在評量的實施上就要多留意，避免造成挫敗感。

詹士宜（2013）。替換式數學的基礎理論。載於詹士宜（主編），**替換式數學對數學學習困難學生之補救教學**（頁 1-26）。臺南市：國立臺南大學特殊教育中心。

林和秀（2014）。**應用替換式數學教學在國小五年級數學障礙學生學習〔分數乘法解題〕之成效探討**（未出版之博士論文）。國立臺南大學，臺南市。

附錄　替換式數學教學：教師教學設計結構表

設計者：林和芬

主題：分數乘以分數

能力指標對應：5-n-07 能理解乘數為分數的意義及計算方法，並解決生活中的問題。

原題：班上有 $\frac{2}{5}$ 的學生近視，有近視的人是近視人數的 $\frac{2}{3}$ ，請問有蛀牙的人是近視的幾分之幾？

凸替換改變1：閱讀理解階段	❶	❷	❸
教師口語引導，再請學生看圖示說明解題概念即可，不必列算，說出答案就好。	宏叉買了一大塊蛋糕，姊姊吃了 $\frac{1}{2}$ 塊，請問姊姊吃了幾分之幾塊蛋糕？ 學生看圖示說明解題概念即可 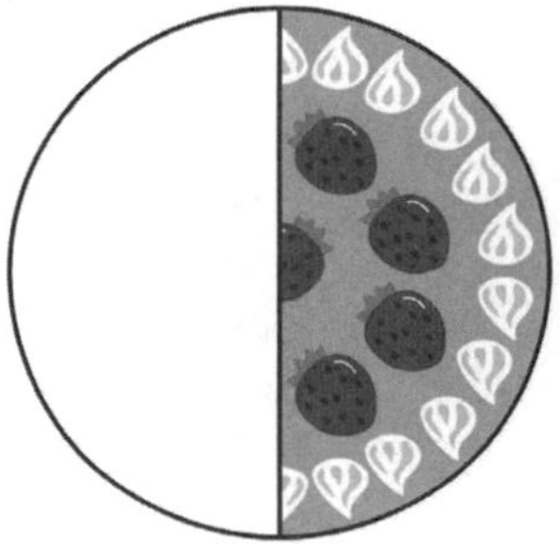	宏叉買了一大塊蛋糕，姊姊吃了 $\frac{1}{4}$ 塊，請問姊姊吃了幾分之幾塊蛋糕？ 學生看圖示說明解題概念即可 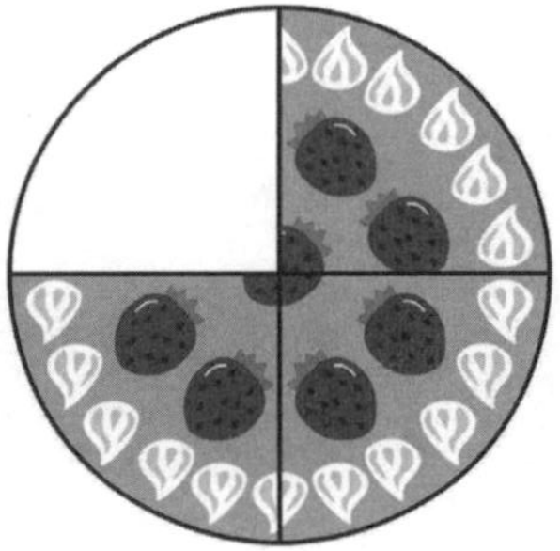	宏叉買了一大塊蛋糕，姊姊吃了 $\frac{2}{5}$ 塊，請問姊姊吃了幾分之幾塊蛋糕？ 學生看圖示說明解題概念即可 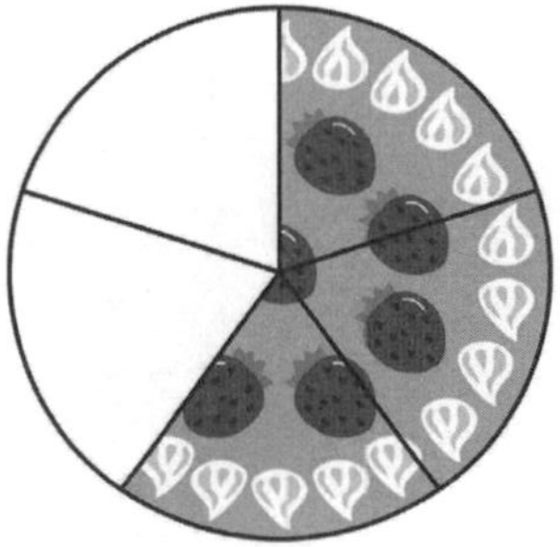

二、替換改變 2：圖示表徵階段	① 媽媽買了一個蛋糕，哥哥拿了 $\frac{1}{2}$ 個，並將其中的 $\frac{1}{2}$ 吃掉，請問哥哥吃掉多少個蛋糕？	② 媽媽買了一個蛋糕，哥哥拿了 $\frac{1}{2}$ 個，並將其中的 $\frac{1}{3}$ 吃掉，請問哥哥吃掉多少個蛋糕？	③ 媽媽買了一個蛋糕，哥哥拿了 $\frac{1}{2}$ 個，並將其中的 $\frac{3}{4}$ 吃掉，請問哥哥吃掉多少個蛋糕？
教師口語引導並加入乘法表法，再請學生口述想法後圖示完成即可。	媽媽買了一個蛋糕 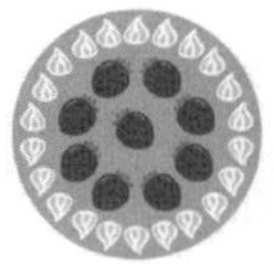 → 哥哥拿了 $\frac{1}{2}$ 個 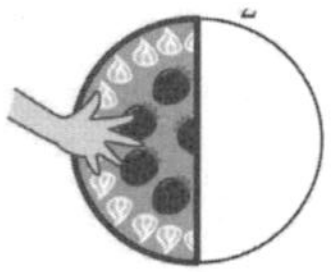 → 哥哥吃掉其中的 $\frac{1}{2}$ 個 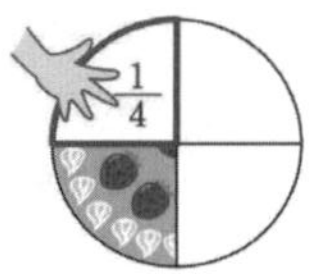 $\frac{1}{4}$ $\frac{1}{2} \times \frac{1}{2} = \frac{1}{4}$，所以，哥哥吃掉 $\frac{1}{4}$ 個蛋糕 （算式由教師示範說明，學生圖示即可）	媽媽買了一個蛋糕 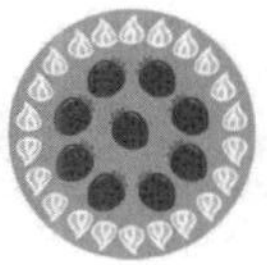 → 哥哥拿了 $\frac{1}{2}$ 個 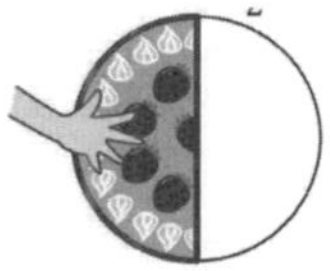 → 哥哥吃掉其中的 $\frac{1}{3}$ 個 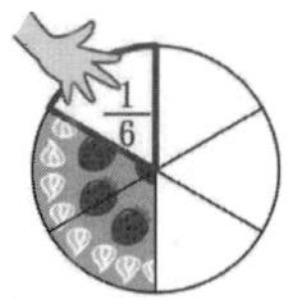 $\frac{1}{6}$ $\frac{1}{2} \times \frac{1}{3} = \frac{1}{6}$，所以，哥哥吃掉 $\frac{1}{6}$ 個蛋糕 （算式由教師示範說明，學生圖示即可）	媽媽買了一個蛋糕 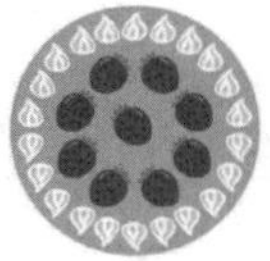 → 哥哥拿了 $\frac{1}{2}$ 個 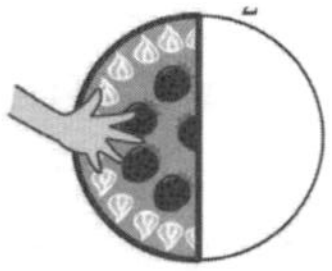 → 哥哥吃掉其中的 $\frac{3}{4}$ 個 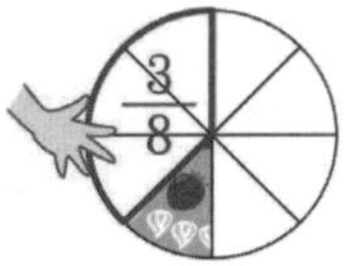 $\frac{3}{8}$ $\frac{1}{2} \times \frac{3}{4} = \frac{3}{8}$，所以，哥哥吃掉 $\frac{3}{8}$ 個蛋糕 （算式由教師示範說明，學生圖示即可）

（二）替代改變3：執行運算階段	❶陳媽媽有一塊長方形土地，用 $\frac{3}{5}$ 塊地，當花園，花園的 $\frac{3}{4}$ 種玫瑰，請問陳媽媽種玫瑰用了多少塊地？	❷陳媽媽有一塊長方形土地，用 $\frac{1}{4}$ 塊地，當花園，花園的 $\frac{2}{3}$ 種玫瑰，請問陳媽媽種玫瑰用了多少塊地？	❸陳媽媽有一塊長方形土地，用 $\frac{5}{6}$ 塊地，當花園，花園的 $\frac{1}{4}$ 種玫瑰，請問陳媽媽種玫瑰用了多少塊地？
教師先示範解題，再由學生自行畫圖表徵後列算。	步驟一：當花園 步驟二：種玫瑰 列式如下： $\frac{3}{5} \times \frac{3}{4} = \frac{9}{20}$	引導概念同練習題一 列式如下： $\frac{1}{4} \times \frac{2}{3} = \frac{2}{12}$	引導概念同練習題一 列式如下： $\frac{5}{6} \times \frac{1}{4} = \frac{5}{24}$

	❶	❷	❸
□垂直替換 4： 執行運算階段 教師請學生先口頭討論解題想法，教師提示算式後再請學生進行列算。	一個香瓜重 $\frac{1}{2}$ 公斤，$\frac{3}{4}$ 個香瓜重多少公斤？ 去除圖示，僅提示算式 $\frac{1}{2}$ 公斤 $\times \frac{3}{4}$ 個=？ 答：$\frac{3}{8}$ 公斤	一個香瓜重 $\frac{1}{2}$ 公斤，$\frac{3}{5}$ 個香瓜重多少公斤？ 去除圖示，僅提示算式 $\frac{1}{2}$ 公斤 $\times \frac{3}{5}$ 個=？ 答：$\frac{3}{10}$ 公斤	一個香瓜重 $\frac{1}{2}$ 公斤，$\frac{5}{6}$ 個香瓜重多少公斤？ 去除圖示，僅提示算式 $\frac{1}{2}$ 公斤 $\times \frac{5}{6}$ 個=？ 答：$\frac{5}{12}$ 公斤
□垂直替換 5： 驗證階段 列算後並驗證計算。	班上有 $\frac{2}{5}$ 的學生近視，有蛀牙的人是近視人數的 $\frac{2}{3}$，請問有蛀牙的人占全班的幾分之幾？ 解法略 答：$\frac{4}{15}$	班上有 $\frac{1}{4}$ 的學生近視，有蛀牙的人是近視人數的 $\frac{3}{5}$，請問有蛀牙的人占全班的幾分之幾？ 解法略 答：$\frac{3}{20}$	班上有 $\frac{2}{7}$ 的學生近視，有蛀牙的人是近視人數的 $\frac{3}{4}$，請問有蛀牙的人占全班的幾分之幾？ 解法略 答：$\frac{6}{28}$

資料來源：林和秀（2014）

第 十五 章

「小孔雀爬數」：一位數學障礙者的問題與因應策略實例

蔡荏靖

　　這是一個真實的故事，是你、是我，或是其他有數學困難或數學障礙學生所可能面對到的問題。本章以暱稱「小孔雀」的這位學習障礙者所面臨到的數學學習問題為例，分享其在國中期間「爬數」的處理策略，讓教師可以了解到數學障礙所面臨之數學世界的難處，以及可以思考的解決方式。數學障礙者所遇到的問題，可能不是我們一般非數學障礙者所能想像，我們總覺得學會一些基本的數學概念是理所當然，但其實一小小點的障礙，就會讓數學障礙學生卡在那裡，而無法跳出來進行「合理的」思考與解題。本文會提供小孔雀爬數的具體事例，來說明數學障礙超乎我們想像的困難點，以及建議的教學策略。希望能讓教師與家長可以多加思考數學障礙學生的困境，並能引發更多的同理心與教學策略，來協助數學障礙學生。但因為這只是一個數學障礙個案，無法代表所有的數學障礙者，因此更希望家長與教師能夠也願意去同理與了解他們的潛能與限制，啟發更多的有效的教學策略來幫助這群學生。

　　本章首先介紹小孔雀的數學障礙特徵，包含其問題與優勢。接著說明因應策略所擬訂的教學因應策略計畫，再詳述因應策略的實施內容。

第一節　數學障礙學生的問題與優勢

　　此位數學障礙學生在視覺、聽覺、口語與肢體動作上有一些問題，這些問題會影響其在數學的理解與學習表現上之困難。

一、視覺

1. 定位功能不佳。
2. 雙眼右側視野距離判斷的功能不彰。視力所及之處，皆無法像一般人一樣迅速找到物件。無論生活上或課業上在沒有特定規律下皆無法有效進行。

二、聽覺

1. 短期記憶的字元過短。
2. 聲碼回憶提取功能不彰（舌尖效應嚴重）。Miller 提出的一般人短期記憶 7 ± 2 個字元，在其身上只有 2～3 個字元（依所在場合的干擾情況而定），且聲碼提取嚴重困難，除非是朗朗上口的曲調或是被罵超過十遍的內容，否則其大腦幾乎當機。

三、口語

1. 國語聲調拼音困難，無法使用一般人的拼音方式習得字的發音。
2. 伴隨「二、2」與聲碼體的聲碼提取功能不彰，無法與人即時思考的對話。

四、肢體動作

1. 手腕施力困難，難以在手腕未靠在物體上的狀態下施力。
2. 手指僅大拇指的操作正常，其他手指無法正常使力。

但此個案仍有一些不錯的特徵，例如：觸覺正常、對自然科學有極大興趣、求知慾強、具有影像記憶能力。特別是影像記憶能力，讓前面所敘述的那些困難可以得到部分的解決；因為只要進得了長期記憶庫的影像，那些影像就能被提取。因此，可以設法發展影像記憶，並使用視覺讀唇語的方式讀取語意，因個案在已習得的語言靜音影像中，可以看出說話者的語詞內容。但一些數學理解困難的情形，仍不易解決。

第二節　因應策略概述

以下說明此個案在國中以後所遇到的數學困難，以及相關的因應策略（如表 15-1 所示）。首先會先針對學生的數學困難加以說明，再陳述相對應的策略，以及所需要的教材或先備知識，並在下一節中，做詳細說明。

表 15-1　個案的數學困境、因應策略與所需工具

數學困境	因應策略	對因應策略應有的先備知識或工具
1.難以聽懂老師在講哪裡。	預習課本、在課本較能辨認的地方，預先畫如同電腦卡黑區塊功能的定位線。	課本。
2.數與量連結困難，且聽覺、視覺的短期記憶過短。	1.統計的計數符號不使用「正」字計數，因為「正」不易看出是 5 個筆劃。 2.玩撲克牌的「撿紅點」遊戲。 3.用 1 元、5 元、10 元、50 元錢幣與 100 元、500 元、1000 元鈔票練習（暫不使用 200 元與 2000 元鈔票）。	1.學習統計上的計數符號。 2.選購傳統「A、2～10 皆有真實相應數量圖案」的撲克牌。 3.不方便使用真實錢幣或鈔票時，可用教具幣與便條鈔票。選購時注意要跟實際鈔幣有明顯的錢幣重量不同與紙鈔大小不同。

表 15-1　個案的數學困境、因應策略與所需工具（續）

數學困境	因應策略	對因應策略應有的先備知識或工具
3.短期記憶文字字元過短導致的知識記憶困難。	1.以理解取代記憶。 2.研讀的教材要在「目次」頁面貼上方便即時翻閱用的標籤。 3.將書本的側邊畫上章節塗記，並寫上章節代號或簡稱。 4.證明題用方框圈出小區塊方式分段。	理解策略適時配合影像記憶。
4.短期記憶過短導致配對結論記憶困難。	配合「以理解取代記憶」，直接用畫「連連看」的方式配對，或用「圈出後」註記在題目相關文字旁的方式。	題目的空白處要夠大。
5.無法比較數的大小。	利用直尺與數線圖像。	圖像記憶能力與不透明的實體直尺。
6.方位名稱區辨困難。	利用 A「某特定地區車輛方向盤所在側」、B「數線」、C「直角座標系統」的基本圖像。	
7.步驟讀取困難。	1.利用分類方式區分步驟。 2.利用黏接紙帶條方式區分步驟。	
8.不會學校教的借位減法。	利用「輔助數值」換成加法。	
9.解方程式時無法使用移項法則。	以理解取代記憶→回歸等量公理的原理。	
10.書寫困難。	暫時先持續使用同一款筆書寫。	
11.視覺篩選困難。	善用顏色做區別（化劣勢為優勢）。	全黑白版面。

表 15-1 個案的數學困境、因應策略與所需工具（續）

數學困境	因應策略	對因應策略應有的先備知識或工具
12.難以定位對焦。	1.數的比較大小盡量以科學記號呈現，可避免為了寫在一起比較時的抄寫錯誤。 2.盡量使用共用分母的方式表示分數。 3.在多項式的運算中，多使用括號或形狀不同的記號，並避免冗長抄寫。 4.以「比值（分數）相等」的式子取代「比例式」。 5.心算或草稿計算完才寫出結果，以免漏字、漏式。 6.概念學習的順序調整： 　(1)平面直角座標系統學完、尚未學二元一次方程式圖形前，先學向量基本概念。 　(2)線型函數圖形概念先於二元一次方程式圖形。 　(3)容許相對位置正確，但距離比例不一定正確的簡圖存在。 7.十字交乘法因式分解步驟的調整。	6. 　(1)建立基準點概念。 　(2)平面直角座標系統、基準點概念與向量概念。 　(3)向量概念。

第三節　具體因應策略

因本次主題為數學障礙，故以下是以數學相關困難個案在國中階段發

展出成熟的解決策略。教學者可以善加利用個案的優勢，例如：個案在國小時看到電影《賭神》裡的特異功能人士發功時，腦中會出現一些畫面，發現自己雖然沒有看到一般人不能看到的影像能力，但回憶影像的能力好像還可以。在思考自己的「劣勢與優勢」後，經過不斷練習，這樣的影像記憶能力，都還能讓個案在每次的應試中化險為夷。以下逐一說明數學障礙個案的困境，以及相關的解決策略。

一、困境：難以聽懂老師在講哪裡

因應策略

　　個案雖有閱讀障礙，但仍需要預習課本。預習時會在課本較能辨認的地方，預先畫如同電腦卡黑區塊功能的定位線，有助於在聽到老師說明相關字詞時知道在講哪裡。

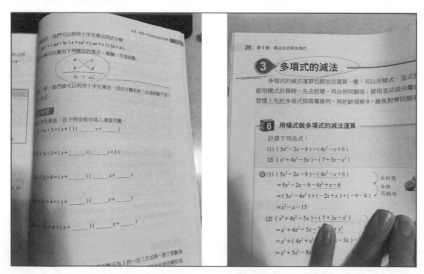

說明

　　由於對教科書的定位功能不佳，如果學生無法及時聽到所有的同音字詞，並於教科書相對照時，時常搞不清教師在講些什麼字或公式，而需要花費許多時間在找尋相關字詞或主題，造成訊息處理不足或混亂。

二、困境：數與量連結困難，且聽覺、視覺的短期記憶過短

因應策略 1

統計的計數符號不使用「正」字計數，而改用以下的計數符號。

說明

　　因為個案難以記得超過三劃的筆順，因此無法清楚辨認篩選出「劃記中的正字符號」各代表著多少數量。

因應策略 2

玩撲克牌的「撿紅點」遊戲。

說明

1. 選購傳統「A、2～10 皆有真實相應數量圖案」的撲克牌。
2. 玩的時候記得速度放慢，讓個案好好數數，以便觀察：
   ・發展 2～10 數與量的連結，並同時觀察是否有「超過一定數量時就無法連結」的狀況。
   ・觀察學生對 A、J、Q、K 牌的配對是否困難，並觀察其與顏色是否相關。
3. 若有超過 3 就無法順利配對的現象時，則進入下一個策略之練習。

因應策略 3

　　用 1 元、5 元、10 元、50 元錢幣與 100 元、500 元、1000 元鈔票練習（暫不使用 200 元與 2000 元鈔票）。

註1：個案小時候常需要幫媽媽去雜貨店買東西，所以有很多練習及驗算機會。若教師不方便使用真實錢幣或鈔票時，可用教具幣與便條鈔票。選購時注意要跟實際鈔幣有明顯的錢幣重量不同與紙鈔大小不同。

註2：因影像記憶已練習精熟，故個案可以擬定一些能套用在日常生活中的策略。

說明

1. 選購時要注意跟實際鈔幣有明顯錢幣重量不同與紙鈔大小不同，是因為要讓孩子可藉由觸感與重量明顯不同來區分練習與實境的不同。

2. 若孩子有抗拒感，可藉由和孩子玩如同扮家家酒的購物遊戲或大富翁來進行。唯因大富翁缺少1元與5元的使用，所以1元、5元要另外進行教具購物或實體錢幣購物來練習。

三、困境：短期記憶文字字元過短導致的知識記憶困難

因應策略1

以理解取代記憶。

說明

由於短期記憶文字字元過短，幾乎所有知識個案都「無法用複誦或文字記憶方式習得」，故所有的知識都必須從基礎的字面理解學起才能習得。

因應策略2

選用有章節側邊提示的教材。若無章節提示，則可在「目次」頁面貼上方便即時翻閱用的標籤來協助標示（以下兩圖分別為「有章節提示之課本頁面」與「遇無章節提示頁面時的標籤貼處」）。

說明

　　對於沒有視覺定位困難的個案，只需如照片所示，在目次頁面貼上方便閱覽的標籤，即可適時得到視覺回饋，翻到所要閱覽的章節。若個案伴隨視覺定位困難，因應方式詳見下一個策略。

因應策略 3

將書本的側邊畫上章節塗記，並寫上章節代號或簡稱。

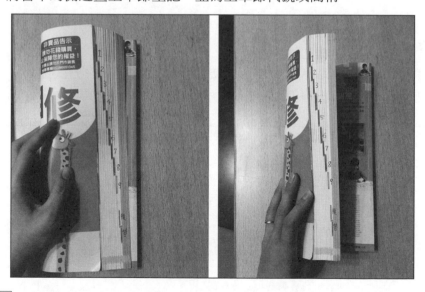

說明

1. 此作法的目的在給予個案即時的觸覺回饋，以降低因為超過 3 頁而

產生章節閱覽困難，並引起學習無力感的問題。故數學障礙學生在邊讀邊摸教科書時，是在找尋相關線索，不應給予制止，而打擊其信心。

2. 此方法對視覺定位不良的個案，在閱讀內頁側邊缺乏章節標題的書冊時，亦有視覺回饋效果。

因應策略 4

證明題用方框圈出小區塊方式分段。

說明

由於個案對文字的短期記憶不良，所以可以把需呈現的證明重點用個案能記憶的方式記憶（注意！是「個案」可以記憶的策略，不一定是教學者可以記憶的策略）。

四、困境：短期記憶過短導致配對結論記憶困難

因應策略

配合「以理解取代記憶」，直接用畫「連連看」的方式配對，或用「圈出後」註記在題目相關文字旁的方式。

說明

例如：當題目如下圖所示時：

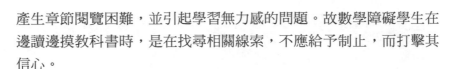

小英的錢是小明錢的5倍，若小英的錢有1000元，則小明有多少錢？

1. 國小學生（尚未學習解方程式以前），可利用畫圈與連線協助理解
   題意。

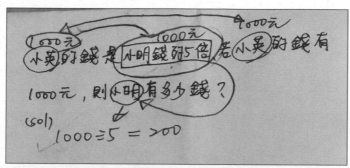

2. 國中學生，可以「解方程式」的方式進行。

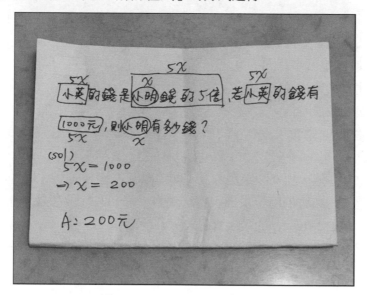

五、困境：無法比較數的大小

因應策略

　　利用直尺與數線圖像，建立整數系在阿拉伯數字表示法時的比較能
力。

說明

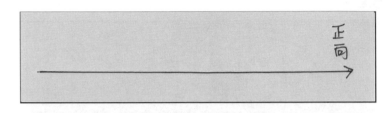

正整數的學習步驟如下：

1. 建立直尺圖像。

2. 建立數線圖像。

3. 建立 0 代表「沒有」的概念，引申至「（第一個）基準點」的概念。

4. 離 0 愈遠，與 0 的距離愈長（即「離 0 愈遠，與 0 的差愈大」）。

5. 建立「在數的阿拉伯數字表示法中，每一個位數都是從 0 開始」，然後把「0～9」的順序背起來。

6. 建立正數中一樣的阿拉伯數字在不同位數代表的大小順序是「個＜十＜百＜千＜萬＜……」的順序。

7. 再將原「個＜十＜百＜千＜萬＜……」的順序，轉換成「……＞萬＞千＞百＞十＞個」的順序。

8. 用類似「負數＜ 0 ＜ 正數」的遞移律概念，但建立 0 以外的可用所需基準點，再利用遞移律來做數的大小比較，並成為「數的減法」之學習基礎。

至於負數，在建立「正數的比較大小」能力後，依下列步驟進行：

1. 建立「數線上箭頭方向代表正向、相反方向代表負向」的概念。

2. 用順風旗的感覺方式把正數的圖像位置對稱過去，寫法不變但改記負號。

3. 用類似「負數＜0＜正數」的遞移律概念，引出「數線上的點所代表的數值愈趨向箭頭愈大，愈遠離箭頭愈小」之概念。

4. 整數系的比較大小概念建立完成。

5. 小數（含純小數與帶小數）的比較用一樣的概念建立，分數的比較則將最小單位為公釐的直尺圖像改用教學者自畫的數線圖。亦即真分數比較大小，雖在沒有短期記憶字元問題的孩子身上可能可用「實體物品與因數倍數概念」代替此學習策略，但「假分數比較大小」、「代分數比大小」的建立需在已有數線概念之後進行。

六、困境：方位名稱區辨困難

因應策略

利用「某特定地區車輛方向盤所在側」、「數線」與「直角座標系統」的基本圖像。

說明

數學障礙學生常會在方位的辦識上產生困難，因而會左右分不清楚，教師可以利用以下說明協助解決。

A部分：利用「某特定地區車輛方向盤所在側」的基本圖像。

    1. 背下「左、右」這兩字，並理解何謂相反方向。

    2. 利用「居住地區車輛方向盤所在側」，建立左右兩側的其中一側（以臺灣為例，即建立左側）。

    3. 相對於左側的是右側（相對於右側的是左側）。

B部分：利用「數線」的基本圖像。

    1. 數線基模在「五、困境：無法比較數的大小」已建立，數線上有箭頭側代表正向，最原始學習的數線是右側，表示正向。

      →以個案在國中時為例，會利用「箭頭是前進的感覺所以是正向」、「正向是對的」，以及「背下某聽不懂的英文老師所說『You are right！』的音與藝人吳宗憲的『你是

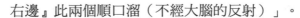

　　　　右邊』此兩個順口溜（不經大腦的反射）」。

Ｃ部分：利用「直角座標系統」的基本圖像。

1. 建立「直角座標系統」基本圖像。
2. 第一象限是正正。
　　→人要努力向上、向前衝，所以（縱軸）的正向是上面、是前面。
3. 相對於上的是下、相對於前面的是後面。
4. 應用到東西南北方位，時常有方位圖像可參考的「上面是北邊」之觀念先確認建立完成，才建立「上面是北邊時，右邊是東邊」的概念。
5. 平面方位概念建立完成。

七、困境：解題步驟讀取困難

因應策略 1

　　一般可利用分割方式將步驟區分成數個階段，不會一次看到太多個步驟。

說明

　　若可區分成不同階段，則以如下圖所示的方式區分。

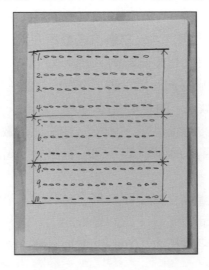

有重度閱讀困難者，常會在翻頁時產生訊息不連貫的問題。可以利用黏接紙帶條方式區分步驟，讓其中一行在前頁與後頁都能重複出現。

說明

　　對於無法用類別來區分階段的步驟，可用「選定教義記憶段落當成重疊記憶區」（亦即如同黏接紙帶條時的黏貼區）。

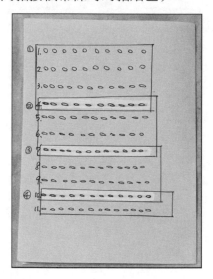

八、困境：不會學校教的借位減法

因應策略

　　利用先前已建立的數線概念與「在數線上求兩點的距離是利用兩數相減」之例子協助理解，並利用「輔助數值」（數線上兩點連線中的某點）換成加法。

說明

1. 複習先前已建立的數線概念。
2. 建立「在數線上求兩點的距離是利用兩數相減」之觀念。
3. 利用買東西找錢的經驗時，常會使用到 10 元、100 元與 1000 元為基

礎知識，引入找 10、100 或 1000 當輔助值的原因。

4. 教學生找出兩數值之和為 10、100、1000 的規律，讓學生知道和為 10 與和為 9 在一次進位與二次進位時會有的規律，可以協助學生判別進位間的關係。

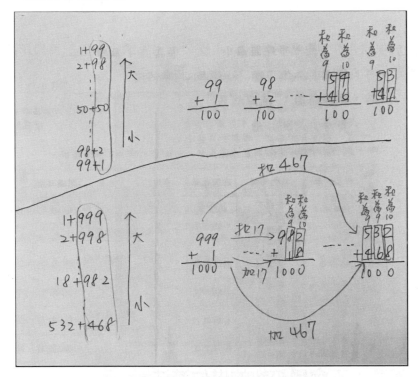

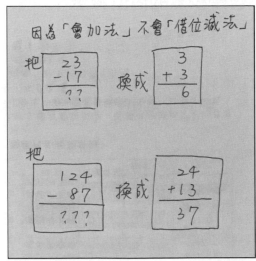

5. 如下圖，利用數線概念產生寫出的輔助值，以慢慢進化至可在腦海中想像。

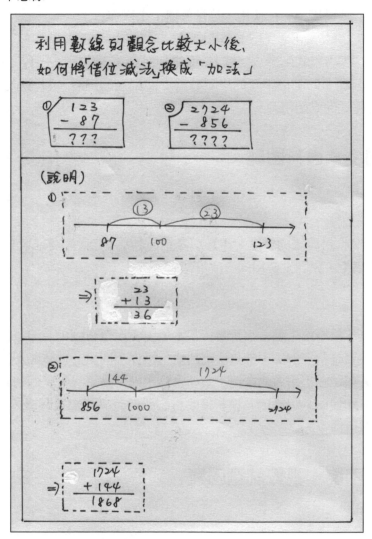

九、困境：解方程式時無法使用移項法則

因應策略

回歸原始定義「等量公理」。

解方程式時腦內一律使用「等量公理」來操作。

例如：「6x ＋ 1 ＝ 13」的題目，在「6x ＋ 1 ＝ 13」→「6x ＝ 12」的步驟中，是因方程式兩邊「同減 1」而來，而非＋ 1 移項變－ 1。

等量公理有助記憶困難的學障者減少需記憶的內容，且等量公理本來就是解方程式的原始精神。

十、困境：書寫困難

因應策略

有些學生對於筆的筆觸、筆感與顏色有特定的喜好，教師可建議有這種問題的學生，先固定使用同一款筆書寫。

說明

1. 為了接續第十點，盡量購買基本色與愛用色皆固定有發售的款式。
2. 主要是為了解決手部無法順利變化操作不同重心位置的不同筆款。
3. 若無法在不用力的情況下順利書寫，則選購筆尖較堅固的款式。
4. 若即使同款也會因為換新筆的重心些微差異而難以適應，則盡量選購可換筆芯之筆款。

十一、困境：視覺篩選困難

因應策略

使用視覺唯一有篩選能力的色彩辨認能力。

說明

1. 固定筆款以固定基準色彩。使用不同顏色的筆做不同的功能與標示。
2. 在黑筆是印刷色前提下，藍筆當執筆基準色，原本較刺眼的紅色當提醒色，第三色當說明色。

十二、困境：難以定位對焦

因應策略 1

數的比較大小盡量對齊書寫或直接以科學記號呈現。

說明

科學記號以小數點固定一位整數的呈現方式，是為了避免寫在一起比較時出現：

1. 抄寫錯誤。
2. 較大或較小的數只需數一次位數，寫下即可。

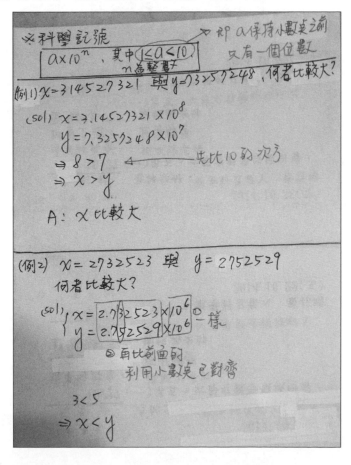

因應策略 2

盡量使用共用分母的方式表示分數。

說明

在分數的加減法運算式子中，可如下列：

$$\text{使用}$$

$$\frac{2}{3} + \frac{7}{4}$$

$$= \frac{8 + 21}{12}$$

$$\text{而不使用}$$

$$\frac{2}{3} + \frac{7}{4}$$

$$= \frac{8}{12} + \frac{21}{12}$$

因應策略 3

在多項式的運算中，多使用括號或形狀不同的記號，並避免冗長抄寫。

說明

1. 在多項式的加法與減法運算中，已經降冪排列的式子用括號括起來，可避免直式運算過程的抄寫錯誤。

$$6x^2 - 3x + 4x^3 + 9x^2 - 7 + 5x$$
$$= (6x^2 - 3x) + (4x^3 + 9x^2 + 5x - 7)$$
$$= 4x^3 + 15x^2 + 2x - 7$$

2. 在係數為分數的式子，避免冗長抄寫，可使用不同的括號協助解題辨識，例如：圈圈與框框等。

$$\left(\tfrac{2}{3}x + \tfrac{5}{2}\right) + \left(\tfrac{3}{2}x + \tfrac{7}{4}\right)$$

在式子化簡過程

直接使用

$$\left(\boxed{\tfrac{2}{3}}x + \boxed{\tfrac{5}{2}}\right) + \left(\boxed{\tfrac{3}{2}}x + \boxed{\tfrac{7}{4}}\right)$$

$$= \boxed{\tfrac{4+9}{6}}x + \boxed{\tfrac{10+7}{4}}$$

而不使用

$$\left(\tfrac{2}{3}x + \tfrac{5}{2}\right) + \left(\tfrac{3}{2}x + \tfrac{7}{4}\right)$$

$$= \left(\tfrac{4}{6}x + \tfrac{10}{4}\right) + \left(\tfrac{9}{6}x + \tfrac{7}{4}\right)$$

無法對焦寫出此
式子

因應策略 4

以「比值（分數）相等」的式子取代「比例式」。

說明

利用分數方式呈現，較容易在視覺上產生比較與對應的關係。

不使用

$$(3x-1):(2x+5) = 1:2$$

而使用

$$\frac{3x-1}{2x+5} = \frac{1}{2}$$

因應策略 5

　　心算或草稿計算完才寫出結果，以免因為寫出一些自己無法檢查的版面漏字、漏式。

說明

　　這是在過度責怪不友善的學習環境，而造成多寫多錯時必須具備的策略。

因應策略 6

　　概念學習的順序調整：

　　1. 平面直角座標系統學完、尚未學二元一次方程式圖形前，先學向量基本概念（會向量記法或圖示表示法即可）。

　　2. 線型函數圖形概念先於二元一次方程式圖形。

　　3. 容許相對位置正確，但距離比例不一定正確的簡圖存在。

說明

　　利用水平線與鉛直線互相垂直的觀念找出三角形的底與高。

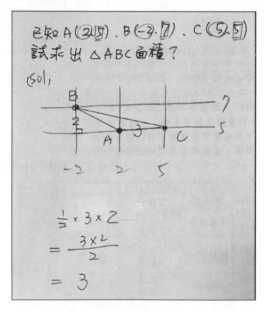

因應策略 7

　　十字交乘法因式分解步驟的調整。

說明

　　1. 因式分解步驟如下圖所示。

因式分解

$$8x^2 - 10x + 3$$

(sol)

$$8 \langle {}^2_4 \times {}^{-1}_{-3} \rangle 3$$
$$\frac{(-4)+(-6)=-10}{\underbrace{\quad}_{24}}$$

$$\therefore 8x^2 - 10x + 3$$
$$= (2x-1)(4x-3)$$

〈步驟說明〉

$$⑧ \langle \times \rangle ③$$
$$\frac{(\ )+(\ )=-10}{\underbrace{\quad}_{24}}$$

$$+24 = 1 \times 24$$
$$= 2 \times 12$$
$$= 3 \times 8 \quad (\because 24 是正的)$$
$$= \boxed{4 \times 6} \Rightarrow 找 和 為 10 的$$

$$\times$$
$$(-4)+(-6)= \ominus 10$$

$$8 \langle {}_4 \times {}^{-1} \rangle 3$$
$$\underline{(-4)+(-6)}$$

$$⑧ \langle {}^2_4 \times {}^{-1}$$

$$8 \langle {}^2_4 \times {}^{-1}_{-3} \rangle ③$$

$$\frac{②\times{}^{-1}}{4 \quad ③}$$
$$\underline{(-4)+(-6)} \quad 檢查$$

因式分解

$$8x^2 - 10x - 3$$

(sol)

$$8 \langle {}^4_2 \times {}^1_{-3} \rangle -3$$
$$\frac{(2)+(-12)=-10}{\underbrace{\quad}_{-24}}$$

$$\therefore 8x^2 - 10x - 3$$
$$= (4x+1)(2x-3)$$

〈步驟說明〉

$$⑧ \langle \times \rangle ③$$
$$\frac{(\ )+(\ )=-10}{\underbrace{\quad}_{-24}}$$

$$-24 = -(1 \times 24) \quad (\because -24 是負的)$$
$$= -(\boxed{2 \times 12}) \Rightarrow 找 差 為 10 的$$
$$= -(3 \times 8)$$
$$= -(4 \times 6)$$

$$\times$$
$$(小)+(-大)=-10$$

$$8 \langle {}_2 \times {}^1 \rangle -3$$
$$\underline{(2)+(-12)}$$

$$⑧ \langle {}^4_2 \times {}^1$$

$$8 \langle {}^4_2 \times {}^1_{-3} \rangle ③$$

$$\frac{④ \times {}^1_{-3}}{(2)+(-12)}$$

2. 以上解題方式是基於以下觀念正確，且因應數學障礙者「對焦定位能力不佳」與「短期記憶字元過短」的困難而因應之措施。

$$(證明)$$
$$ax^2+bx+c = (px+q)(rx+s)$$
在利用十字交乘法因式分解的式子中

$$a \langle {}^p_r \times {}^q_s \rangle c$$
$$(A)+(B)=b$$
$$\Rightarrow \boxed{A \times B = a \times c}$$

$$(sol)$$
$$\because A \times B = (qr)\cdot(ps)$$
$$= (pr)\cdot(qs)$$
$$\therefore A \times B = a \times c$$

第四節　結論

　　數學障礙包含著一群異質性極高的族群，每一位數學障礙學生都會因為不同的障礙內容，讓他們在數學學習的這條路上感到無助。而且，數學障礙學生往往只能知道自己經常無法正確解題，並不擅於找出自己不會的原因，因此經常在錯誤與挫折的過程中度過。老師往往因為這樣而難以了解數學障礙學生的核心問題所在，也就更不易找到可以協助學生解決問題的方法。

　　本章個案因為家人與學校老師們的共同努力，而開創出其在數學學習的一片天。期待藉由本章的策略分享，讓我們的社會能有像該個案家人與學校師長的積極與主動，引領學習障礙者主動尋找出解決數學問題的原因與策略，進而讓這個社會更加了解學習障礙者族群、讓社會更加美好。

中英索引

英中索引

NOTE

國家圖書館出版品預行編目（CIP）資料

突破數學學習困難：理論與實務／趙文崇等著；
詹士宜，楊淑蘭主編. -- 初版. -- 新北市：
心理，2017.03
　　面；　　公分. --（障礙教育系列；63145）
ISBN 978-986-191-759-7（平裝）

1. 學習障礙 2.特殊教育 3.數學教育

529.69　　　　　　　　　　　　　106003457

障礙教育系列 63145

突破數學學習困難：理論與實務

策　　劃：台灣學障學會
主　　編：詹士宜、楊淑蘭
作　　者：趙文崇、李俊仁、呂偉白、楊淑蘭、詹士宜、陳佩秀、卓曉園、
　　　　　洪儷瑜、連文宏、林月仙、崔夢萍、洪瑞成、陳明聰、梁淑坤、
　　　　　曾世杰、陳淑麗、秦麗花、林和秀、蔡荏靖
責任編輯：郭佳玲
總 編 輯：林敬堯
發 行 人：洪有義
出 版 者：心理出版社股份有限公司
地　　址：231 新北市新店區光明街 288 號 7 樓
電　　話：(02) 29150566
傳　　真：(02) 29152928
郵撥帳號：19293172 心理出版社股份有限公司
網　　址：http://www.psy.com.tw
電子信箱：psychoco@ms15.hinet.net
駐美代表：Lisa Wu（lisawu99@optonline.net）
排 版 者：辰皓國際出版製作有限公司
印 刷 者：辰皓國際出版製作有限公司
初版一刷：2017 年 3 月
初版二刷：2019 年 7 月
I S B N：978-986-191-759-7
定　　價：新台幣 420 元